中国社会治理智库丛书·民俗学系列

民俗学前沿研究

萧放　朱霞　主编

2018年·北京

图书在版编目（CIP）数据

民俗学前沿研究 / 萧放，朱霞主编. —— 北京：商务印书馆，2018
（中国社会治理智库丛书. 民俗学系列）
ISBN 978-7-100-15661-5

Ⅰ. ①民⋯ Ⅱ. ①萧⋯ ②朱⋯ Ⅲ. ①民俗学－文集 Ⅳ. ①K890-53

中国版本图书馆CIP数据核字（2017）第305090号

权利保留，侵权必究。

中国社会治理智库丛书·民俗学系列
民俗学前沿研究
萧放　朱霞　主编

商　务　印　书　馆　出　版
（北京王府井大街36号　邮政编码 100710）
商　务　印　书　馆　发　行
三河市尚艺印装有限公司印刷
ISBN 978-7-100-15661-5

2018年3月第1版　　　　开本 710×1000　1/16
2018年3月第1次印刷　　印张 16　1/2

定价：56.00元

目　录

日本民俗学的特色
——福田亚细男教授北师大系列讲座之一 …… 1
　一、关注行为研究 …… 2
　二、关注历史变迁 …… 5
　三、对语言的重视 …… 7
　四、深受柳田国男的影响 …… 9

日本民俗学的形成
——福田亚细男教授北师大系列讲座之二 …… 15
　一、发现"民俗" …… 15
　二、柳田国男的出现 …… 21

后柳田时代的民俗学
——福田亚细男教授北师大系列讲座之三 …… 32
　一、民俗研究所关闭后关于民俗学发展动向的讨论 …… 33
　二、学院派民俗学的形成 …… 34
　三、民俗学的方法转换与新视野 …… 39
　四、文化财保护、博物馆与民俗学 …… 42
　五、对柳田国男及日本民俗学的批判 …… 44

日本现代民俗学的潮流
——福田亚细男教授北师大系列讲座之四 45
    一、对柳田国男与民俗学的批评 45
    二、都市民俗学与现代民俗学 48
    三、民俗主义 52
    四、超越"一国民俗学" 59
    五、重归"在野之学" 60

论说非物质文化遗产的保护与传承 61
    一、文化的定义、分类和非物质文化遗产的性质、特点 61
    二、联合国教科文组织关于文化遗产保护的宗旨和措施 66
    三、《保护非物质文化遗产公约》 66
    四、传承人和非物质文化遗产保护 69

谈谈实践民俗学 79
    一、为什么单独提出实践民俗学？ 79
    二、从学科史来看，民俗学的主流是理论研究，不是实践研究 82
    三、谁的实践或谁在实践？ 83
    四、为什么需要实践民俗学？ 87
    五、实践民俗学是站在先验立场的民俗学 88
    六、实践的民俗学是反思的民俗学 94
    七、实践民俗学是批判的民俗学 99
    八、实践民俗学是未来民俗学 100

当代中国的生活革命与民俗学的"乡愁" 103
    一、"生活革命"是什么？ 106
    二、持续的现代进行时 113

三、审美的乡愁弥漫中国 …… 118
　　四、家乡民俗学与乡愁 …… 122
　　五、现代民俗学需要超克乡愁 …… 125

与陌生人打交道的心意与学问
——在乡愁与大都市梦想之"前"的实践民俗学 …… 128
　　一、陌生人原则和熟人原则：先验与准先验知识 …… 128
　　二、实践论的"爱人如己"与认识论的"推己及人" …… 134
　　三、《一件小事》：实践目的论的精神现象学转变 …… 139
　　四、作为先验原则和方法的家乡共同体与都市社会 …… 148

日常生活的未来民俗学 …… 160
　　一、日常生活与民俗学 …… 161
　　二、日常生活的民俗学 …… 162
　　三、日常生活民俗学的核心问题 …… 165
　　四、日常生活的未来民俗学 …… 168
　　五、总结性的陈述 …… 172

家乡民俗学：历史、伦理与方法 …… 174
　　一、"家乡"的概念 …… 174
　　二、家乡民俗研究构成了中国现代民俗学发展过程中的
　　　　一个重要流派 …… 178
　　三、科学主义视角下家乡的对象化及民俗学的先天悖论 …… 184
　　四、学术范式的转换与家乡民俗学合法性的确立 …… 193
　　五、家乡民俗学研究中的伦理与方法问题 …… 196

"表演研究"的思想起源 …… 204
　　一、转向"交流"的行为科学 …… 206

二、民俗交流的社会基础 …… 208

三、民俗表演的必要条件 …… 210

四、"讲述的民族志":一种描述性的理论 …… 211

五、"讲述的民族志":一种描述性的方法 …… 216

六、结语 …… 222

理解"表演研究"的三篇经典论文 …… 223

一、表演:作为一种讲述模式 …… 224

二、"文本化"与"去(再)语境化":"表演研究"的理论突破 …… 233

三、"类型的文本间性":表演与权力 …… 247

后　记 …… 255

日本民俗学的特色
——福田亚细男教授北师大系列讲座之一①

〔日〕福田亚细男

王京 译

鞠熙 贾琛 整理②

我与北京师范大学民俗学有很长的历史渊源，曾经多次在北师大与民俗学者进行交流，并且有幸与钟敬文先生会面并探讨很多话题。北师大的民俗学专业去年转到社会学院，有了新的开始，我很感动；看到中国各地大学和研究机构的繁盛状态，我也非常羡慕。北师大一直作为中国民俗学学科的发展中心，相信以后会取得新的进步，也非常感谢我能有这样的机会在这样重要的地方讲述自己的一些经验。

今天第一讲，我想讲一下日本民俗学的特点。日本民俗学的特色，也就是说日本民俗学不同于其他国家民俗学的一些特点，我列了四条：第一个特点是

---

① 本文根据福田亚细男教授于2016年4月13日在北京师范大学的讲演内容整理而成。
② [作者简介] 福田亚细男（福田アジオ，FUKUTA AJIO），日本著名民俗学家，柳田国男纪念伊那民俗学研究所所长。曾长期担任日本民俗学学会会长，历任武藏大学教授、日本国立历史民俗学博物馆研究部教授、新潟大学和神奈川大学历史民俗资料科教授等职。其研究内容广博，涉及历史民俗学、都市民俗学、地域民俗学、现代民俗学的理论方法与实践等，出版著作近20部。
[译者简介] 王京，北京大学外国语学院日语系副教授。
整理者：鞠熙，北京师范大学社会学院讲师；贾琛，北京师范大学社会学院2015级硕士研究生。

日本民俗学比较关注行为；第二个特点是关注历史或者历史变迁；第三点理解起来稍微有点困难，即日本民俗学重视语言；最后一点是日本民俗学与柳田国男的联系非常紧密，它呈现的特色与柳田国男的研究也有关。

一、关注行为研究

19世纪中期，民俗学在欧洲出现。它主要关注口头传承，将讲述者的讲述内容记录下来进行研究和探讨。比如大人经常会给小孩讲《格林童话》。《格林童话》在德国的研究，就是以民间故事的收集整理为中心进行的。当时的民俗学理论和方法也是以民间故事为基础的，比较有代表性的是芬兰学派的研究，它对世界产生了很大的影响。

应该说最近的民俗学受美国民俗学的影响越来越大。美国民俗学也比较关注口传、歌谣和故事。如果是美国的土著印第安人，他们的族群中会有流传时间很长的民间故事。但是美国众多的人口是从欧洲、中南美洲移民过来的，他们本身并不是美国人。所以美国的历史比较短，这种需要有较长历史积淀的研究，对于他们来说资料不足，如果要进行有很长历史传统的研究，就需要回归欧洲或者非洲。所以美国的研究比较关注现代，关注经验当中的内容，尤其注重口头传承。

美国民俗学传到日本之后，对日本民俗学产生了很大的影响，一些术语也固定下来，比如都市传说这个领域。现在日常生活当中口口相传的流言、怪异题材等都在都市口头传承当中，在日本的年轻学者中比较受欢迎。但是日本研究关注的主流并不是口头传承，而是行为，它更关注通过行为显示出来的民俗事象。

对于中国的民俗学，我不是特别了解，我感觉应该和欧美有相似之处，也是以口头传承为起源的。比如说我1985年和中国学者接触，大部分学者的研究领域也是口头文学，比如故事、传说、诗歌等。20世纪八九十年代，与中国交流的日本学者中大多数都是研究民间故事的，或者研究中国的。像我这种不研究口头传承，也不研究中国的学者来中国交流，在当时比较少见。随着之后到中国的次数增多，我发现中国民俗学的内容和方向都发生了很大的转变。北京师范大学在社会学下重新开设民俗学，应该是象征性的事件。

日本民俗学的主流基本放在行为的研究方面。比如说一年当中的节日，如日本的神社祭祀、信仰仪式等，以及社会制度，如村落的构成、人与人之间的协同等都是民俗学重要的研究对象。另外，关于生产活动也有很多研究，比如农业方面的生产技术与生产工具等。

所以说从现在来看，中国民俗学也是这样一个范围。我个人感觉，中国民俗学是从口头传承开始，发展到现在转变为对行为的关注。但是日本的情况是从一开始就关注行为，而不是从口头研究中建立起来的。在日本，研究民间文学的学者也有，但是人数很少，在整个研究中所占的比重也很小。而且，在日本研究民间文学的学者大多数并不自认为是民俗学者，而认为是从事民俗学之外的文艺或者文学的研究。

在柳田国男的理论中，他将民俗资料分为三类：有形文化、语言艺术和心意现象，但这三类之间存在逻辑不统一的状况。第一类，有形文化是能够用眼睛看到的，而不仅是物质的文化。物质的东西，如工具、建筑等都是可以看见的。但是除了这些之外的一年当中的节日活动、仪式过程也是可以看见的，它们也属于有形文化。可以说民俗调查资料的大部分都在这个类别之中。第二类，语言艺术是耳朵听到的东西，也就是刚才说到的口头传承，包括故事、歌谣等，它虽然作为第二类与其他两类并列，但是实际上比重很小。第三类，心意现象是不能用眼睛看到或者耳朵听到的，只能用心来感受的民俗。用现代的表述来说，是关于意识、感觉、感情、价值观、社会规范等方面的内容。柳田国男强调第三类研究是非常重要的，他认为要通过第一类的调查和研究逐步接近对第三类民俗的了解。但事实情况是，柳田国男虽然对第三类列举了一些，但后来的研究者很难到达第三类的深度，也可以说是力量不济吧。

从理论构架的角度，民俗资料大致分为这三类。但是实际操作起来，民俗研究的主要精力和内容还是在第一类。因为有这样的背景：日文的"民俗"一词与英文当中的"民俗"有很大的区别。在日本说到民俗的时候，主要指通过行为表现出来的内容。像民间故事、都市传说、流言、民歌这些内容都不被认为是民俗，它们一般用英文中的 folklore 表示，并且是用片假名写出来的，比如"出租车司机的 folklore"，而不是"民俗"一词。所以在日本，民俗给人的印象就是实际的行为。

既然是人们的行为，那么一定是能见得到的，所以人们能拍摄照片、速写、做成图像。在世界其他国家比较少见的是，日本有很多利用照片、绘画、图像来记录民俗或者研究民俗的成果。这里列举了一些代表性的出版物。《日本民俗图录》（1955）和《图说日本民俗学》（2009）是通过搜集各种照片来说明日本的民俗。还有一类是通过绘画或图像来说明，《年中行事图说》（1953）和《图解指南·日本的民俗》（2012）是典型的例子。另外，日本历史上有一种绘画类别叫作绘卷或者画卷，是在 11 世纪到 15 世纪比较盛行的美术形式，它通过画

图 1 《日本民俗图录》中的一页

这本书以照片展示民俗。图中照片为"若者宿"的情况。在日本西南地区太平洋沿岸，青年满 15 岁后要离开自己的家一起去外边住，照片展示了青年住宿的建筑以及里面的情景。

图 2 《以绘卷为资料的日本常民生活图典》中的一页

本书是从绘卷中辑录出民俗有关事项，为平凡社出版。该书上面是标有数字的绘卷，绘卷下会将与数字对应的动作、物品等进行注释与说明。

卷来讲故事。把这些绘卷当中与民俗有关的内容截取出来、整理而成的研究成果，就有我们这里列举的《以绘卷为资料的日本常民生活图典》(1968)。以历史上存在的绘画、美术作品来构筑民俗世界，是只有在日本能够取得成功，还是在其他地区也可以形成普遍的方法，这是我们目前研究的课题。像我本人参与的一项研究，是通过乾隆时期的《姑苏繁华图》风俗画卷来构筑民俗，目前做出了一些成果，也有些有意思的发现。

就像这样，用照片、绘画、图像来研究、展示民俗，在日本有很深的土壤。美国似乎找不到类似形式的书。中国似乎也是如此，可能在社会史、历史方面的书里会使用一些图像材料来表示。但是现在仍然用图示来展示民俗的情况比较少。

二、关注历史变迁

世界各国民俗学都有这样一个倾向，日本尤其如此：对于历史，对于变迁非常关注。19世纪从欧洲兴起的民俗学也注重历史，不管是欧洲还是日本的民俗学，发生之初都有起源论的倾向，希望寻找事物最开始发生时的状态。但随着之后民俗学的发展，尤其因为柳田国男的个性，日本民俗学从关注起源转变为关注历史变迁过程。而之后的欧洲尤其是美国民俗学，则逐步脱离了历史的指向，更加关注现在正在进行中的民俗。但是在日本，也有一些年轻学者开始主张民俗学要和历史说再见。我今天讲的实际是老派的日本民俗学。

日本民俗学为了能够了解变迁及其发生的情境，在方法上也做了一些努力。其中一个特点就是以现在还存在的民俗现象为基础或资料来理解过去。当然，也有像《以绘卷为资料的日本常民生活图典》一样从过去的资料中了解过去的研究，但是这样的方法，在日本民俗研究中占的比重很小。

应该说，日本以东京为中心的一些学者，比较关注现在，注重从现在的民俗中发现历史。而另外一个文化中心京都，更偏向于从文献中寻找资料，理解民俗的发展。比如说，关于葬礼，如果是东京学者，就偏向于从葬礼的进行过程、制度方面去思考历史。而以京都为中心的学者，也会去看现在的葬礼是如何进行的，但研究的主要资料是来自于过去的文献，比如说，将 11、12 世纪到 15 世纪的各种历史文献中和墓葬相关的资料提取出来，来重构历史的变化。但是，京都这一派随着研究人员的老龄化，势力逐渐衰弱了。所以从日本民俗学的主流来说，还是注重从现在的现象中重新发现过去，而确立了这样一个特点的正是柳田国男。

那么，到这里就会遇到一个很大的问题，即如何从现在的民俗中重构过去的历史？一个基本的思路是日本民俗学比较关注各地之间的地域差别，从这种地域差别中去发现时间的变化与事象的变迁。这个思路在第二讲会详细介绍。

既然是从地域差别中发现时间，当然研究就不能只局限于一个地方，所以很多学者采取的方法是从全国搜集数据和资料，并对之进行比较和研究。日本列岛的领土比较狭小，有使用这种方法的可能性，也比较容易实现。从各地收集资料集中在一起，存在很多问题，这些资料是否能重构历史实际上是存疑的。特别是 20 世纪 70 年代之后，对这种方法的批评比较强烈。这以后使用这种方法的研究逐渐减少，这一点会在第三讲中细致介绍。

刚才提到历史。一般提到历史，大家会认为历史是发展和进步的过程，尤其是历史学者多持这个观点。对于日本民俗学者来说，当然整体而言历史有进步发展的意思，但是具体来说，并不是所有变迁都意味着历史的发展。所以，民俗学理解的历史和历史学理解的历史是不同的。

补充一点关于民俗学的误解。刚才说到民俗学者比较关注变迁，但是社会上大家的印象是民俗关注的是亘古不变的东西。有一些民俗学者也用这样的表述：研究日本固有的、传统的东西。因为这些学者的发言，民众的认识也比较倾向这方面。而所谓研究不变的东西，或者固有的东西，并不是日本民俗学固有的立场。但是，民俗学者到地方调查时，可能就是比较关注古老的东西，所以人们也会认为民俗学是去发现地方上保留着的古老事象。另外有一些民俗学者在写入门或概论的书时，也会有研究古来的传统，研究日本特有文化，研究日本民族的民族特性这样类似的表述，但是从柳田国男以后的民俗学主流来说，或者说正式见解而言，这样的说法是错误的，柳田国男本人对这些说法也提出过批评。与这相关的内容，后面还会讲到。

三、对语言的重视

第三个特点是日本民俗学比较重视语言。说到语言，大家的理解和日语语境的理解或者民俗学的理解不太一样。日本的民俗学者到地方去调查，一定会问某某东西在当地是怎么称呼和表述的。在特定的地方，当地人在表述内容时，所使用的特定表述或者词汇被称为"民俗词汇"。民俗词汇是在一个地方有很深的历史传统的词汇，而这个词汇在各地之间的使用并不一致。

一种理解是说日本原来没有文字而使用汉字作为表述方式，后来通过民俗词汇来排除汉字的影响，寻找在排除汉字的情况下理解日本情况的可能性。汉字的发音和含义是从中国传到日本的。今天我们使用的日语里有很多汉语的词汇，大家可能觉得和汉语的发音有了很大的区别，但是当时它是尽量模仿汉字的发音而形成的。另外，日本并不只是把汉字按照本身的读音，或者接近的读音读出来，还存在另外一个方式，即用汉字来表示一些本来就存在的词汇，这是因为觉得本来使用的词汇，与某些汉字的词汇和意思比较接近，就借用这个汉字来表示。所以，日本的汉字有两种读音，一种是模仿中国的发音和读法，在日语中叫作"音读"。另外一种是借用汉字表示原来存在的词汇，这样一类叫作"训读"。对于中国朋友来说，汉字虽然数量很多，但是字和音是对应的。但是日本几乎所有汉字都有两个读音，一个是音读，一个是训读。有的字还更加复杂，因为可能保留了不同时代的读音，所以一个字可能出现好几个音读。另外一个情况是，在借用汉字表达原来词汇的时候，几个不同的词汇会用相同的汉字表达。在民俗学中，比较重视的是"训读"，即虽然有汉字的表记，但是内涵是原来的词汇。像这样表示一个现象、一种事物的日本传统词汇在各地之间有差别，学者汇聚这些差别，来探寻事物的变化。

日本民俗学本身也有国学的性质在里面。国学在18、19世纪非常盛行，可以说是学术，是思想，也可以说是一场运动。可能之前，人们认为日本文化、日本社会在很长的历史中受到中国的影响，以及通过中国的中介受到佛教的影响。而国学者们认为如果能排除儒学、佛教的影响，就能看到真正日本的传统。可以说，日本民俗学产生的背景或者基础受到国学的很大影响，所以日本民俗学是排斥汉字，主张记录纯粹日语的表述词汇。在记录这些民俗词汇时，也不使用汉字，而是用片假名。比如，《综合日本民俗词汇》就是从各地搜集的民俗词汇经过编辑而成，共五卷，基本上是字典的形式，对词汇的使用语境、使用含义进行注解。在这个地方需要区别的是，它看上去是方言，但是和方言字典的性质是完全不同的。

因为要解释语言，特别是民俗词汇和民俗学有日语的独特语境，在另外一种语言下解释清楚就比较困难，我尝试一下。现在的标准日语里有"オヤコ"（oyako）这样一个词，写成汉语是"亲子"。日语标准语中"オヤコ"（oyako）是孩子和亲生父母之间这种有直接血缘关系的亲子，应该说绝大多数日本人只知道这么一个意思，但是到各地调查，发现有各种各样的"亲"（オヤ，oya）和"子"（コ，ko）。那么，将日本各地"オヤ"（亲）发音的词都收集起来，就能得到一个整体的一般性概念：它不是亲生父亲或者母亲的意思，而是劳动之中的统率者。同样，"コ"（ko）这个发音在各地总结起来，它更多强调实际承担劳动任务的人，也就是我们说的劳动者。在各地并不是单独使用"オヤ"（oya）或者"コ"（ko），而是会加上描述或者限定的词，所以有各种形式的"オヤ"（oya）。比如说打鱼的使用渔网，渔网念ami，渔业组织首领就会是amioya，写成汉字就是"网亲"了，劳动力就会变为"网子"，amiko，在地方上还会出现失音的现象，读作ako。

另外一个情况是和劳动组织稍微不一样的，在亲戚关系中，所有的亲属关系都可以使用"亲"和"子"，而不仅限于直接血缘的亲子。把全国各地的"亲"和"子"收集起来与标准语的"亲"和"子"的范围、内容进行比较，得出的结论是：亲子在历史上涵盖的范围比较广泛，而且主要是从劳动组织的角度出现的这个词，劳动统率是"亲"，他之下的都是"子"。这说明原来的大家族中，整个亲戚范围是在一个劳动组织中生活的，但是在后来的历史发展过程中逐渐变成小家庭。原来在各地作为民俗词汇的"オヤ"（oya）和"コ"（ko）并没有对应的汉字，随着大家庭到小家庭的变化，限定为亲生血缘关系之后，它们才对应起了"亲子"这两个汉字，并且固定下来。这也反映了日本民俗学到地方去调查，研究民俗词汇本身的发言和读法，而排除汉字影响的倾向。

刚才所举"亲子"的例子，它的发音在各地是相同的，只是指代的内容有所不同。也存在相反的情况：内容是一致的，但是各地称呼和表述不同。

其实，就我个人而言，或者更年轻的学者，可能没那么重视这种现象，但是要说起民俗学和其他学问之间的区别，大家也基本都承认这是日本民俗学的一个特色。比如说做家庭研究的社会学者，可能并不关心各地如何称呼，而是关心实际的关系，以及可以讨论的实际信息。而我由于一直从事民俗学研究，调查时一定会问到这个词汇在当地究竟是如何表述的，调查报告也会以民俗词汇作为标题进行书写。因为如果对语言的敏感性或者说能力有所下降，从语言的角度发现新的东西便越来越困难。我认为这和第一点讲的日本民俗学重视行为，而且特别重视行为在当地如何使用词汇进行表达，这两点形成了一定的连贯性。

四、深受柳田国男的影响

以上是日本民俗学与其他地方明显的不同。而造就了这样民俗学特色的，正是提到了很多次的柳田国男。柳田国男对日本民俗学的影响实在太大了，所以在第二讲会专门讲到这个问题。

柳田国男生于1875年，1962年去世。我没有近距离接触过柳田国男本人，但是远远看见过他。柳田在86岁左右最后一次演讲时，我在场，但当时我还是一个学生。演讲是在一个大讲堂中进行的，我到的时候讲堂中已经水泄不通，我只能靠在最后面的墙上听。但是这场讲座到底讲了什么，我到现在也想不起来。即使是这样，我这样的经历也算是非常宝贵的，因为是亲眼见过柳田国男的人。那么比我再早一代的，就每天都能见到柳田先生了，他们围绕在柳田周围，在其指示下，研究比较感兴趣的课题。

柳田国男在民俗学非常广泛的范围都有很多建树，写了很多文章。他最初开始民俗学研究是在 1908 年，到 1962 年去世，有 50 年左右的时间一直在从事著述、讲演等与民俗相关的活动。所以简单来说，柳田是在半个世纪左右的时间中开拓了民俗学这块天地。

他在 50 年中写的书和文章，数量非常巨大。比较幸运的是，我在上大学的时候，正好是柳田全集出版的时候，叫作《柳田国男集》，一般称作"定本柳田国男集"，共 31 卷，还有别册 5 卷，总计 36 卷，我上大学期间开始出版，每一本都有 500 多页，总量很大，不方便携带。所以后来又出了《柳田国男全集》，叫作"文库版柳田国男全集"，是口袋书。

在 1990 年代末期新出的《柳田国男全集》应该是最新的，大家可以看到封面写的 36 卷，别卷 2 卷，按计划应该是 38 卷，90 年代末开始陆续出版，到现在还没有完结。

最初出版的时候，还是按照计划的节奏，一个月一本，后来发现有很多新发现的资料，整理这些资料花费了很多时间，现在出了 37 卷，但是我觉得还不

图 3 定本《柳田国男集》　　图 4 文库版《柳田国男全集》　　图 5 决定版《柳田国男全集》

够，应该会到40卷左右。最早的全集虽然"定本"两个字很小，但是大家就叫"定本版"，第二个写了"文库版"全集，叫作"文库版"，第三个没有其他文字，编辑方面称为"决定版"。柳田国男的全集大概有这么三种，我这一代人或者比我年轻的，总会找到这其中的一套来阅读。所以他们对于柳田国男的学习也是从全集中得到启发的。不管是"定本版"还是"文库版"，销量都很大，不过最后的"决定版"没有出版社预料的卖得那么好。其中一个原因是大家已经有这套书了，以前看书都是用老版在看，引用、看书都比较方便。另外一个原因是现在年轻人读柳田国男有减少的趋势。还有一个不利因素是最新版太贵，对一般人来说造成了负担。

　　柳田国男对民俗学的影响应该说是非常大的。日本民俗学迎来了柳田国男这么一个巨大的存在是很幸运的，但是某种程度上，也可以说是一种不幸。为什么不幸，明天再说。

　　就像大家看到的，柳田国男有庞大的著述，他的影响不只在民俗学领域，在其他领域也有很多影响。日本出了非常多的"柳田国男论"，比如《柳田国男的民俗学》，这是我写的，因为他是民俗学的创始者，所以理所当然要写。《柳田国男的思想》《柳田国男的思想史研究》，是把柳田国男当作近代重要的思想者看待，给予了很高的评价。论柳田国男动向的最开始是《文学》这本杂志，1961年出了柳田国男的专辑，除了对柳田国男思想的分析，还包含了一些随笔性的文字。《柳田国男的思想》是做思想史研究的中村哲写的。《柳田国男的青春》的作者是冈谷公二，他在书中记述了柳田国男进入民俗学领域之前的人生经历、思想变化等。柳田国男学生时代是一位诗人，当时从欧洲传来新体的诗歌，柳田国男是新体诗的代表性诗人，这本书正是分析了柳田国男从一位诗人转变为民俗学者的背景和动因。《少年柳田国男》，记录的是柳田国男更小的时候的事情。20世纪70年代出过一本《柳田国男研究》的杂志，但出了9期就停刊了。有很大不同的一本书是《柳田国男传》，至少有1000页，其中记述了最为翔实的柳田国男的经历。这本书的特点是它不是以个人名义，而是以柳田国男研究会的名义出版的。它的编者不是在大学、研究机构的学者或研究

图6 《柳田国男传》

者,而是民间的一些人士,比如小学及初高中老师、公司职员等,他们凭借自己的兴趣爱好,聚集在柳田国男研究会,最后研究出版了这部书。编著这本书的成员在出版这本书之后继续从事相关研究,有不少成果。

不知道大家察觉到没有,刚才列举的这些书,除了我写的一本,没有一本是民俗学者写的。有个叫牧田茂的民俗学者写了关于柳田国男的专著。这个人年轻的时候就在柳田国男门下学习,是柳田国男的直系弟子。但是他并没有成为学者或研究者,而是在《朝日新闻》从事编辑工作。文笔很好,值得一看。如果要写和柳田国男相关的书,不仅要介绍还得涉及评价、批评,对于在柳田国男门下学习的人来说是无法完成的。再年轻的人,因为全集太大,阅读花费时间和精力太多,不太想做这件事。另外,也有这样的情况,就是柳田国男到底要说明什么情况,是什么主张,很难判断。在中国可能也有对柳田国男比较有兴趣的,但是他的书要翻译成中文也是非常困难的,这不是中文本身的问题,曾经有法国留学生热血澎湃地想翻译,但是最终还是放弃了。所以,翻译成中文的柳田国男的著述,还是很少的。最近的一本是中山大学出版的一本译丛,把柳田国男的两本书合成了一辑出版《民间传承论与乡土生活研究法》[①]。译者在日本学过民俗学,又了解中国情况,日语也不错,质量应该可以。我也阅读柳田国男,并且介绍柳田国男,但是心里还是会不安:柳田国男到底是不是这个意思?因为柳田国男不是按照论文模式写作的学者,现在论文要求得有材料、数据、分析、结论,但是柳田国男的文章没有这些,他的文章更像游记、随笔的体裁。通过阅读整个的文

[①] 国内学界将柳田国男的《民间传承论》与《乡土生活研究法》两本民俗概论书合译出版。见〔日〕柳田国男:《民间传承论与乡土生活研究法》,王晓葵、王京、何彬译,学苑出版社2010年版。

章可以形成一个印象,但是要找出他是如何具体论述的,还是很难把握。比我再早一代的民俗学者,很多都是柳田国男的弟子,可以直接去柳田国男家向他请教,他们读柳田文章的同时,能直接聆听教诲,所以他们能够说柳田国男到底是什么意思。我在年轻的时候是以批评柳田国男著称的,写了文章之后,也有老一代的学者给我说柳田先生不是这个意思,可能直接聆听能更好地体会其精髓。

在《柳田国男传》之后还出过《柳田国男事典》,比较新的还有《世界中的柳田国男》(《世界の中の柳田国男》),是关于柳田国男在世界上是如何被理解的论文集,由美国学者 R. A. 莫斯(R. A. Moss)和日本学者赤坂宪雄共同编辑,所以美国的论文,包括加拿大的论文比较多。莫斯曾经写过关于柳田的著作,这本书有日文的翻译版,是第一本被翻译成日文的国外学者的柳田国男研究专著。

关于柳田国男的各种论著,我都称之为"柳田国男论",仅专著估计就有 150 册左右。在日本,关于某一个人的研究专著,像柳田国男这么多的,我认为只有他一个。日本民俗学可以说是以柳田国男为中心,在其指导之下形成的。对于大家来说,比较意外的事实是,在日本,大学里教民俗学非常晚,从 1958 年才开始。在此之前,基本是对民俗学感兴趣的年轻人到柳田国男处拜访学习,或者接受其分配的一些任务。

这张照片(图 7)上的房子是 1927 年建成的柳田国男住宅,虽然是个人住宅,但是空间非常大。柳田国男故居本来是在成城,后来整个移动到饭田这个地方。介绍我的时候提到的柳田国男纪念伊那研究馆,实际是伴随着柳田故居搬迁到长野而成立的一个研究所。当地人来这里看书学习,但是馆长是从别处聘请的,以名誉性为主,我是第三任。1927—1957 年,

图 7 柳田国男住宅

这个建筑是日本民俗学大本营。1933年，柳田国男在家里开课讲授民间传承论，讲课的内容后来成为一本书《民间传承论》。1947年，柳田国男将这个地方提供出来作为民俗学研究所的所在地，开展民俗活动。1957年，研究所最终关闭，这三十年间它一直是民俗学的大本营。

柳田国男对女性在民俗学研究中能够取得的成绩非常期待，有一个叫作女性民俗会的组织，定期到柳田国男的书房与之交谈，聆听教诲。（见图8）

图9是民俗学研究所开会的情景，柳田国男的位置基本上是不动的。柳田国男在此讲课，或者与来访的客人交谈。没人来的时候，柳田国男一般在自己的书桌前写作和研究。沿着墙都是书架，里面摆满了柳田国男的藏书。

因为柳田国男对日本民俗学的影响非常大，所以在日本有种印象，民俗学就等于柳田国男的学问，专门有个词就叫作"柳田民俗学"，在解释一些民俗事象时，经常采用的方式是在柳田的著述中把相关论述找出来做一些说明。作为一个必然的结果，大家认为柳田国男的研究是非常好的，但是柳田之后的人都在干嘛呢？特别是做思想研究的人，认为日本民俗学到柳田国男之后就结束了。所以出现了柳田国男虽然去世，但是仍然束缚日本民俗学的情况。

图8 女性民俗会成员与柳田国男交谈

图9 民俗学研究所中开会的情景

日本民俗学的形成
——福田亚细男教授北师大系列讲座之二[①]

〔日〕福田亚细男

王京 译

鞠熙 贺少雅 整理[②]

一、发现"民俗"

日本民俗学受到欧洲民俗学的影响而形成，但是在日本国内，在此之前也存在着一些独立的学术系统。我想首先讲一下日本国内在民俗学形成之前的动向。日本民俗学的前史从江户时代开始，特别是18世纪以后，国内对民俗学的兴趣逐步增长，一些远离农村居住于城市中的知识分子对农村的生活和文化产生了浓厚兴趣。他们有各种机会从城市到农村去旅行，在旅行过程中他们发现了民俗。

（一）菅江真澄：旅途中的发现

在这些知识分子中，有一位很特殊，他生活的轴心是旅行，他在旅行过程

---

① 本文根据福田亚细男教授于2016年4月16日在北京师范大学的讲演内容整理而成。
② 整理人：鞠熙，北京师范大学社会学院讲师；贺少雅，北京师范大学社会学院2014级博士研究生。

中观察民俗。他叫菅江真澄[①]，出生于太平洋沿岸的名古屋市附近。30岁时，他开始离家四处旅行，一生都在旅途中度过，再也没有回到故乡。他旅行的主要地区是日本的东北地区，后来也到了北海道的南部。他把旅途中的见闻都写成日记。在他的日记中有很多绘画，因为他绘画很好。在第一讲中我曾经提到过，日本民俗学的特征之一是关注行为。可以说，菅江真澄也是如此，他的日记中有很多图画。这张图（图1）是菅江真澄的自画像，是他晚年时的相貌。他于1829年去世，关于他的身世还有很多未解之谜，只能推测他大概70多岁时去世。菅江真澄的日记被结集为《菅江真澄游览记》。

图2是他日记的一页，表现的就是namahage（なまはげ）仪式（上一次课我们曾经提到过）。这个仪式存在于日本海沿岸靠海边的秋田县。村落里的青年戴上面具，装扮成凶恶的样子，到各家去拜访。通过这个行为，来祝愿这个家庭在一年中平安、丰收和富裕。在关于这个仪式的画面上，一般都会出现小孩，而这张图中，小孩躲在后面。现在一般人们会以这些凶恶的样子吓唬小孩，孩子们会哭着答应听大人的话。为此，现在很多人都认为namahage是儿童教育的一部分。但是其本身的意义不仅限于儿童，而是祝愿全家在一年中平安兴隆。这张画可以说是关于这个仪式最早的记录。

图1 菅江真澄的自画像　　图2 日本秋田县农村的namahage仪式

---

① 菅江真澄（すがえ ますみ，1754—1829），日本江户时代后期旅行家，著有《菅江真澄游览记》70余册。

图 3 是菅江真澄画的舂米图，现在已经看不到用这种舂米法来脱谷或将稻米打成米粉。但是在 18 世纪至 19 世纪的日本农村，这样的场面司空见惯。这一场景可能在今天的中国西南少数民族地区仍然能见到。如果大家对日本文学史有了解的话，可能听说过松尾芭蕉，他曾经写过《奥之细道》这本书。① 他是一位俳句诗人，经常旅行，将旅途中的见闻和感动都写成俳句。日本人非常喜欢这种诗。松尾芭蕉的旅行也是从日本海向北，一路拜访沿岸的名胜古迹。

图 3 菅江真澄绘制的舂米图

菅江真澄也到过东北地区，其走过的日本海沿岸的地点基本与松尾芭蕉相同，但是在松尾芭蕉的《奥之细道》中，对当地人的仪式和工具等没有任何记载。因为他去的都是著名景点，他只是描写了美丽的景色。尽管他们几乎是同一季节，去的相同的地方，但是两人观察世界的视角不同，描写出来的东西也完全不同。菅江真澄更关心的是民众生活的真实样貌。在他文章中有很多相关的记载，并且用图画将这类情形记录下来。可以说，菅江真澄站在了日本民俗学的出发点上。

（二）铃木牧之：生活世界中的发现

比菅江真澄稍晚一点，有一些人在自己的生活中同样发现了民俗，其中的代表人物是铃木牧之②。他是活跃于 19 世纪前半叶的文人，时代比菅江真澄

---

① 松尾芭蕉（まつお ばしょう，1644—1694），日本江户时代著名俳句家，最有名的代表作为《奥之细道》（奥の细道、おくのほそみち），记述了作者与弟子游历日本东北、北陆至大垣（岐阜县）的见闻以及有感而发撰写的俳句。
② 铃木牧之（すずき ぼくし，1770—1842），日本近世末期越后地区商人，终生与诗画为伴。

稍晚一些。他出生在日本海沿岸新潟县一个殷实的商人家庭，家庭条件比较优越，对文学、文化有浓厚的兴趣。他对自己生活的世界，对周围各种事情都抱有浓厚的兴趣。他最开始是旅行，但是不像菅江真澄那样去遥远的地方旅行，而是到与自己生活的地区只有一山之隔的地方。关于旅行他留下了《秋山纪行》一书。书里面的"秋山"是铃木牧之生活的城市郊区林木最深的地方，在这样的地方是没有旅馆的。所以，他到这样的村落中是住在家境稍好的农家。比较有趣的是，他住在农家，还向主人提出很多问题，并把他们的回答记录下来。菅江真澄在各地旅行也有很多观察和记录，但是好像没有这样的交流。现在画面上的图（图4），是铃木画的当时借宿家庭的情形。我们通过这幅图可以知道当时山区家境稍好的家庭的样子。在图中间，可以看到一个四方的小区域，在日本这叫"围炉里"，很多农村家庭都有这样的装置。大家坐在其周围取暖，里面的热气向上升腾，上面有一个架子，架子上放有谷物，通过热气使谷物干燥。他的书中有很多这样有意思的记录。但是他的特点是不但观察和记录，还与当地人进行交流，询问他们东西如何使用，以及如何生活。我们可以看到，在铃木牧之这里，民俗学的基本方法已经初见端倪。铃木在这里生活了一周左右，具有一定的民俗研究的先驱性。在这之后，他写了另一部书叫《北越雪谱》，里面有很多的画。①《北越雪谱》记录了他自己生活的雪国的情况，雪国的生活究竟如何，他做了详细记录。我们出去旅行，容易在旅途中看到奇风异俗，发现与自己的生活不同，但是对自己的生活怀着兴趣去观察和记录却是比较困难的。铃木牧之做到了这一点，他对自己的生活世界做了观察和记录。这幅图（图5）是《北越雪谱》中的一页，记录了在雪国生活的必需工具。例如，雪天套在鞋底走路的工具，能防寒防身的蓑衣外套，上图下文，文字记载了用具如何使用，如何制作等。

---

① 《北越雪谱》已由河北教育出版社2002年出版，编者叶渭渠，译者邱岭、吴芳龄。

图 4 铃木牧之《秋山纪行》中绘制的山村农家生活情景图

图 5 铃木牧之《北越雪谱》中的一页

（三）作为国学者的本居宣长：显示"神话时代"的民俗

在当时，像这样在调查中有观察有记录的文人还有很多。那么，我们如何去解释，如何赋予其意义？无论是菅江真澄还是铃木牧之，都没有给出更多阐述。这时就出现了将各地生活赋予意义，试图将之理论化的人物。这正是我们第一课提到的居住于城市的国学研究者。

国学研究者们认为，日本的现状充斥着佛教或儒教的影响，丧失了日本的本色。对于他们而言，如何排除佛教和中国的影响，重新找回纯粹的日本是主要出发点，他们作为依据的是日本最古老的记录，包括《古事记》和《日本书纪》两书，它们可以说是日本最早的记录，大约成书于 8 世纪，尤以《古事记》价值为高。为什么他们对《古事记》评价如此之高呢？因为《日本书纪》是用汉文模仿中国的史书写成的史书，他们认为其受中国影响强烈。与之相对，《古事记》使用日本假名书写完成，所以国学者们认为，《古事记》中保留了比较纯粹的日本原型。国学者们感到，《古事记》中描写的各种情形，存在于日本农村之中。

在这方面做出重要工作的是本居宣长①。本居宣长著作很多,他有一本《玉胜间》,是记录日常生活的随笔。书中说,在农村里,存在着古代的词语。在农村里,存在着古代的行为。只要我们到海角、到深山去搜寻和拜访,就能知晓以前的情形。可以看出,他在当中提出了要到各地调查研究的思路,只是他本人并没有实行。但是作为当时国学的领袖人物,他的建议是很有影响的,各地国学者也在研究之余留下了很多记录。《古事记》中描写的时代,在日本被写作"神代",实际上他认为,日本各地保留着"神代"之遗风。

(四)人类学的"土俗会"(1893—)

刚才给大家介绍的是发生在18—19世纪的情况,是日本民俗学起源的一个源流。进入明治时代以后,欧洲的人类学传入日本。日本人类学受英国影响比较大。1893年以后,一些人类学者组织了"土俗会"。土俗会每年召开一届,商定具体的主题,以各地生活为材料进行调查和报告。这些属于人类学系谱下的活动,与国学者们不同,不是为了研究日本的古代,而是为了了解人类的普遍发展而进行的。土俗会的活动大约持续了六七年。当时研究者们用"土俗"称呼人们生活中保留下来的比较重要的传统,现代日语中已经几乎完全不使用"土俗"一词,仅有文学研究者可能还在使用。日语中带"土"字的词语现在几乎都已不再使用,比如"土人",以前像"当地的土人"这样的描述很常见。"土人"一般用来指那些没有进入文明社会的人,现在认为该词带有一些歧视的味道,所以已经弃而不用。还有"土民"一词,历史记录上也经常出现,现在也已成了一个死去的词语。

---

① 本居宣长(もとおりのりなが,1730—1801),18世纪日本学者、思想家,日本国学的集大成者,其长期钻研《源氏物语》《古事记》等古典作品,著作涉及文学、语言学、历史学等多个领域,其门人后辈众多,后人编有《本居宣长全集》。

二、柳田国男的出现

刚才介绍的是日本民俗学的前史，也就是最终能出现日本民俗学的前提，历史上曾出现过的一些潮流。下面随着柳田国男的出现，日本民俗学迎来了真正被创设的时代。

（一）1908 年的两次体验

柳田国男生于 1875 年，1962 年去世，享年 88 岁，其人生的后 50 年基本上都倾注于民俗学事业。他开始投身民俗学是在 1908 年。柳田国男也有一些自传性的著作，那么，先把他的人生经历简要介绍一下：柳田国男毕业于东京帝国大学，属于当时的社会精英。按照今天的学校设置，所学应该是法学部的政治学专业。1900 年大学毕业后，直至 1919 年，他都是明治政府的官员。可以看到，他是在担任官职差不多十年时开始了民俗学的研究，其契机是 1908 年的两次亲身体验。一是他去九州的旅行，二是岩手县一名青年对他的拜访。

柳田国男的九州旅行是在 1908 年 5 月至 7 月，当时他作为政府公务员在九州视察。视察即将结束时，他到了宫崎县椎叶村这个偏僻的山村，在那里居住了一周左右。当时他的身份是中央政府的官员，这对于当地而言是破天荒的事情。当地官员远道迎接，全程陪同。椎叶村面积广阔，柳田国男四处游访，随处落脚。后来他把在椎叶村的经历写作成书，叫《后狩词记》①，这本书主要是围绕着当地的狩猎来写，上一讲我们提到过日本民俗学的一个特点是非常重视语言，这本书就是以当地的用语，也就是民俗词汇作为条目，词条下是关于该词的内容和解释，整体上类似于辞典。书中稍微大一些的字是当地人对词的说明，降两格稍微小一些的字是柳田国男对这个词的说明和认识。柳田国男在把

---

① 后收入定本《柳田国男集》第 27 卷，筑摩书房 1985 年版。

握民俗的时候是以当地的民俗词汇为条目，注重当地的实际意义，然后加上自己的解释。这样一个三段式的系统，在 1909 年左右就完成了。

另一件事情，是 1908 年的秋天 11 月份岩手县的一位青年佐佐木善喜前来拜访柳田国男。这个青年比较喜欢文学，通过一些文学前辈的介绍前来拜访柳田。他给柳田讲述了很多自己出生地的故事，柳田觉得非常有意思。他主要讲述了远野这个地方人们亲身经历的一些怪事。在东京，大家基本上都以一种合理性思维生活，所以这样的故事对于这些人来说，很难于理解。我给大家讲一个，据说一位女性有一天突然失踪了，几十年后她突然从深山回到村子，但很快她又回到深山。这些对于都市的人们难于理解的事情在远野实际发生了，并且不是作为故事被讲述，而是作为身边的经历，有具体的时间、地点和人名。在日本，也有相关的漫画，例如"座敷童子"。"座敷"相当于日本的客厅，"童子"即小孩，"座敷童子"是类似家神的精灵，如果有他在，家里就会非常富裕，但如果因为一些事情惹怒他的话，他就会从家里跑掉，家庭就会败落。这在当地也不是故事，而是作为事实来讲述的。也有说在城里上学的女高中生回家时见到过这样的童子。柳田被这样的故事深深吸引着，在当天的日记中他写道，一定要写《远野物语》这本书，后来这本书于 1910 年出版。里面收录了 100 多则这样的传闻。现在在日本，柳田的名字往往和《远野物语》紧紧联系在一起。而远野市，每年会迎来很多游客，这些游客之所以来此，都是因为《远野物语》的名气。远野市也以此为基础，设立了很多相应的设施与仪式来吸引游客。关于这些最新的状况，我们会在之后的第四讲再提及。可以说，柳田国男是从 1908 年的这两次亲身体验开始他的民俗学之路。随后，在 50 年的时间里，他逐步开拓出了民俗学这个领域。

（二）柳田国男的民俗研究

50 年是一个很长的时间段，在此期间民俗学也有各种各样的变化。我认为，柳田国男的民俗学可以分为三个阶段：第一个阶段是 20 世纪 10 年代，可以称为"山人的民俗学"；第二阶段以 20 世纪 30 年代为中心，可以称为"常民的民俗学"；第三阶段是20世纪四五十年代，可以称为"日本人的民俗学"。第一阶段是以山人为研究对象，第二阶段以常民为主要研究对象，第三阶段是以日本人为主要研究对象。第三个"日本人"比较好理解。但是，"常民"和"山人"对于大家来说，可能不太好理解。

1. 山人的民俗学（20世纪10年代）

刚才提到，柳田去了椎叶村，在那里看到听到的事情让他走出了民俗学的第一步。椎叶村处于深山之中，现在即使去那里也很麻烦。柳田国男认为居住在椎叶村的人是日本原住民的后代。按照柳田当时的理解，平原地区从事水稻种植的人是"新日本人"，他们侵入了原住民的领地，把原住民赶入深山之中。所以，这一时期民俗学不是以在平原生活的大多数人为对象，而是以深山之中少数人为对象。柳田国男自己是平原上水田种植民中的一员。他认为，由于自己祖先的压迫，原住民被赶入山中，所以他对山人寄予很大同情，觉得有义务把他们的文化挖掘出来。

按照今天的话来说，当时柳田国男的想法中，日本列岛上的人的谱系不是单一的，而是多元的。这可以说是一种非常重要的理解角度，是柳田国男20世纪最开始的理解，到后来，这种想法逐步消失了，进入第二阶段，即常民的阶段。

2. 常民的民俗学（20世纪30年代）

下面是关于柳田国男民俗学的一般性理解，大概20世纪30年代，柳田国男确定了日本民俗学，我把这一时期的民俗学称为"常民的民俗学"。"常民"这个词在中国是没有的，也没有这种使用方法，在日本知道这个词的人也不多，基本上是在民俗学的圈子里使用。朝鲜半岛虽然有这个词，但却是作为一种身份的称呼，与柳田国男所说的"常民"完全没关系。对柳田而言，"常民"相当于以水稻种植为基本生活方式的农民。他认为日本是水稻社会，通过水稻种植形成了人与人之间的关系，他用"常民"这个词来称呼种植水稻的一般的农民。

柳田国男并不喜欢用特殊的用词或者概念来阐述自己的观点，所以对于"常民"这个词，他也没有明确的定义。但是根据柳田在各种文章著述中的描述，归纳起来可以得出以上结论。那些虽然居住于村落中，但拥有大量田地的地主，或者是居于上层的农民，都不在"常民"之列。那些居住于村落中，但是从事水稻种植以外工作的人，也不包括在"常民"范围之内。现在日本民俗学界已经不再使用这个词了，仅在归纳、总结、理解柳田国男的语境中才使用。在 20 世纪 30 年代，柳田国男频繁使用常民一词介绍民俗学并进行相关论述。

为什么柳田国男使用这个词来论述所谓一般的农民呢？为什么对象从前一阶段的山民转向了这一阶段的"常民"呢？根据柳田自己的表述，他认为居住于农村的农民非常贫困，解决农民的穷困是民俗学的重要课题。正像大家所知道的，日本经济在 20 世纪 20 年代陷入萧条之中，影响到日本农村，使得 20 世纪 30 年代前半期的日本农村生活非常悲惨，一些农家甚至需要出卖自己的女儿来换取粮食。正是为了从中找出一条解脱的道路，日本政府或者说军部随后向中国大陆展开了侵略，这是大家所知道的。应该说，日本对中国的侵略的一个重要背景正是 20 世纪 30 年代日本农村的悲惨状况。但是，柳田国男并不认为发动侵略是解决问题的方式，他希望从自己的生活之中发现解决的方式。他希望从学问的角度真正弄清农村之所以这样的原因，所以他表明民俗学作为学问的重要目的，就是要解决"农民为什么穷"这个问题。

在他的书中，曾用过"学问救世"这样的词，他认为学问必须提供人们对自己眼前疑问的解答。柳田国男提出，我们不应该以学问的实用性为耻。学以致用才是真正正确的道路。农民为什么穷，也是学问需要解决的根本问题。这里面的农民，实际上是柳田国男所提到的"常民"。柳田把自己的研究对象从前一阶段生活于深山老林中的山民，转移到平原上生活的农民。当然，柳田国男的学问的使命感是要放在当时背景下实际讨论的，但是我想，今天我们 21 世纪的民俗学，也应该有这样的使命感。

到了这一阶段，柳田国男的想法在前一阶段的基础上有了一些变化，他认为整个日本的文化是一个文化。也就是说，前一阶段他认为山民与农民的文化系统不同，而现在他把整个日本作为一个整体来把握。此时，他树立了以民俗词汇为依据来进行比较研究的研究方法。用柳田自己的话来说，他的研究方法就是重出立证法和周圈论。对此，我要做出具体说明。通过重出立证法和周圈论，最后描绘出来的是日本列岛整体的文化发展。

首先来看"重出立证法"。正如上讲所说，柳田国男并不是在大学中教授民俗学，而是在家里迎接对民俗学有兴趣的学生来教导他们的。1933年，他在自己家里开设讲义，每周一次，大概从9月一直持续到12月。关于这次讲义的记录，在第二年出版了一本书《民间传承论》。这本书里的论述比较理论化，书中专门有一章叫"我们的方法"，柳田便使用重出立证法来论证方法到底是什么。一个解释就是，叠放照片的方式，或者叫多次曝光的方式，就是在一张底片上通过多次曝光，把不同历史阶段的重复画面展现在一张照片上。他认为，这样的方式没办法找到起源，但是能够展现变化。可惜他对"我们的方法"没有进一步论述。这时柳田虽然没有明言，但是他的论述与英国 G. L. 高莫（George Laurence Gomme）《作为历史科学的民俗学》（*Folklore as an Historical Science*）[①] 一书中的方法非常接近。高莫的书于1908年在伦敦出版，柳田很早就购买并阅读过这本书。柳田国男有一个习惯，是在书中的边边角角记录下自己阅读的时间，由此我们可以知道这本书他读过两遍。另外，他在读书时会做一些标记，比如哪些地方应该注意或者存疑，他在阅读这本书的过程中也做过很多标记。然而在柳田的文章中，并没有提到过这本书。

1951年柳田国男主持编修的《民俗学辞典》中对重出立证法做出过说明。他在民俗学的研究方法这个条目下，有四条关于方法的说明，几乎与高莫书中的内容一模一样。高莫认为，通过对一个民俗现象的横向比较，可以了解其变迁。需要把握民俗事象之间的各个要素，通过各个要素互相组合的形式来把握

---

① George Laurence Gomme, *Folklore as an Historical Science*, Nabu Press, 2010.

其变迁。《民俗学辞典》重出立证法这个词条的执笔人不是柳田自己，但是我认为如果不是柳田教给他，他可能很难以这样的方式来写。因为这本书在那个时代，可能只有柳田手里有。我认为，事情的过程大概是：柳田国男对重出立证法并没有具体阐释，所以在写词条时，他的弟子可能感到困惑，于是他指导弟子应该如此阐释。在日本民俗学的入门书或者概论中，经常能看到以这种方式来解说重出立证法，但是在实际研究中采用这种方法的，可以说几乎没有。柳田国男本人的研究与重出立证法比较接近的，也只有一例，他用来阐述灯火的变迁过程：当农村还在使用火把时，在城市很早就进入下一个时代，使用鱼油或者植物油。在城市已经开始使用油灯，或者再往下发展使用石油时，而农村还停留在使用松明或火把的年代。不过农村也会发展，开始使用油灯或石油。

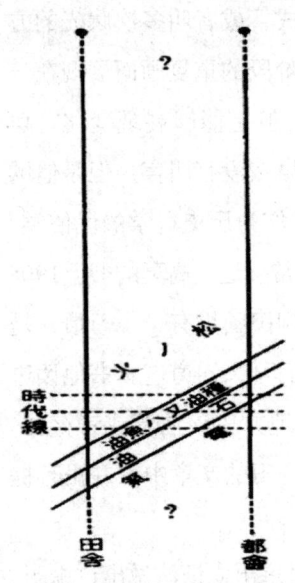

图6 柳田国男应用重出立证法阐述灯火的发展历程

而城市又较早使用电来照明，农村则要晚得多。而现在，无论是农村还是城市都在使用电作为照明。柳田国男在所谓方法的论述上，写到这个程度已经是最具体的了。可以看到，这是一个非常简略的说明，没有细致论述或理论阐述。

柳田国男偏理论阐述的还有"周圈论"。最初柳田没有使用"周圈论"这个词，而是使用"方言周圈论"或者"方言周圈说"。1927年，他发表了一篇比较重要的论文《蜗牛考》来倡导方言周圈论，1930年进一步完善成书。① 柳田国男本人只是使用了方言周圈论的说法，但是他的弟子认为可以延伸到所有民俗方面，产生了"民俗周圈论"这样的词。周圈论可以说是理论方面能够证明重出立证

---

① 1927年柳田国男撰写的论文《蜗牛考》连载于日本《人类学杂志》，后结集成书于1930年出版，并收入《柳田国男全集》，筑摩书房1998年版。参见王京：《柳田国男与"一国民俗学"的成立》，《日本学刊》2013年第1期。

法的唯一的实例。柳田国男注意到，关于蜗牛同样的称呼在日本的东北和西南同时都存在，而在中间反而没有。他认为，日本虽然国土狭长，但实际上方言是呈同心圆式的分布。当然，日本长方形区域以外的海面上找不到这样的分布，但是想象中的圈能把日本的东北和西南联系起来。按照图示来说，在日本的文化中心，在古代出现的一些词，随着时代的变迁散布到宽广的地方去。也就是说，在日本中央，最早出现了 A 这个单词，随着传播和时代

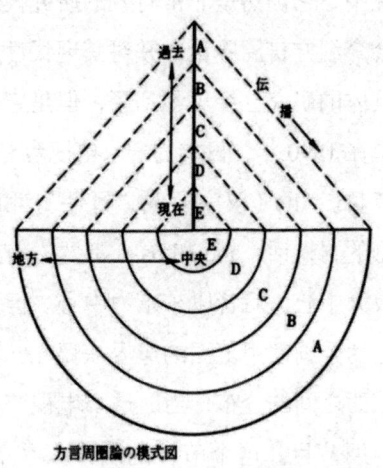

图7 《蜗牛考》方言周圈论图示

变迁，现在分布于日本的边远地区（相当于日本的东北或九州等地方）。随着中央逐渐出现 B、C、D、E 这样的词，也重复这一过程，因此，现在中央存在的是 E 这个词，而其他的词则按距离远近分布在其他周圈。这是一个很有力的假说，柳田的弟子认为这个方式也可以应用于其他民俗事象上。柳田自己在解释其他民俗现象时，也曾采取这样的方式来说明。

20 世纪 70 年代以后，学界对周圈论提出了很多质疑。因为这样的传播完全是从中央到地方的单向传播，难道在地方完全没有抵抗、拒绝和选择吗？另外，在这样的假说中，还隐藏着一个设定，就是说在传播过程中，并不会发生变化，即在中央怎样产生的就怎样传播到地方去。芬兰学派认为，故事在传播过程中会发生变形，而变形正是学者们研究的重点，故事是一边传播一边发生变化，最古老的形式留在发生地，离发生地越远，变形越大。柳田国男的方言周圈论与之很不相同。中央对于柳田而言，它是在不停地变化，最后留下的是最新、最近的状态，反而在周边留下的是古老的状态。周圈论认为中央以外的各个地方只是被动式的接受，这一点受到了批判。之后，民俗学中周圈论式的论述销声匿迹了。

但是，正像所谓周圈论最开始是方言周圈论一样，现在在方言、国语等研

究中，它仍然是非常有效的研究模式。在日本的方言或者国语的论述中，一定会介绍方言周圈论，并对其现代性理论意义进行阐述。在民俗学中，虽然现在具体的研究已经见不到了，但是它成为民俗学普及到全社会的一个契机。比如说在1990年，日本的一家电视台专门播放了"aho与baka的边界在哪儿？"的节目。Aho（汉字写成"阿呆"）和baka（汉字写作"马鹿"）都是日语中最常见的骂人话，aho和baka都骂人有点傻，但是使用地区不一样，前者主要以大阪为中心，后者以东京为中心。但是如果把大阪和东京连起来成一条线，到底这两个词使用范围的边界在哪儿？电视台为此做了专门的调查。第一集中讲了东西之间的分布，当时这个电视节目引起轰动受到了欢迎，于是节目组做了第二期节目。这个节目的制作人在节目播出之后结集成书《全国aho、baka分布考》并于1993年出版。由于节目本身很有名，书也卖得很好。做节目的人本身不是研究民俗学的人，但民俗学因为此书的出版而受到鼓舞。通过第二期节目制作的分布图，可以看出，baka这个词不仅以东京为中心，同时还大量分布在九州，因此这个词语的分布是同心圆式的，以京都为中心，九州和东京是两端。可见，周圈论在现代社会仍然有其用武之地。通过这样的研究，大体可以确认aho是后来出现的词，原先是baka的使用比较多。另外书中还提到，不管是aho还是baka，实际上都是从中国传入的，但是不清楚传入之初是什么样子的。

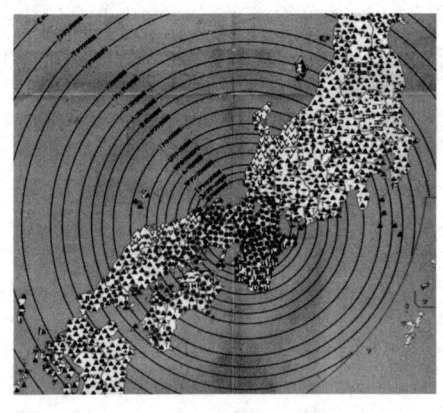

图8 日本全国aho、baka分布图

以上大概介绍了20世纪30年代日本民俗学确立的理论背景，就是重出立证法与方言周圈论。通过刚才的介绍，我们可以看出，周圈论基本是把日本视为一个整体，通过比较展现出的地域差别表明了整个历史发展阶段的差别。柳田国男把它扩展到整个日本的农民来考虑这个问题。

3. 日本人的民俗学（20 世纪四五十年代）

1945 年 8 月，日本战败投降，进入了一个新的阶段，柳田在这个阶段强调日本人的概念。这一阶段我称之为"日本人的民俗学"。

正如大家所知，战后日本处于美军占领之下，在此情况下，日本的文化与社会也出现了美国化的倾向，柳田对此非常担忧。他在这一阶段非常强调"日本"这一概念，希望大家重新认识日本文化和日本社会。同时在柳田心目中还有另外一个事实，他认为日本是牺牲了冲绳才获得了本土的安宁，日本从 1945 年被美军占领，美国直到 1951 年才答应将执政权交还日本政府。1951 年也成为日本战后重新独立的年份，但作为交换，直到 1972 年为止冲绳地区一直置于美军的占领下。柳田希望用自己的研究来显示冲绳对日本的重要性。

柳田国男在 1962 年去世的前一年出版了一本书，名为《海上之路》。虽然其出版是 1961 年，但是其中收录的论文都是 20 世纪 50 年代的，大概 1950—1953 年期间写成的。这本书主要的主张是日本人是经由冲绳来到日本列岛的。柳田认为最早的日本人生活在中国大陆南部的某些地方。中国南部的这些人在航海时遇到暴风雨漂流到冲绳的离岛，然后辗转到了冲绳本岛，发现这里盛产能够当作货币的贝类。因此，他们返回家乡带上家人和农具等来这里生活。他们先是在冲绳定居，随后沿着所谓的"海上之路"，借助日语中的"黑潮"，即日本暖流，居住于各个岛屿，最后来到日本列岛。他强调，正是有了冲绳才有了现在的日本人，冲绳对于日本人不可或缺。

柳田以这样的方式，实际上是向牺牲了冲绳的日本提出异议，希望促进日本民众的反省。当然在这一假说之中，最初日本人是生活在中国大陆的南方，但是柳田对此并没有过多强调，只是作为一个前提。他强调的主要是冲绳，认为这是日本文化的起点。柳田的这种宏大的构思或者说假说，应该说是存在很多问题的，带有一些浪漫主义色彩。他认为，来到冲绳的契机是因为暴风雨遇难漂流到这个岛上，这如何证明？当然其中还有一些其他的问题，所以整体来说，"海上之路"很难说比较真实地再现了历史的真实发展。但不管是柳田国男还是他的弟子都对冲绳非常重视，认为冲绳在日本文化发展过程中占有非常重要的地位，对于了解日本文化的古老形态具有非常重要的作用。

当然对于这样的立场，也有很多批评意见。比如认为日本本土文化与冲绳文化不应该简单地放在一起。冲绳使用的语言与日本本土语言应该说具有共同的祖先，但是约在 8 世纪就开始分流，随后日本本土与冲绳分别形成了比较独特的各具特色的文化。所以，不能简单说冲绳现在或者说过去的姿态是整个日本文化的古老姿态。日本本土当然受到中国大陆的很大影响，但是冲绳受到的影响更加直接，尤其是与福建省之间的往来非常直接。柳田对在冲绳流传的带有中国色彩的文化是基本无视的。在座的有些老师们有机会到冲绳去，可以看到那里随处可见石敢当。不管是浙江还是福建，同样的景象随处可见。而在日本本土，基本不存在这样的民俗。所以，如果综合这样一些状况，我们可以说，"海上之路"不能直接作为结论。

以上，我基本上对柳田国男创立民俗学的三个比较大的阶段进行了简单的说明。

4. "一国民俗学"

下面我主要强调一下柳田民俗学的两个特色，其中一个是所谓"一国民俗学"。随着时代的发展，柳田越来越强调日本和日本人，"一国民俗学"是柳田自己的提法，冲绳当然包含在一国之内，但是生活于北海道的阿伊努族完全被排斥在外。之所以会出现这种情况，主要是与重视语言的这一特色有关系的。冲绳的语言与日本本土语言可以放在同一个语言体系之下理解，日本本土与冲绳之间虽然语言不同，交流也有困难，但是基本上属于同根的。然而阿伊努族的语言与日语则完全不同。柳田国男的"一国民俗学"是包含冲绳而排除阿伊努的民俗学。所以，某种意义上可以说，"一国民俗学"是指使用日语的，存在于日本的一国民俗学。他认为，共同使用日语的这一范围，生活文化是一样的，而其他地区则更多显示了差异。下一讲我们会具体讲一下"一国民俗学"，但这一理解在今天基本上已经被否定了。

日本民俗学的另外一个特点是"在野之学"。日本民俗学最初不是在大学中教授的。在大学中进行研究和教育，完成民俗学的再生产，这一状况出现在1958年之后。关于这一点，明天会具体说明。因此，在1958年之前，日本民俗学只是民间的学问，是凭借个人兴趣进行的学问，柳田国男把这样的力量组织起来，给予指导，并提高研究水平。一个重要的方式是发行《乡土研究》这样的杂志以组织全国各地的民俗学爱好者。对民俗学感兴趣的学生都可以来柳田国男的书斋，接受他的指导。他以自己的家和书房作为中心，组织了各种各样的活动，比如关于《民间传承论》的讲义，以及全国性的调查。比如当时采访时使用的《采集手帖》，每一页印有要询问的问题，下面留有空白，调查时可以把得来的内容写在空白处，一共大概有100个问题。1947年，柳田国男在书斋里设立了民俗学研究所，利用这里进行研究。但是完全凭借个人进行的民间研究，有着各种各样的限制。1957年，民俗学研究所关闭，整个日本的民俗学研究也陷入了暂时的停滞状态。在此之后，大学取而代之，成为民俗学研究的新的中心。下一讲，我们会具体讲这个问题。

后柳田时代的民俗学
——福田亚细男教授北师大系列讲座之三[①]

〔日〕福田亚细男

王京　译

鞠熙　孙英芳　整理[②]

日本民俗学以 1908 年为起点，以柳田国男为开端计算的话，至今已有一百多年的历史。其中前 50 年带有浓厚的柳田国男个人的色彩，民俗学研究不是在大学或研究机构里面进行，民俗爱好者集中到柳田家里接受指导，并开展自己的研究。1927 年，柳田国男开始在自己家中的书斋里对热爱民俗学的青年们进行指导，这种形式类似沙龙或者社团。柳田的弟子们以柳田为中心开展各种活动。

日本民俗学之所以一度被称为"在野之学"，是因为在创立之初的主要形式是柳田以个人的方式进行研究并发表其研究成果。1947 年，柳田把他的书斋开放为民俗学研究所。民俗学研究所是以柳田国男自己的家为场地的民间私立的研究所。研究所里有专任研究员，也有从事事务的工作人员，但是支付这些职员工资的来源，实际上非常贫乏，主要是相关图书出版与销售的收入。因此，

[①]　本文根据福田亚细男教授于 2016 年 4 月 18 日在北京师范大学的讲演内容整理而成。

[②]　整理者：鞠熙，北京师范大学社会学院讲师；孙英芳，北京师范大学社会学院 2015 级博士研究生。

出版渐渐变成了研究所的主要业务，虽然名义上是研究所，但是主要从事图书编辑，性质类似于出版社。但即使如此，由于书籍出版销售的状况不是很好，所以研究所财政困难的状况一直没有改观，1957年，研究所正式关闭，前后一共坚持了十年时间。

一、民俗研究所关闭后关于民俗学发展动向的讨论

面对关闭后研究所保存的大量民俗学资料的去向，以及未来民俗学何去何从的问题，日本民俗学者之间有很多讨论，其中一个动向是希望将其变成大学的附属研究所。民俗学研究所研究员中有一些任职于大学，比如数名东京教育大学的教师，他们在大学里都有其他研究方向，到了柳田国男这里才从事民俗学研究。东京教育大学是一所国立大学，当时东京教育大学所属的几名研究所成员提议将研究所的管理转到东京教育大学之下。但是民俗学研究所成员的职业多种多样，另外一些不是大学教员的成员反对这一提议，特别是一些专任的年轻的研究员。他们虽然收入较少，但在研究所有着较为稳定的研究环境，而如果变成大学附属研究所，他们很可能因为年龄和资历问题无法保证固定身份，因此反对这一提议。因为受到多方反对，成为大学附属研究所的方案最终流产，但研究所的财政困难问题无法解决，所以最终只能关闭。

在民俗学研究所关闭后民俗学应当何去何从的讨论中伴随的另一个问题，是将民俗学研究纳入大学教育体系之中的问题。大学体系中的民俗学教育开始于1958年，柳田国男此时仍然健在，但是民俗学开始迈向柳田国男直接指导之外的另一个方向，这就是在大学里进行民俗学研究，我称之为"学院派民俗学"，也可以称之为"后柳田时代的民俗学"。

柳田国男1962年去世，但正像"后柳田时代"这一名称所指的，日本民俗学并没从柳田国男的影子下获得自身的独立，在柳田去世之后的50年中，早已离开的柳田国男依然以各种各样的方式影响着，从某种意义上也可以说是束缚

着现在进行之中的民俗学研究及民俗学者。

二、学院派民俗学的形成

（一）东京教育大学的民俗学教育

如上所述，民俗学研究所的成员中，有几名是东京教育大学的教师。东京教育大学在战前是高等师范学校，后来和东京文理科大学合并。在原来的东京文理科大学和高等师范学校的时代，已经有很多教师对民俗学怀有浓厚兴趣。正因如此，当民俗学研究所即将关闭时，这些对民俗学有浓厚兴趣的人们开始活动，希望在大学中开设民俗学的研究专业。最终开设的文学部史学科方法论专业，每年定员5名，面向全国招生。当时日本国立大学的入学人数都非常少，在东京教育大学的史学科中，日本史专业每年招收20人，东洋史专业15人，西洋史专业15人，考试由各专业分别进行。当时方法论专业招收的这5名学生并不都是民俗学方向的，专业下有民俗学和考古学两个方向。考古学的教师有2名，民俗学的教师也是2名。由于面向日本全国招生，而只有5个名额，所以竞争比较激烈。1958年第一批学生入学，其中考古学3名，民俗学2名。这两名民俗学学生可以说是日本在大学里学习民俗学的第一批学生，其中之一就是筑波大学的平山和彦教授。1959年录取考古学1名，民俗学4名学生。在这4名学生中，其中一名就是我。所以我是完全在大学里学习的民俗学，这在当时是非常罕见的。我的民俗学学长或老师们，都是从事其他方向的研究，后来聚集在柳田国男这里才转而从事民俗学研究，而我在大学里就开始学习民俗学，是纯粹从事民俗学研究的学者。

当时教授我们民俗学的老师由于没有在大学里系统学习过民俗学，在理论方法上都比较薄弱，讲课形式也主要是把柳田国男写的书拿来，对其中的内容进行解释，介绍重出立证法、周圈论等民俗学的方法。最开始接触民俗学时我非常兴奋，但过了一两年之后，渐渐产生了疑问。当时我们除了民俗学之外，也上其他的课，如历史、地理、人类学等。接触了其他学院派学问后，回头来看民俗学的方法和理论，感觉实在是单调朴素，也因如此，当时不少民俗学方向的学生读完大学进入研究生院时选择了别的专业，例如文化人类学、日本史等。我大学毕业后，直接去高中做了一名教师。当时我们这一届 4 名民俗学的同学中，1 名去了企业，在广播局工作，其余 3 名都去了高中。这 3 名去了高中的老师中，我因为重新上研究生而回到民俗学领域，其他人到退休之后才又开始了民俗学活动。其实在柳田国男时代，很大一部分基层的民俗学者正是这样的人。

虽然民俗学在大学展开了教育活动，但没有产生方法上的突破。对这一问题进行内部反思和接受了一些来自外部的批评之后，大学教育中的民俗学研究也开始有了进步。

（二）成城大学的民俗学教育

另外一所从 1958 年开始进行民俗学专门教育与研究的大学，是私立的成城大学。成城是地名，柳田国男的家就在这里。柳田国男的长子是成城高中的毕业生。成城在东京的西郊，当时因为自己的儿子在这里上学，所以柳田在这里建了自己的家。柳田国男自己本来住在市中心，为了孩子上学，在成城修建新居。房屋建成之后，他的夫人和女儿还住在原来的市中心，而他和儿子住在成城。柳田通过这种方式确保了自己的时间，可以自由学习和指导学生。后来他的夫人和女儿也搬到成城。柳田住的地方离成城大学很近，所以对这所大学很有感情。民俗学研究所解散后，柳田的藏书归还给了他个人，柳田虽然接受了藏书归还，但还是希望能够共享，所以 1957 年研究所关闭后，柳田把藏书委托给了成城大学，后来正式捐赠给成城大学。他的藏书被称为柳田文库，现在仍然保存在成城大学。在日本从事民俗学研究的人，至少都去拜访过一次。柳田文库实际上也是一个图书馆，其资料是可以共享的。成城大学因为与柳田的渊源，所以 1958 年也开设与民俗学相关的专业。成城大学文艺学部文化史专业的主任，原来是民俗学研究所的成员，曾反对民俗学研究所成为大学附属研究所。

成城大学因为得到了所有柳田国男的藏书资料，所以在民俗学研究方面非常有底气。文化史专业以民俗学为中心，也包括日本史中的文化方面，即日本文化史和文化人类学。作为日本学院派民俗学，起步的这个过程非常重要。①

从20世纪60年代中期到90年代中期，日本民俗学会的办公室一般设在会长所在的大学，每年一次的年会场地也在该大学之内。到90年代中期，国家不允许与大学没有直接关系的学会或者团体设在大学之内，否则要向大学支付费用，于是日本民俗学会只能在外租借了一处房间作为办公室。日本民俗学学会事务局办公室与特定大学没有直接关系，至今如此。但年会还是在大学内举行。

（三）以大学为中心的民俗学调查研究

除了大学开设民俗学专业外，民俗学的调查研究活动也变为以大学为中心，比较有代表性的是东京教育大学的民俗综合调查。从1958年开始，学校每年选择特定地域进行民俗综合调查。因为是大学组织的调查，所使用的经费来自国家体制中的科学研究经费，可以组织大规模的调查团队。大学生从一年级就可以参加这样的调查，往返路费等都不用自己负担。1959年我18岁，就参加了这样的调查，去了四国岛的宇和。这一综合调查基本上每年都进行，最后一次是1970年的冲绳调查。1970年，冲绳还在美军的管理之下，对冲绳的调查基本都由文化人类学者推进。当时文化人类学者还不能自由地到海外进行调查，冲绳与日本本土不同，它在美军控制之下，到冲绳去需要办理护照、注射疫苗等，从这样的一系列手续来看，从日本本土角度讲基本是出国了。大量文化人类学者在冲绳调查写作，进而成长，比我年长的很多学者都有这样的经历。这样的形式培养的最后一代人中有民俗学者渡边欣雄。他从研究生时代就在冲绳调查，其他文化人类学者由于条件的改善，逐渐去更远的地方做调查。渡边后来也去台湾调查，20世纪90年代曾和我一起在浙江进行田野调查，他对民俗宗教最感兴趣。他还在北师大待过一年半，对中国的民俗宗教很有研究。

---

① 具体情况可参阅王京：《1958年：战后日本民俗学转折的胎动》，《民俗研究》2012年第1期。

1970 年，从时代来说，冲绳在文化人类学者眼中的地位已经逐步下降，尤其是随后的 1972 年，美国把冲绳的执政权归还给了日本，文化人类学者便像退潮一样，都消失了。东京教育大学去冲绳调查恰好与此潮流相反，是希望在冲绳进行真正民俗学的调查和研究。每个调查地最后都有一大本调查报告成果，但非常遗憾的是，关于冲绳的调查报告一直没有出版。从柳田国男的立场而言，冲绳是日本文化的一部分，甚至是原型，但是民俗学者到冲绳调查之后发现冲绳的民俗非常复杂，日本本土民众可能难以理解，所以最后冲绳这一卷调查报告没有出版。总的来看，东京教育大学的民俗综合调查在十来年的时间之内，对日本地域做了大规模的调查研究，出版了众多成果，这一事实给当时的日本留下了深刻印象。

成城大学 1972 年开设了民俗学研究所，开展了各种活动，其中一项就是山村调查。山村调查开始于 1934 年，时值 50 周年的 1984 年，民俗学研究所进行了重访，出版了三本调查报告，后来又出了一本研究论文集。另外，柳田文库中不仅有柳田国男的藏书，还有他搜集的各种民俗资料，成城大学民俗学研究所的长期工作，就是把这些资料重新影印刊行。也因为这一工作，我们得以见到很多宝贵的资料。

（四）民族学博物馆和历史民俗博物馆的建立

在大学之外还有两处民俗学研究机构，其中 1974 年开设的日本民族学博物馆，主要进行文化人类学的研究。1981 年又开设了国立历史民俗博物馆。它们是大学共同利用的机构，仅凭个别大学难以进行的研究可以通过博物馆来进行。国立民族学博物馆有几十名文化人类学者，国立历史民俗博物馆下设 4 个研究部，因此研究民俗学的研究部在整个博物馆中大概占四分之一的比重。在日本，集中在一所大学的民俗学者并不多，基本上有 4 名就算是多的了，而在历史民俗博物馆民俗研究部中一共有 13 名专任研究人员，活动的中心内容实际上是把全国大学的研究者聚集在一起进行共同研究。现在历史民俗博物馆有制度上的变化，以前的名称消失了，合成了一个大的研究部。在大的研究部中，属于民俗方面的专门研究人员已经少于四分之一。这里的共同研究一般是在 3 至 5 年间围绕一个课题，将全国学者组织起来进行共同研究，并发行研究报告书作为成果。每一本研究报告的分量都很重。研究报告不仅寄送给国内各相关单位，也寄给国外的研究机构。

（五）当前日本大学的民俗学专业状况

现在，日本很多大学都开设了民俗学相关专业。在国立大学中，筑波大学是民俗学力量最为集中的大学，应该是有 4 名学者。筑波大学是一所比较新的大学，是东京教育大学停办后新成立的，距离东京 100 公里左右。它是在国立大学中民俗学学者最多的地方，培养研究生力量也非常集中。年轻的学者中，很多都是筑波大学毕业的学生。另外新潟大学、山口大学、熊本大学、琉球大学等，都有两名左右的民俗学者。私立大学中，成城大学大概有 3 名民俗学者。国学院大学也是日本民俗学力量比较强的大学。国学院大学主要在日本文学之下开设民俗学相关内容，现在也有独立的民俗学专业，因为与文学有密切联系，所以名称是"传承文学专业"。国学院大学大概有 4 名民俗学者，在日本各地的民俗学者中，也有不少是国学院大学的毕业生。私立大学中，还有不少设有民俗学专业，神奈川大学研究生院有 3 名民俗学者。还有奈良的天理大学，是天理教设立的，在民俗学中也有重要地位。另外，与其他大学风格稍有不同的有东北艺术工科大学。如筑波、成城、国学院、神奈川、天理、东北艺术工科大学等都设有民俗学方向的硕士乃至博士课程。两大博物馆也分别开设有研究生课程，可以培养硕士以上的学生。另外还有东京文化财研究所，不培养学生，只从事研究，包括无形文化财（非物质文化遗产）研究，其属于国家性的研究机关。

总之，在日本从事民俗学教育研究的机构并不多，也有一些大学原来有民俗学相关专业后来取消了。民俗学专业招生难，也是当前的现实。

三、民俗学的方法转换与新视野

（一）对柳田民俗学研究方法的反思

日本民俗学的方法依赖于柳田的重出立证法和周圈论[①]，在解释说明民俗学的内容和成果时，也依赖于柳田国男的解释说明。但是，随着柳田的逝世，主要由柳田国男进行的对民俗资料或成果的评价与定位也随之停止了。柳田健在时，地方上的民俗学现象或调查成果只要交给柳田，就能知道它的意义与价值，但柳田逝去之后，没有人能做这样的工作，地方上的民俗学者就失去了动力。原来只是在各地从事调查，把调查结果提供给柳田的相关人员，在柳田逝去之后，也逐渐退出了民俗学舞台。从这个意义上讲，民俗学研究领域内出现了大规模的新陈代谢，一些年轻人在柳田基础上取得了进步。这时，对柳田国男的评论性著作开始流行，每年以五到十册的速度出版，这些书议论的只是柳田国男，但很多人误以为他们是研究民俗学的。在这一过程中，逐渐出现了对柳田国男研究方法等重新审视甚至批评的动向。

1972年，我提出了对"重出立证法"的批评[②]，本来是比较朴素的疑问，但是对于当时的时代而言，对柳田的方法提出疑问这件事本身就让人们感到惊讶。日本的《朝日新闻》当时专门有文章评论，这反映了民俗学出现了新的动向，可能觉得比较新鲜。"重出立证法"的假设是将各地搜集的资料进行比较后可以了解历史变迁，而我的意见是，重出立证法并不能知道历史的变迁。应该说，这叫作初生牛犊不怕虎，我用了比较激烈的语言进行了强烈批判，受到大家的瞩目。重出立证法认为把事例搜集起来进行比较就能了解变迁，但是它搜集的

[①] 国内学界将柳田国男论述研究方法的《民间传承论》与《乡土生活研究法》两本民俗概论书合译出版（《民间传承论与乡土生活研究法》，王晓葵、王京、何彬译，学苑出版社2010年版）。

[②] 福田亚细男：《民俗学方法序说——柳田国男与民俗学》，弘文堂1984年版（中文版《日本民俗学方法序说——柳田国男与民俗学》，於芳、王京、彭伟文译，学苑出版社2010年版）。

事例之中本身并不包括变迁。从各地搜集起来的资料是死的资料，只是排列在那里，这样的数据或者说资料，按照某一标准是可以排列的，但是标准一旦变化，也可以重新排列。退一步说，就算是能够得出变迁，那么这样的变迁何以能够发生，如何得出的，重出立证法并不能得出结论。另外，就单个事例而言，也许可以排出一个顺序，但这一事例是与其他方面紧密相关的，就整体状况而言，并不能通过重出立证法来把握。我的基本立场是，比起全国性比较，应该更重视基本地域，在特定地域内进行细致调查，同时应把握一个现象与其他现象之间的关联。

　　对于我所提出的问题，不少人有回应。例如樱井德太郎提出，也许全国范围内的资料搜集和比较的确不能得出历史变迁，但是如果限定在某一地域内的话，也许我们能看出变迁。我把我自己的方法称作"个别分析法"，也就是在特定地域内进行分析。我提出的另一个概念是"传承母体"，我认为民俗传承一定是在一定地域内的，我们的研究必须要限定在某一传承母体上。从全国比较发展到具体地域研究，可以说成了20世纪七八十年代日本民俗学研究的基本潮流。直到今天，日本民俗学研究论文的主要形式还是在具体地域内进行分析，而不是全国性的分析。我个人认为，日本民俗学20世纪70年代以后的方向是正确的。当然，90年代以后，也有学者对我的观点提出批评，认为强调"传承母体"只是关注具体地域，无法把握更大范围内的具体问题。也有学者提出要"重归柳田"，认为关注日本全国的重出立证法是有价值的，而20世纪70年代以后是误入歧途。虽然提出要回归柳田的学者人数还不是太多，但是已经有了比较明确的目的。我

图1 福田亚细男参与编辑的《民俗调查手册》

参与编辑的《民俗调查手册》，是以具体地域研究为前提的研究指南。最先出的是橘黄色的，若干年后出了绿色新版，大家纷纷带着这本书到地方上进行民俗调查，有积极影响，同时也有不利影响。这本书的新版是 80 年代出版的，但是每年都会重印，到现在还在使用。另外也有介绍具体民俗内容的《民俗探访事典》。在我的提倡之下，在具体地域中进行调查成为主流，而且日本各地之间具有差别也是不争的事实。

（二）关于日本文化的不同看法

对于日本全国各地之间的差异，只通过个别调查是无法理解的，必须通过全国性的调查才能理解。因为理解方面的不同，对日本文化的地区差异的观点也出现了几个大的派别。但这里所说的派别，并不是民俗学者平时议论或者其研究中展示出的状态，而是文化人类学者、地理学者针对日本各地差别所提出的理解方式。

第一种简单来说是认为日本各地的民俗或文化有区别是因为谱系不同，是不同的人带来的。比如说信仰、仪式等，可能是中国南部来的人带来的，另外一些社会组织或者神灵观念，可能是北方人带来的。曾经这一派比较兴盛，现在渐渐衰弱了。

第二派认为是自然条件，尤其是气候条件带来的差异。这可以说是一个比较有力的解释，能够解释很多问题。这一派认为，在印度至中国的常绿阔叶林带有一些共通的文化，沿着长江流域到西日本分布的阔叶林带，形成了共通的文化。比如日本的纳豆，在中国的云南和贵州有几乎一样的饮食习惯。他们不关注是否有人的移动，而是关注同处于大的相同的环境之下。而有日本学者非常认真地认为，是中国苗族的祖先到了日本成为日本的祖先。我在云南调查时发现，他们的确有生活状态与日本生活几乎完全一样的地方。

第三种就是柳田国男的周圈论，认为日本整体是一种文化，地域差别只是显示了时代之间的差别，其实是把作为国家的日本等同于作为生活单位的日本。

第四种是历史形成过程不同，认为日本并非只有作为整体的单一的历史，而是每个地域都有自己的历史。

  此外，社会史对民俗学也产生了影响。社会史的名称本来是很早就存在，这里主要指 20 世纪 70 年代后期，日本史学界在法国年鉴学派影响下产生的研究风格[①]。以往历史学偏重政治方面，比如政治体制、政治制度等大的变化，革命、动乱等，但是法国年鉴学派指出，人们日常生活的变化并没有那么剧烈。社会史提倡的主要观念我们可以总结为三点：一是长期波动，即历史中存在一些长期似乎不变，但不知不觉中悄悄变化的因素；二是日常生活应该作为史学研究的对象来关注，历史不仅仅是革命或战争的历史；三是理解历史同时也应该理解历史中的人的感情、心情等，研究历史必须要把人的想法与感情纳入其中。以上这些社会史的特点实际上也是日本民俗学一直在强调的内容。社会史从法国介绍进入日本后，在学界和社会都引起了很大轰动，在这种情况下，民俗学者感到社会史的主张与民俗学有相近之处，也感觉到应该和社会史学者一起进行研究。正因如此，在 20 世纪七八十年代，民俗学得到了广泛的社会承认，是日本民俗学蒸蒸日上的黄金年代。而促进这种民俗学发展势头的另一个要素，就是文化遗产保护方面的状况。

四、文化财保护、博物馆与民俗学

  1950 年日本制定了与文化财保护有关的法令，里面包含一个类别是民俗资料，后来民俗资料得以独立，并且里面分为有形民俗资料和无形民俗资料。这里的有形民俗资料是指工具、装置、建筑等；与之相对，无形民俗资料是指风

[①] 年鉴学派是 20 世纪二三十年代开始围绕在《经济与社会史年鉴》杂志周围，有着相近史学理论和研究方法的一批学者组成的史学流派。此流派诞生的标志是 1929 年法国斯特拉斯堡大学历史学教授马克·布洛克和吕西安·费弗尔创办的《经济与社会史年鉴》杂志。他们提出"总体史"的口号，认为史学研究不仅要注重政治史、军事史，也要注意社会其他方面的历史，提倡对历史学进行跨学科的综合研究。

俗习惯，用中文表示就是"非物质文化遗产"。因为这样的一些资料具有价值，应该作为调查记录和保护的对象。调查记录并评价到底是否有价值的部门，叫"文化财保护审议会"，它有中央层级，在各级县、市等也有相应的机构。20世纪六七十年代，在日本全国都设立了这样的审议会。当时有很多民俗学者担任中央或地方级别的审议委员。当时一个比较大的工程是以文部省牵头进行的民俗资料紧急调查，希望通过调查把握日本各地有多少、有怎样的作为文化财的文化资料。在日本的各个县内，设定30个调查地，由专门的调查人员前往，按规定调查内容进行调查。按照这样的方式，日本全国一共有1342个调查点，按照统一的调查内容进行调查。在各县居住的民俗学者们也被动员到这样的大项目中来从事调查工作。后来出版了《日本民俗地图》，并有解释的书相配套。比如《日本民俗地图》的第一卷是《年中行事》，这样的地图一共出了10卷。但是其中也存在很大问题，因为当时的调查并不是以制作地图为目的来进行的调查，而是先有调查，已经有了很多调查数据，在思考调查数据应该怎么办时才制作的地图。所以调查的具体事项和具体内容，并不是全都适用于制作民俗地图。尽管有这样那样的问题，但这还是非常宝贵的资料。当时的1300多个调查地点，仅靠日本民俗学者是无法胜任的，所以文化财保护委员会作为国家部门牵头，编订了《民俗搜集调查指南》一书。

1975年，原来一直被称为民俗资料的类别，更名为民俗文化财。有很多民俗调查和各种活跃的展示活动，大概也是在这一时期开始的，比如在博物馆盛行展示民俗方面的内容。在比较小的地方也有历史民俗资料馆，这是在国家一定的补助之下，由各个村镇自己建成的。由于小型的民俗资料

图2 文化财保护委员会编订的《民俗搜集调查指南》

馆的兴起，民俗学的学生也增加了一个就业的方向。民俗学一直到 60 年代为止，其力量主要是小学或初中的教员，到七八十年代以后，博物馆和教育委员会的相关人员，成为民俗学的主要力量。现在小学或初中教员还从事民俗学研究的人已经非常少了。

五、对柳田国男及日本民俗学的批判

进入 20 世纪 90 年代以后，民俗学成为被批评的对象，对于柳田国男和民俗学的批评愈演愈烈。山折哲雄的《落日中的民俗学》是其中具有代表性的一篇。他认为，日本民俗学就像乌云遮蔽之中大洋彼岸缓缓坠落的落日，甚至连落霞都看不见。实际上，日本民俗学没能克服这些批判，一直在走下坡路，具体内容我们下一讲再进行介绍。

日本现代民俗学的潮流
——福田亚细男教授北师大系列讲座之四[1]

〔日〕福田亚细男

王京 译

鞠熙 廖珮帆 整理[2]

1958年后日本民俗学逐步变成学院派的学问，20世纪60至80年代是逐渐发展的阶段，但是在这样一个快速发展的时代中，民俗学对过去和未来还没有做充分的考量和细致的整理。这里先补充一下上一讲的内容，再接着讲第四讲的内容。

一、对柳田国男与民俗学的批评

从20世纪90年代开始，民俗学外部的学者提出了对柳田国男和民俗学的批评。一种批评认为，柳田与当时殖民主义的发展有密切关联，另外，柳田民俗学的"一国民俗学"[3]的特点也受到了批评。比较有代表性的著作，有村井纪

---

[1] 本文根据福田亚细男教授于2016年4月20日在北京师范大学的讲演内容整理而成。
[2] 整理者：鞠熙，北京师范大学社会学院讲师；廖珮帆，北京师范大学社会学院2015级硕士研究生。
[3] 关于"一国民俗学"的概念，福田教授在北师大系列讲座的第二讲"日本民俗学的形成"中曾经提到。也可参阅王京：《柳田国男与"一国民俗学"的成立》，《日本学刊》2013年第1期。

所写的《南岛意识形态的发生》(图1)，这本著作给学界带来了很大冲击。他的观点是，柳田民俗学开始的时代，正好是日本展开殖民统治的时代，柳田的民俗学实际上是在为殖民统治正名。我们前面讲过，柳田于1908年发现民俗世界，当时他是明治政府的官员，其所在部门与日本向朝鲜半岛的扩张关系密切，所以村井纪认为，当时与殖民政策紧密相关的柳田，是想为殖民主义出力，柳田国男当时主要研究的对象是深山中的"山人"，这是为统治异民族做准备工作。应该说，在此之前，柳田一般被描述为对日本历史文化做出很多研究的伟大学者，受到赞扬与高度评价，而到了村井纪这里，评价被反转了。第二本书是《大东亚民俗学的虚实》(图2)，书名中使用了对很多中国人而言有战争记忆的"大东亚"一词。书里面使用了"华夷秩序"一词，日本是"华"，而殖民地是"夷"，认为柳田民俗学就是为这样的秩序而服务的。但是以上这些研究的问题在于缺乏实证性的论证。例如，村井纪的论证是年表式的对应，并没有论证其中的必然联系。尽管如此，他们的研究促进了学界的反省，仍然是有意义的。另外，20世纪90年代出版的《民俗学的政治性》(图3)，是岩竹美加子编辑的美国学者的文章。记得在我上学时，经常听到老师教导，说民俗学是与政治无关的学问。但实际上这本书的主要内容是：我们认为与政治毫无关系

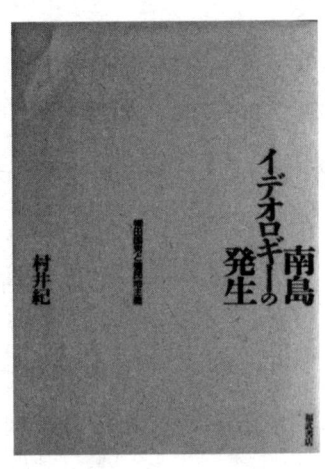

图1 《南岛意识形态的发生》书影　　图2 《大东亚民俗学的虚实》书影

的民俗学，实际上与政治有很大关系。前面我们也说到，柳田国男面对的不是政治，他希望民俗学面对社会，能够促进人们的反省。但是在柳田之后，这种面向社会发言，与社会保持紧密联系的方面大大减弱，而是强调民俗学是一门纯粹的学问。该书认为，即使我们认为是纯粹学理上的学问，对现实政治也有支持和创造性的力量。

20世纪90年代，对柳田和民俗学的批判是流行的现象。最开始主要是来自于民俗学之外的批评，后来逐步影响到民俗学内部，尤其是年轻学者也开始提出批评。最后，为民俗学盖上消极烙印的，是山折哲雄的《落日中的日本民俗学》（图4）一文，他认为民俗学已经处于落日之中，马上就要消失了，一般作为自然现象的落日，还能看到漂亮的晚霞，而民俗学的落日却是被遮在厚厚的云层后面，大家还没看清就消失了。他实际上想说，在柳田之后，民俗学缺乏具有个性的研究，也缺乏研究成果，只是依附于历史学或人类学而苟延残喘。进入21世纪之后，这样的批评很少见到了。刚才介绍的这些批判性的著作不是实证研究的结果，而是提出了一些观点。诚恳接受并反省自己，这应该是民俗学者的态度，但是要表明这种反省的愿望或者重构民俗学的决心，到现在还没有看到。在缺乏反省的状况下，进入21世纪，日本民俗学进入到"新民俗学"的领域。

上节课讲的是日本民俗学的发展历程，刚才补充的是20世纪90年代柳田民俗学批判的这部分。在20世纪90年代批评柳田及民俗学的风潮过后，又有学者提出柳田才是正确的，应该重归柳田。那么实际上是在说1958年后的

图3 《民俗学的政治性》书影

图4 《落日中的日本民俗学》书影

30年间的学院派走过的路径是错误的,民俗学在柳田时代的方向才是正确的。这种柳田回归的论调,没有把20世纪90年代对柳田的批评化作养分,而是显示出对抗性的态度。这些主张回归柳田的学者实力并非那么强,也没有形成学界主流,但是作为一种动向值得我们注意。下面开始第四讲的内容。

二、都市民俗学与现代民俗学

(一)都市民俗学的提倡

实际上从20世纪70年代开始,民俗学就在争取新的发展。其中一个方向是因为在此之前日本民俗学主要是以农村为调查地展开,而与此相应,提出也可以以城市为中心发展民俗学。70年代后期提出了所谓"都市民俗学"的领域,到80年代到达全盛期。90年代之后,提"都市民俗学"的学者越来越少,21世纪之后,基本的观点是:都市与农村没有区别,都处在现代的逻辑之下,因此主要从"现代民俗学"的角度进行研究。刚才说的是整个发展的历程。关于"都市民俗学",我想做一些具体介绍。

60年代,日本属于经济快速增长的时代,各地出现了巨大变化,尤其是农村地区。农村生活方式与之前相比出现很大区别。一方面,在民俗学者中,产生了一种危机感,即使到农村去也看不到民俗了。另外一方面,即使不到农村去,在城市也能从事民俗学的调查和研究。都市民俗学在这种背景下成长起来。

(二)都市民俗学的发展

关于日本都市民俗学的发展,大概可以分为三个阶段:

1. 在都市发现民俗(20世纪70年代)

人们发现在城市中也传承了与农村相似的民俗,具体研究有仓石忠彦在1973年发表的《小区公寓的民俗》。仓石是高中老师,对自己居住的小区进行了调查，他通过自己的研究说明，在住宅小区内也可以进行传统的民俗调查。当然，城市的面貌与农村很不一样，但具体的内容是可以与农村一样进行调查的。仓石也因为这样的研究成为日本都市民俗学的开拓者，他后来成为日本民俗学的重要基地——国学院大学的教授，一直从事都市民俗学方面的研究工作。但是在1973年这篇论文中，并没有出现"都市民俗学"这样的词，只是一篇报告性的文章，说明城市或者城镇也存在民俗。发现他这篇文章的，是当时日本代表性的学者宫田登①。他发现这篇文章后，请仓石在东京的重要期刊上发表文章。应该说，"都市民俗学"这个词，或者概念，本身是宫田登提出来的。仓石在都市中看到民俗并发表了一篇很小的论文，由于宫田登的大力推荐及提倡，都市民俗学的概念开始普及开来。在第一阶段，可以说是发现不论是都市还是农村，都能够看到民俗、能够研究民俗的阶段，可以称之为在都市发现民俗的阶段。

2. 都市形成了特有的民俗（20世纪80年代）

从20世纪70年代后期到20世纪80年代出现了新的动向，认为都市中存在与农村不同的、都市特有的民俗，其对象一般是有较长历史传统的城市。在农村存在民俗，是因为有比较悠久的历史，那么同样有着历史积淀的城市，也有其特有的民俗。像这样具有悠久历史的城市在日本被称为"城下町"。"城下町"指的是大概在日本的17世纪前期，以城堡为中心形成的城市。在城下町几百年的历史过程中，形成了与农村不同的特有的民俗。刚才提及的宫田登也研究城下町，他研究的是日本最大的城下町——江户，也就是今天的东京。但是他的研究方法与其他民俗学者的不同之处在于，其他学者是对现在的城下町进行调查研究，而宫田登是用17—18世纪的文献资料进行研究。他的研究为都市民俗学的发展指明了方向。宫田登对城市的理解与下面所介绍的第三阶段也有

---

① 宫田登（1936—2000），日本著名民俗学者，历任筑波大学、国立历史民俗博物馆、神奈川大学教授，曾任日本民俗学会会长。

联系，他认为都市与农村最大的不同在于都市人内心的不安，这种不安的状态形成了都市人特有的民俗。当然，关于这种有历史传统都市的研究，还有"宿场町"（交通要道上形成的城市）、"门前町"（以通向寺庙与神社正门的道路为中心形成的城市）。整个80年代，民俗学的主要成果都在调查研究都市与城镇，从中发现都市与农村不同的民俗。

3. 都市形成了新的民俗（20世纪80年代后期）

到了20世纪80年代后期，研究者的视线从传统的城市城镇，转向了大型城市，比如像东京、大阪等，城市中形成了巨大的住宅区，民俗也逐渐生成。特别是在大型城市中，形成了所谓的"闹市"，或者繁华街、欢乐街这种供人娱乐游玩的地方。对于这一现象，当时的理解是，因为在农村，人们扎根于大地，心理比较踏实；而在城市中，心里存在不安，人们为了排遣而形成这样的空间。但是从调查和研究的方式来说，到了第三阶段，发现很多对象不知道该如何调查和研究，这一现象越来越明显。所谓纪实民俗学的研究，例如到现场去记录、发表报告与新闻报道及专业出版之间的差异变得越来越不明显。在这种情况下，美国的民俗学受到关注。布鲁范德（J. H. Brunvand）的《消失的搭车客》（*The Vanishing Hitchhiker*）[①]（图5）在1988年被翻译成了日文，其中出现了"都市传说"一词，这成为日本民俗学界研究的新领域。所谓都市传说，一方面是民俗学的新的研究对象，这个词也超越了民俗学的范围，传播到更广阔的范围，现在应该说是一般民众或大众媒体更喜欢使用这个词。都市传说简单地说，就是在都市生活中生

图5 《消失的搭车客》书影

[①] 该书的中文版由广西师范大学出版社于2006年版。

成的种种传言，80年代以后这些传言受到了很多的关注。比如一个著名的例子是"嘴裂女"，戴着口罩在都市里出没。① 或者说出租车司机载着乘客，到目的地时发现乘客没了，只留下一滩水迹。这些不可思议的故事，都是作为本人亲身经历的故事来讲述的。现在媒体中也很喜欢"都市传说"一词，但现在与其说是不可思议的怪事，不如说更偏重其恐怖性。

（三）现代民俗学

《都市的民俗·金泽》是第二阶段的代表作，金泽是在日本海沿岸的城市，也是城下町。编辑这本书的是当地的同好会"寻找金泽民俗之会"，宫田登对他们的研究给予了肯定和定位。本来只是地方上的研究，但是因为宫田登的高度评价，吸引了很多人关注，具有了商业价值。《消失的搭车客》一书也对很多年轻的民俗学者产生了影响。但其实，嘴裂女和出租车客，并不是只有大城市才有的经历，农村同样也有。那么，到底还有没有必要把它们分成都市和农村？在这种情况下，现代民俗学代替了原来的都市、农村民俗学的说法。实际上是认为，无论是都市还是农村，都在形成现代民俗。

1993年，常光徹出版了《学校的怪谈》，论述了学校中流传的恐怖经历与传言。其中有一个在日本全国流传的故事：厕所的花子。一般是在小学里流传的比较多，女孩去上厕所，能听到小女孩的声音，就是花子，会向她搭话。因为民俗学以前都是以采访老人为主，但此书显示，即使是小学生也有自己的传承。所以在现代这样的时代状况下，产生了与以前很不一样的新的民俗。在解释新民俗时，一般是把它们和以前已经存在的民俗关联起来进行解说。还有一个这样的习惯，不知道现在还有没有，20世纪90年代到21世纪初，高中女生每天早上会洗了头再出门，我认为这没有什么特别的意思，只是为了早上出门比较爽快。但是民俗学者的解释是：就日本传统而言，如果要去神圣的地方或

---

① 嘴裂女传说是日本著名的都市传说，大概是说你走在城市中，前面的一个背影很美的女子会突然回头，摘下口罩，问你她美不美，但你会发现她的嘴角一直裂到耳根，十分可怕。

者参加仪式之前，都会有清洁的过程，特别是把水从头上浇下。因此，女性洗头才出门实际上是传统的延续。我认为这样的解释基本上是生搬硬套，因为按照这样的解释，那么什么都是民俗。近20年来，很多新的生活工具和生活方式出现，学者们认为很多都可以用民俗学来研究，例如智能手机的民俗、网络民俗。在这样的人中出现一个有意思的现象，有些人用汉字"电脑"来表示对应的日文，这让人看不懂，年轻的民俗学者提倡"电脑民俗学"，这并不是日语惯用的表达法。但是我不太了解这个，可能是与电脑相关的、软件使用等，都有民俗的存在。像这样的内容，作为新鲜的话题而言很有意思，但是他将使用何种研究方法，得出什么结论，对社会有何意义，如何面对社会来阐释这种意义，这些方面都还很不足。也许所有现代的现象都可以用民俗学来解释这样的方式是对"落日民俗学"观点的反抗。我认为他们是在无意识中说：民俗学怎么会消失呢？所有现代的东西都可以用民俗学的方法来理解，民俗学是不会消失的。

三、民俗主义

21世纪民俗学一个较大的特点，是民俗主义的问题。自柳田以来，日本民俗学主流的认识是民俗学是研究民俗历史变迁的学问，而当前一个很大的潮流是主要研究正在兴起的民俗，而不是把它放在历史的脉络里研究。这种潮流对于我这样重视历史的老人而言，比较难理解。我想简单地做一些介绍，但是到底是否准确，还需要讨论。

这是《学校的怪谈》的封面（图6），它与《消失的搭车客》一起造就了新的民俗学研究的领域。可能大家也有一点感觉，我在介绍日本民俗学的特点时，说它是研究行为的民俗学。比如说关于仪式、制度、年节活动等，对这样一些对象的研究构成了民俗学的主体。但是现在兴起的现代民俗学，其主要内容是偏向口头传承的，比如怪谈。我认为，就世界民俗学的发展来说，其开端是研究口头传承为主，但逐步往行为方面发展，而日本民俗学从一开始就是行为民俗学，这个传统在柳田之前就开始了。柳田国男本人也研究所谓民间故事和传说，但这不是他研究的主体，只占很小的比重，他研究的主体是仪式和组织等。后来的学院派民俗学实际上也是围绕行为展开的。然而到了现代民俗学，变成了关注口头传承的民俗学。在我看来，这是日本民俗学发生的重大转换，但是在主张现代民俗学的学者那里，似乎并没有明确的自我意识。不知道今后日本民俗学会如何发展，但口头传承会占越来越大的比重，与世界民俗学的发展方向呈现相反的

图 6 《学校的怪谈》书影

趋势。其中的一个重要因素是美国民俗学的影响，日本民俗学与美国民俗学的关系日益紧密。但美国的特点是历史不长，其民俗不承载太长的历史积累，所以采取的方式是在现代的社会环境之下解释现代民俗。所以我认为，把美国民俗学的方式简单搬到有很长历史积淀的日本，是存在问题的。中国的情况如何，今后往哪个方向去，我也希望听到大家的看法。

现代民俗学中民俗主义是比较核心的概念，我也想对此作简单介绍。

（一）民俗主义的概念

从现代民俗学的角度来说，包括我们刚才讲的很多内容，都包含在"民俗主义"的概念之内。日本民俗学本来是研究长时间段的历史变迁的学问，但是最近的年轻学者的研究倾向是否定民俗学是研究历史的学问。他们虽然也使用历史这一词，但仅限于个人经历，是亲身体验的历史。而我对历史的理解，是超越个人体验与经验的更长的时间。我的立场是，研究的对象是现在我们正在讲述和经历的，但通过研究得出来的，是超越个体时间段的、更长的东西。最近的年轻学者，他们对把这种长时段历史当作民俗学必须研究的对象的观点提出批判，认为民俗学应该研究的，是大概自己这一代人亲身经历的事情。把现

在的民俗放在现在的语境中进行解释,这是"民俗主义"的特点之一。也可以说,民俗主义是对民俗现在的变化进行研究的学问。汉斯·莫塞尔(Hans Moser)[①]的相关著述应该也被翻译介绍到中国来了吧,他认为民俗主义就是二手的民俗文化的继承与表演。

(二)民俗主义的表现

民俗主义有各种表现,例如有很长历史传承的年节活动,具体的仪式被移到另一个地方,只是简单的模仿,这是典型的民俗主义的现象。另外,也是由同样的成员在同样的场所举行,但它本来发生的时间由于各种需要挪到其他时间,这也是民俗主义的一种表现。有的民俗,时间或空间发生改变,在新的状况中重新呈现,甚至是更大规模的呈现。例如在之前的课中提到的日本民间的 namahage 仪式,戴着面具假扮成凶恶的样子,为大家带去新一年的丰收和平安,这是在日本海沿岸的秋田县举行的活动。现在,如果我们到秋田县去,随时能看到这样的表演。也有这样专门针对游客的小剧场,随时上演这样的表演。或者有的宾馆专门请表演队伍来表演仪式。表演的姿态、形态和祈祷的语言都与在村子中进行的活动一样,但是已经不是村子中居民的活动了。这可以说是民俗主义比较典型的例子。像这样时间或空间上发生了改变,只是形式保持原有情况的例子,在今天的日本已经比较普遍。关于这一活动的意义,不再是地方传承的意义,而是外在观看者赋予的新的意义。其中一个就是认为它新奇。namahage 带有某种新奇性,令人感觉惊讶,但也有一些并不让人感觉新奇惊讶的事情,在其他一些地方得到了重新地呈现。现在人们对民俗学中研究的对象,或者研究的结果,往往抱有兴趣,甚至想去实践。实际上,原来存在于日常生活中,但现在消失的东西,人们还怀着怀念的心情希望再次看到或者接触到。他们是怀着"怀旧"的心情来接触民俗的,也可以称之为"乡愁的民俗

[①] 汉斯·莫塞尔(1903—1990),德国民俗学家,1962 年,他发表《论当代的民俗主义》一文,最早提出"民俗主义"这一概念。参见王霄冰:《民生主义论与德国民俗学》,《民间文化论坛》2006 年第 3 期。

学"。正是因为人们怀着这样的乡愁想去看、去感受和亲身实践，所以它能成为旅游的资源，因此民俗学的对象也以非常快的速度成为旅游的资源。也有人研究这个领域，称为"观光民俗学"。本来像这种与开发和观光相联系的民俗，以前被认为是伪民俗，美国学者用"fakelore"来称呼它，但现在已经不去谈论"伪"的方面，而是把它作为现代生活可资利用的资源，讨论它的正面意义。这实际上是对民俗离开原来的时间和场地，给予了积极评价。民俗学者在这方面也助了一臂之力。其中一个比较大的事情，联系比较紧密的，是联合国教科文组织的"世界文化遗产"与"非物质文化遗产"的项目。这些项目都通过指定列入的方式，影响到日本的民俗。

在日本，本来世界文化遗产和非物质文化遗产，与民俗之间并没有很紧密的联系，因为被指定的项目中的大多数与民俗没有关系。但是其中也有一部分民俗成为世界文化遗产，或者非物质文化遗产。一个典型的例子是白川乡的合掌造民居。

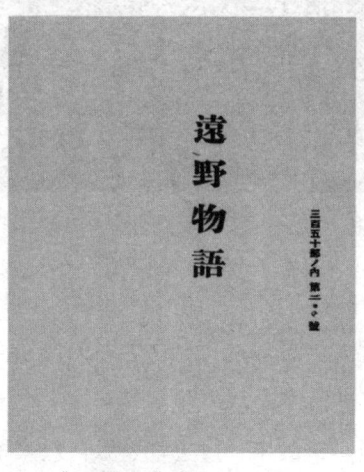

图 7《远野物语》书影　　　图 8《远野物语》漫画书

1908 年，柳田从岩手县出身的青年那里听到了一些传说故事，创作了《远野物语》（图 7）这本书，并于 1910 年出版。近期，有漫画家把《远野物语》中流传的不可思议的故事画成了漫画（图 8）。柳田国男记载了很多不可思议的故事和经历，但在变成漫画的过程中，都被纳入"妖怪"的概念中了。在日本，很多人认为民俗学就是研究妖怪的学问。大家如果到日本书店去，都会看到所谓民俗学专柜，但其中真正民俗学的书很少，大多数都是关于妖怪的书。很多人是看这样的书来了解民俗的。正是这样的漫画造就了"远野"的印象。2010年，在《远野物语》出版100年之际，远野市出版了海报，号召更多人来远野旅行（图9）。宣传海报中，年轻的女性手持《远野物语》，受到感动，来到远野。到了远野后，专门有观光巴士，带着游客到书中所写的场景去，停车的站，与书中的内容都是有关联的。从"远野站"走出来就能够看到标语"欢迎到民俗的田野来"，而不远处就是远野宾馆了（图10）。

图9 《远野物语》百年祭的海报　　图10 远野宾馆

远野宾馆名为"Folkloro TONO"，意为"民俗远野"，是世界语的写法。为什么一个宾馆要用世界语来命名呢？因为远野附近有一位著名的作家宫泽贤治，他致力提倡世界语，柳田国男也学习过世界语，20世纪初日本有很多人都曾学习过世界语。在宾馆中有老奶奶给游客讲故事，过去都是讲自己家里流传下来的故事，但是游客不满意，表示与《远野物语》中讲的不同，所以有些地方以《远野物语》为素材重新编写了故事来讲给游客们听。从1910年柳田国男的《远野物语》，发展到现在，民俗学的对象与内容逐步变成现代社会的资源。这可以说是民俗主义的典型例子。远野实际上是只有三万人的小城市，但现在迎接来自全国的游客，柳田国男所写的《远野物语》中的体验与传言，经过种种变化，成为今天的样子。

实际上日本还有很多民俗主义的表现形式。我想介绍下面一个例子，作为世界文化遗产的合掌造的民居形式。白川乡、五个山与相仓地方的合掌造，每年有大量游客来此游览，包括很多外国人。那里以前是农村，道路不是很宽，没有水泥路，但是现在已经变成了这个样子（图11和图12）。现在这里大概还有80多位居民，20座建筑，是规模非常小的村落。但是在20户居民中，作为民宿的已经占一半左右。其他居民从事茶馆、礼品店等经营的，可能有4家。因此这里虽然是农村，但是实际上从事的都是旅游业的工作，农业才是副业。这也是民俗主义的典型事例。

图11 合掌造的现在　　　　　　　　图12 1992年的合掌造

顺便提及，在我个人比较少的经验中，我到中国的古村镇去时，发现在当地进行商业活动的并不是当地人，大多都是外地人。而在日本情况刚好相反，基本贯彻的原则是：不卖、不出租。房产被当地人保留在自己手中，一边自己生活，一边从事相关的工作。从另外的角度讲，到这样的村落去，可以看到比较传统的生活样貌。

近十年日本民俗学的比较大的潮流，是对这样民俗主义的现象进行调查和研究。日本民俗学会的官方刊物《日本民俗学》在2003年出了一期"民俗主义"的专刊。这可以说是破天荒的一次尝试。论文大概有十篇左右，前三篇主要是对民俗主义的理论研究，但不是日本自己的理论，主要介绍德国民俗学的相关理论。从美国式的"fakelore"到"民俗主义"的概念，是从消极评价变成了积极评价。而后面的论文则是针对日本出现的民俗主义的现象进行的研究。民俗主义能够关联的范围非常广，因此论文涉及的范围也非常广泛。例如，博物馆展示60年代日本住宅小区里的生活空间（图13）。在当时，这样的场景非常现代，现在成为某博物馆中"民俗"展览的部分。这一展览受到了很多好评，引起了人们尤其是很多老人的怀念，觉得"哎呀，太怀念了，当时就是这样的"。这是在日本第一次展示60年代生活场景的展览。主持展览的学者在日本民俗学的民俗主义特辑中就专门写了如何布展的论文。

还有关于一些故事的，可称为"传说的民俗主义"。如日本著名故事桃太郎。桃太郎去鬼岛惩治鬼，在去的路上，有狗、猴子、山鸡跟随一起去征伐，在他把狗、猴子、山鸡变成随从时，就要用到黄米团子。这是一个民间故事，但后来很多地方争论这个故事就发生在他们当地，其中最大的一个是在冈山地区，主张桃太郎就是他们那里的故事。他们说这不是民间故事，而是历史事实，也有一些相关的活动，他们主张桃太郎是当地的某一地方的人，攻打的地方是当地的某一城堡，现在在搞一些纪念活动。桃太郎本来是民间故事，流传很广泛，各地都有类似故事，但是它首先从故事变成了传说，与特定的地域相结合，与冈山紧密相连，又变成了历史事实。所以在冈山有很多的活动中都涉及到桃太郎。这导致了很多人认为黄米团子也是冈山的特产。现在桃太郎在日本大众里的印象已经与冈山有了特定联系。写这篇论文的学者把这个过程概括为"传说的民俗主义"——本来有比较长历史传统的民俗现象，被改变了形式，赋予各种意义而重新流传。

图13 博物馆布展出的20世纪60年代生活空间

再就是乡土玩具。日本比较有名的一些玩具，现在已经不玩了，成了装饰品。乡土玩具是指在某一地从很早以前就开始制作的玩具。但是现在在乡土玩具的名下出售的东西，并不是玩具，而是大人们能从中感受到乡愁的东西。例如纸老虎，很早就有，现在主要作为礼品来制作和销售的，又如日本泥人。

另外还出现了民艺热。所谓"民艺"，是以前就一直使用的器具，现在发现了它的美，成了艺术品。它实际上是以原来就存在的农民的器具，进行了新的开发。民艺风格的家具，都是作为商品出售的，原来家里常用的器具、家具，现在换了一种形式呈现出来。

刚才介绍了很多实例，这些都是民俗主义的表现。有越来越多的人认为，研究这样的内容就是现代民俗学的任务。但是另一方面，这样的研究到底应该如何进行，或者说研究出来的结果有何意义，现在还没有具体的方向。确实，它们是二手的民俗，改换了场所空间与时间，但是这样的现象到底应该如何研究和讨论，我想这些具体内容今后需要民俗学者仔细探讨。现在的阶段还是在发现的阶段，在日本还没有关于民俗主义的系统专著，现有的比较扎实的相关著作，是把德国相关理论介绍到日本并且进行分析的专著。另外一个，民俗学通过上百年积累下来的传统体系如何与现代研究相结合，二者到底是什么关系，也是现在需要考虑的问题。

四、超越"一国民俗学"

后面两个问题与日本特有的历史过程相关，我简单介绍一下。日本民俗学自柳田国男创始以来，就带有"一国民俗学"的性质，是研究在日本这个地方说日语的日本人的学问。最开始的那堂课提及，到20世纪70年代，日本出现了"比较民俗学"的潮流，从事比较民俗学的学者走出日本进行他国的民俗研究，但是他们的目的主要是为了揭示日本文化的特征，与周边地区进行比较。我想今天在座的民俗学家们也和日本从事比较民俗学研究的学者有过接触和交流。比较民俗学在日本主要是 20 世纪 60 年代后期到 80 年代比较盛行，进入 21 世纪以后，基本上没有什么人再专门提及比较民俗学的事情。在日本国内，有一个比较根深蒂固的印象，认为日本是单一民族的国家，这种理解和一国民俗学是有对应关系的。现代提倡的一个观点，是摆脱束缚的前提，需要把日本理解为许多人共同生活在日本列岛上的情况。而日本之外的东亚，或更远地域的民俗研究，应该不是为了研究所谓日本特征的需要，而是对当地文化的了解。这一点可能与中国民俗学的特点并不相同。

五、重归"在野之学"

另外一点，与日本民俗学的历史有关，我认为民俗学有必要重归"在野之学"。"在野之学"的一个意思是，日本民俗学在它发生的初期阶段，一直是在大学或研究机构以外的地方进行的，基本上是凭借自己的兴趣与关心，在柳田指导之下进行的事业。随着 1958 年民俗学正式进入大学的体制，这一切发生了变化。进入大学是学问的发展，学院派民俗学今后也必须有更大的发展，这是毋庸置疑的。但是，学院派民俗学存在的一个问题是，自己想去调查，想去了解的内在冲动比较淡漠了，认为学问要对社会有贡献的意志也逐步消磨了。我认为今后一方面发展学院派民俗学的同时，也应该把丧失的这部分重新追回来。

关于日本民俗学的讲义到此结束。有很多专家到现场听讲，我感到非常荣幸；年轻人也非常专注地听我讲，我感到很受鼓舞。在日本，如果讲这么长时间，大家应该基本上已经进入了睡眠状态，日本人随时都能够打盹。但是整堂课大家都很精神，对此我表示感谢。谢谢大家！

论说非物质文化遗产的保护与传承

刘魁立

我说"同学们"的时候,"同学"这个词不仅仅是先生对学生们的称呼,我说的这个"同学"呢,真的是和大家一起来学习。现在,我们要讲的这个对象就是我们的生活,谁敢说我们是生活的先生?我们都在这儿来一起学习生活。也许学到了,但也许最后我们要离开这个世界的时候,我们也很难说是真的会生活。今天,我要给大家讲的题目叫作"非物质文化遗产的保护和传承"。

一、文化的定义、分类和非物质文化遗产的性质、特点

关于"非物质文化遗产"这个词,在刚提出的时候有着非常多的异议,有的人说过去我们叫的也挺明白的,比如叫民族民间文化,过去和现在好像没有多大的区别。我们做了很多很多事情,大家都知道,过去我们有民间故事集成、谚语集成、歌谣集成。当时钟老师在的时候,还有马先生,他们有才智,也拥有非常崇高的志愿和为祖国献身的精神。有时候我就想,我们常常说"志愿者",什么叫"志愿"?"志"就是一个愿望,一个非常宏大、神圣、崇高,值得让人追求的一种愿望或志向。那什么叫"愿"呢?实际就是那种为了某种志向而努力工作的一种奋斗精神。刚刚说的这几个先生和过去在这个领域工作的

人是有志而且有愿，因此做了非常多的事情。但在这个领域里所做的这么多事情和我们现在所做的非物质文化遗产保护还有很大区别，如音乐、民间工艺或手工艺领域，过去确实也都在做，但是缺少了一个核心词叫作传承。过去我们更多在乎的是保护和记录，这叫作"立此存照"，但今天不同，今天是要留下来并传下去，这是今天工作非常重要的意义。"传承"这个词并不像今天这么叫得响亮，"保护"这个词过去也有，但实际上并没有特别地提出来。今天我们要让"保护"和"传承"在现实生活中发挥特别重要的作用，这也正是昨天和今天的关系。

在讨论非物质文化遗产的过程中，首先要把一些基本理念分析清楚。我刚刚提到在提出非物质文化遗产的时候很多人不太乐意，他们认为过去说民族或民间文化明明白白，用起来也习惯，日本的无形文化、无形遗产貌似也可以。那我们为什么不那么叫呢？既然选定了"非物质文化遗产"这个词，我们就要提出论证，证明何以如此。文化有很多的分类方法，在此我们姑且使用一个最简单的定义："一切人类所创造的物质财富和精神财富的总和即是文化。"[1]，如果人类不去开发和认识，它就是自然的，跟人类丝毫无关，但一旦进入到我们人类的工作领域，不管是精神的还是实际操作的，山便变成了文化。从这个意义上讲，我们似乎可以把文化作简单分类：物质文化和精神文化。但有些东西既不能放在物质文化里面，又不能归为精神文化。比如日本人开车，司机坐在右侧，这与中国截然相反；有的人习惯用左手而有的人习惯用右手等等，诸如此类。一些文化学家于是就另外制定了一套规矩，将其命名为"制度文化"，就是说我们人类要安排自己的秩序。看来物质文化和精神文化的分法不太合适。因此，我们就选定了"物质文化"和"非物质文化"的提法。我们想要确定这个概念科学合理，就必须找出两者之间的关联和区别。首先看两者的密切关联，没有不以非物质文化作为深层内涵的物质文化，而非物质文化又往往是通过物质化来实现的，同时又在物质化的过程中受到检验，体现为物质文化。当然，某些文化成果也可以不以物质形式来呈现，例如，口头传统、表演艺术、习俗、仪式、节庆活动等等。前几天大家说起年画来，表示现在非常需要年画，我说：

"对不起,年画和我们没有直接关系,我们要保护的不是年画本身,我们现在所有的展览最大的缺陷就是不保护也不呈现非物质文化部分,呈现的全是物化的东西。"年画展、刺绣展等基本上没有传承人真正展现自己的过程,特别是一些大型的博物馆,看着全是大家都赞叹的"物",但是"物"背后的"非物",也就是我们特意要保护的部分往往并未体现。一些博物馆都是物质文化,但隐藏在背后的非物质文化我们看不到。有位研究科学史的华先生说:"编钟的仿制可以做到以假乱真,音质、音域等等都可以,但是铜鼓就不行,它的做法,那些技巧和机密我们都不知道,所以现在新做出来的铜鼓大家都不乐意要,宁愿去买旧的甚至是有裂纹的……我们搞科学的竟然连这样一个东西都搞不定,非常失落,物质还在但是非物质已经不在了。"由此看来,物质和非物质之间的确有联系,但是又有严格的区别。

那么非物质文化有哪些特有的性质呢?首先是唯一性和可共享性。每一个物质文化对象,具有唯一性,存在于特定的时间、空间中,是不能够被不同主体所共享的。非物质文化对象具有弥散性,是可以共享的。我这里所说的"可共享性"是指不同的人、不同的社群、族群,能够共同持有、共同享用、共同传承同一个文化成果。物质文化不可能共同持有、共同享用、共同传承。由于非物质文化往往体现在物质文化当中,所以非物质文化的可共享性有时是通过物质文化的交流来实现的。我原先在社科院工作时有位同事是名人之后,除夕晚上,他和弟弟两人动了刀子。后来我处理这件事问他原因,他说是为了父亲留下来的一个书橱,两个人都想要,因而吵得不可开交。所以我说在物质方面必须区分,同样现在打官司基本上也都是为了物质。物质是很难共享的,我之前说过"共饮一杯酒"完全就是一个象征的说法,实际上从来不可能,只能是你喝你的那一口,我喝我的那一口。一杯酒,你喝一口那我就少喝一口,你要再想要这一口,那对不起,它已经进了我的肚子里,所以我们不可能共饮,不可能共享。所以说物质是唯一的、不可共享的。再比如说我们的长城,你拿过去我们就没有了,即便你重造一个,那也只是另外一个而已。非物质文化就不同,可以互相学习、互相传授,它是可以继承的,无论纵向还是横向，也就是说"可共享性"是指不同的人、不同的社群、族群，能够共同持有、共同享用、共同传承同一个文化成果。这种非物质文化的可共享性不受时空的限制，文化共享的历史与人类文化发展的历史共短长。人类文化发展的历史，是文化创造的历史，同时也是不同人群、社群、民族、国家相互间文化共享的历史。

  与非物质文化遗产共享性相关联的一个重要的基本概念就是"文化多样性"。非物质文化遗产共享性无疑会对文化多样性的充分实现、对推进整个人类的文化发展，提供强大助力。由于非物质文化往往体现在物质文化当中，所以非物质文化的可共享性有时是通过物质文化的交流来实现的。举个例子，在新疆有幅画，上面有一段刻字，大致意思是有一位非常显赫、非常有权势的公主梳着高高的发髻。这幅画被解释为丝绸西传的过程。大家都知道，过去包括显赫一时、几乎吞并世界的罗马人在内都相当喜欢穿中国的丝绸，既漂亮又可以展示自己的财富和权势。但是西方并不知道丝绸是怎么做的，因而想尽办法探求这一技术。西域的一个国家呢就打算干脆请来一位公主做王后，顺带着可以把丝绸的技术学好，于是找上了画上面的这位公主。但过去我们国家也有关于边境贸易的法律，规定什么东西可以带走，什么东西不能带走，丝绸技术属于国家机密，不被允许带出国外。这位公主呢地位尊贵，人又特别聪明，她就在自己的发髻里面偷偷藏了几条虫子。她本人既会养蚕又会缫丝，由此丝绸技术传了出去。大家千万不要小看这个小虫子啊，小虫子厉害着呢，它一生不过这么几个月的时间，但是它吐出来的一个蚕茧，一个小小的蚕茧，大家想想看，有多长的丝缠着这个茧啊！少的几百米，长的多至一千三四百米，非常稀奇。现在我们卖生丝的时候，是把几股生丝拧在一块儿，它的韧度和坚硬度非常的强，真的非常了不起，有的时候我们把它当作神来祭祀，它死的时候把丝交给了大家。各个民族之间的交往实际上促进了人类文化的发展，所以今天我们整个人类尽管仍有非常多的差异，甚至到现在为止还有原始的、落后的民族，但从长远意义上讲，整体步调差异不大。

  其次，相对稳定性和活态性。物质文化对象在存在历程中，具有相对的稳定性，在一定时段里它的变化甚至可以忽略不计。非物质文化的特性之一在于它的活态性，它是过程中的文化，它生命的活力就在于发展演进当中，也可以说它是可以不断重复的。如果它不因为不再适应社会之需求而被历史所搁置所舍弃，如果它不像一时闪亮的流星那样陨灭于长空，成为历史的尘埃，那么，它就会在不断运动中、重复发展中获得长久的生命。非物质文化遗产的活态性体现在它的传承过程当中。它每一次现实的呈现，都仅仅是它无限的生命链条中的一个环节。一个顶级歌星在不同时期即使唱同一首歌同样也会有差异，为什么呢？因为时代在变化。所以我说非物质文化一定要在手艺人手中，比如唐卡，在深圳卖得很容易，它的质地、材料足可以以假乱真，当地人很难分辨，但是有一点还是确定的，即便是一百、一千个都还是同一个古董。从神像看，雕刻者一开始要做一个幅度很大、很飘逸的衣褶，在做第二个的时候有可能差不多，但是呢他也许会觉得风不应该这么大，神现在是坐在房间里的，所以他会修正一下。在制作过程当中他是不断在修正和前进，因此每次都可以有全新的感受，并把这种感受呈现在神像上。有时这种相对稳定性也可以忽略不计，像海昏侯墓里出土的铜钱等，我们用肉眼看它几乎没有变化。非物质文化则不同，它是实实在在的，它的这种活态性是物所没有的。此外，物一旦被人完成便可以和人脱离关系而独立存在。如书包，我们不用的时候就不再是人类的物品，而非物质文化不行，它一定是在人类手中、脑海里、心里。非物质文化一定是以人为载体，以人为主体，以人的观念、人的知识、人的技能、人的行为作为其表现形态。这样一来，我们便严格地把物质文化和非物质文化区分开来。上述这些特点，对于我们认识作为非物质文化一部分的"非物质文化遗产"的本质，具有十分重要意义。但"非物质文化遗产"和刚刚我们所说的非物质文化还是有区别的。联合国教科文组织还给我们制定了一个范围，仅仅把人类所创造的非物质文化这个大的范畴里的一部分拿出来作为特意保护和传承的对象。之所以选定这一部分自是有它的特殊性。下面我们首先说一说联合国教科文组织都做了些什么。

二、联合国教科文组织关于文化遗产保护的宗旨和措施

1972年，联合国教科文组织通过了《保护世界文化和自然遗产公约》，公约规定：（1）保护不论属于哪国人民的这类罕见且无法替代的财产，对全世界人民都很重要；（2）考虑到部分文化或自然遗产具有突出的重要性，因而需作为全人类世界遗产的一部分加以保护；（3）考虑到鉴于威胁这类遗产的新危险的规模和严重性，整个国际社会有责任通过提供集体性援助来参与保护具有突出的普遍价值的文化和自然遗产，这种援助尽管不能代替有关国家采取的行动，但将成为它的有效补充；（4）考虑到为此有必要通过采用公约形式的新规定，以便为集体保护具有突出的普遍价值的文化和自然遗产建立一个根据现代科学方法制定的永久性的有效制度，在大会第十六届会议上曾决定应就此问题制订一项国际公约，于1972年11月16日通过本公约。这个里面出现了两个名录，一个叫作《世界文化遗产名录》，另一个叫作《自然遗产名录》，自然遗产像海产品、杧果树啊等等，文化遗产像长城和故宫。我国是文化遗产和自然遗产双结合的保护，但后来呢，在所谓文化遗产方面，我们有很大的限定，将丝绸之路也包括进来，现在呢，我们依托政治和国家的经济发展、外交关系又提出来"一带一路"，当然它不是遗产，但是是在遗产的基础上提出来的一个战略性措施。我们之所以在联合国教科文组织的框架下做这么多的事情，许多事情之所以大家需要共同来做，是因为我们现在能够看到这个世界的确变成了"地球村"，过去提出来"地球村"的时候，它是一种象征的说法，但是现在不是象征的说法。

三、《保护非物质文化遗产公约》

2003年的时候，联合国教科文组织通过《保护非物质文化遗产公约》。它

的宗旨在于：（1）考虑到非物质文化遗产与文化遗产、自然遗产之间的相互依存关系；（2）承认全球化和社会转型进程在为各群体之间开展新的对话创造条件的同时，也使非物质文化遗产面临损坏、消失和破坏的严重威胁；（3）意识到保护人类非物质文化遗产是普遍的意愿和共同关心的事项；（4）承认各社区，尤其是原住民、各群体、有时是个人，在非物质文化遗产的生产、保护、延续和再创造方面发挥着重要作用，从而为丰富文化多样性和人类的创造性做出贡献；（5）考虑到必须提高人们尤其是年轻一代对非物质文化遗产及其保护的重要意义的认识；（6）认为非物质文化遗产是密切人与人之间关系以及他们之间进行交流和了解的要素，它的作用是不可估量的。

从1972年到2003年，基本上是用了30年才有一个保护文化遗产公约，这个公约可以说有非常多的意义：（1）保护非物质文化遗产；（2）尊重有关社区、群体和个人的非物质文化遗产；（3）在地方、国家和国际一级提高对非物质文化遗产及其相互欣赏的重要性的意识；（4）开展国际合作及提供国际援助；（5）国际社会为了彰显和维护人类整体价值和长远利益，提出保护人类文化多样性的主张。因为继承各民族优秀文化传统，坚持文化发展多样性是人类创造力持续发展的必要条件。

《保护和促进文化表现形式多样性公约》还特别指出："文化多样性是人类的一项基本特性。""文化多样性创造了一个多姿多彩的世界，它使人类有了更多的选择，得以提高自己的能力和形成价值观，并因此成为各社区、各民族、各国可持续发展的一股主要推动力。"非物质文化遗产保护问题的提出，不仅对我们中国的文化建设具有重要意义，同时，对世界各民族积极参与和推进人类文化发展进程、对整个人类文化的多样性发展，也有划时代的意义。

这个以我个人的理解，联合国教科文组织推动文化遗产和非物质文化遗产保护的意义，恰恰在于借助这个文化规律为人类社会寻求一个超越物质独占，消弭由之而造成的人与人、社会与社会之间的不平等和纷争，并能推进人类文化繁荣发展的有效途径。因此针对文化遗产和非物质文化遗产的保护，我们不仅要有民族的视角，还要有全人类的视角。用人类的视角来认识和保护我们各自民族的文化遗产和非物质文化遗产，将使我们的保护工作具有更广泛、更长久、更深刻的意义。联合国教科文组织关于非物质文化遗产、关于文化遗产，这种保护，这种号召，这种设计，理念之一就在于正确处理民族文化和人类文化的关系，在于确认特定民族文化的人类文化地位，就是我们刚才所说的人类的共享。刚才说物质文化不能共享，但是说你的所在国，你有责任要认真办理，而且世界人民也要关注它的保护，等于说大家都一起保护它，而至于非物质文化遗产，那么它就在于把民族文化变成人类共同的财富，变成整个人类的一个共享的对象，所以我就觉得在这一点上，教科文组织推动文化遗产和非物质文化遗产保护的意义，恰恰在于借助这个文化规律为人类社会寻求一个超越物质独占，消弭由之而造成的人与人、社会与社会之间的不平等和纷争，推进人类文化繁荣发展，使整个文化发展有一个非常好的环境，这样看来呢，就使得整个人类的文化特别地平顺，发展起来有更好的前景。钟先生在世的时候说过一句话："为人类而工作"，那么当我们现在谈物质文化遗产、非物质文化遗产的时候，我想到钟先生所说的这一句话——"为人类而工作"，还的确是非常重要。那么保护非物质文化遗产公约的宗旨在于保护非物质文化遗产，社区、个人、群体、地方、国家、国际提高对于非物质文化遗产的重要性的意识，加强合作。为了彰显它的整体价值和长远意义要提出保护文化多样性。只有多样性才能激发创造力、提高创造力。所以多样性对于文化的发展极为重要，而现在有的时候我们常常是想办法，把文化多样性卡死或者想办法把它去掉。比如方言，大家现在开始意识到它的重要性。世界在语言方面正变得越来越单薄，将来大家都说一种话，也许交流起来不错，但是不利于整个人类智慧的发展，因为语言在某种意义上，本身是头脑的一种思维方式的体现。我们常常说语言是思想的一种表达方式，当我们语言完全一致的时候，此刻问题可能很多。这就是说文化的多样性非常非常重要。

"非物质文化遗产"的定义是指"被各社区、群体、有时是个人，视为其文化遗产的各种实践、展现、表达、知识和技能，以及与之相关的工具、实物、手工制品和文化空间。各社区、各群体为适应他们所处的环境，为应对他们与自然和历史的互动，不断使这种代代相传的非物质文化遗产得到创新，同时也为他们自己提供了一种认同感和历史感，由此促进了文化的多样性和人类的创造力"。它涉及以下五个方面的内容：（1）口头传统（包括作为非物质文化遗产媒介的语言）；（2）表演艺术；（3）社会实践、仪式礼仪、节日庆典；（4）有关自然界和宇宙的知识和实践；（5）传统的手工艺技能。

四、传承人和非物质文化遗产保护

当我们认为这些东西特别珍贵的时候，是谁把非遗传承？联系到这一个问题呢，现在有人颇有微词，表示不赞同。萧先生在这方面还颇有研究，在我们的节日当中，有的节日是开放的，有的节日是私密性的，是关在家里面来，春节就是，它既包含有私密的部分也有开放的部分。在忙年过程中，大家可能都要准备，但是真正到了除夕这一天，大家都知道我们需要请神，需要把祖先都请回来，把各路神仙请到咱们家里来，然后我们总结过去展望未来，求我们的祖先能够帮助我们推进我们的事业。比如我小的时候是在最冷的时候请神，几道门全打开的时候整个灌足了风，一下子屋子里面温度就跟外面一样，可是等把神请回来，把祖先请下来的时候，那个桌子上摆上他们的供品，然后把所有的门都关上，不是因为冷，而是因为把他们请回来之后我们自己要有一个所谓亲密活动，比如我要给谁谁磕头，要给祖先磕头，诸如此类，用不着客人，用不着外人来参与。在这个时候我们叫共享天伦之乐。我们大家一起来过这个所谓关节，就是一个时间周期跟另外一个时间周期的这种交接，我们要和顺的不让它突破。可是现在的春晚，你的想法和它没有任何交流，我觉得这说明我们真的需要特别地保护我们的非物质文化遗产。

非物质文化遗产保护最重要的是要保护传承人，保护传承人才能做到真正保护非物质文化，传承人本身是一个特别特别核心的形式。有的时候我们会用非常华丽的辞藻来形容传承人，有的时候我们说英雄史观，创造历史的是这些英雄们，那是另外一种责任、价值，我们有时会用"民族的脊梁"这样的庄严词汇，来形容那些承担起民族振兴大业的人们。我们大家从心底里感激在保护和继承民族文化传统方面做出巨大成绩的历代传承人。我认为，我们民族的非物质文化遗产传承人的庞大队伍，是历史的创造者。过去往往会这样认识：创造历史的是那些政治家、社会活动家、思想家、发明家、文化巨匠等等，不错，那些伟大的人物是在各自时代对历史发展做出了巨大贡献。但是人类的历史也是人类的文化发展史，各时代无数的文化传承人不停地把创造历史文化的接力棒代代相传，写在书上的历史或许并不特别注意这些文化传承人的名字，但是他们留给人类的智慧以及这些智慧所成就的无数杰出的物化成果，例如像曾侯乙编钟，像史诗，像莫高窟的壁画，像古琴以及古琴弹奏出来的《高山流水》、《广陵散》等等，都是我们的前辈留给我们的财富，都是我们民族文化史的记录，都是前辈非物质文化遗产传承人的精神、智慧和才艺的体现。

但是"人民"在许多人的言辞、头脑里面是一个抽象的词。这个"人"不仅是指代某个民族、整个人类，而且也是具象的实实在在生活在我们身边的人。人民是由每一个个人组成的，当我们说我要为人民服务，为人民福祉而工作的时候不仅是要针对所有人民，而且要针对人民中间的每一个人，这个才是完全的以人为本。我想，只有兼备了这两种"人的关怀"之后，我们对文化遗产的抢救和保护的立场才是完全的。尊重传承这部分文化遗产的特定群体或个人，当然地要遵循历史发展的要求，很好地协调自由选择与持守传统之间的矛盾。而处理传统保护与现实追求之间的矛盾，并不是靠单纯的行政命令或法律裁决所能解决的，它需要传承者同行政部门、学术界、实业界等多方的平等对话，甚至可能需要政府和社会各界做出道义上的鼓励和财政上的支持。从局部的和短暂的利益来看，或许某一方的利益可能需要做出某种牺牲；而从全局的和长远的利益来看，所有参与者乃至全民族全人类世世代代都是受益者。从根本意义上说，无形文化遗产的保护，首先应该是对创造、享有和传承者的保护；同时也特别依赖创造、享有和传承这一遗产的群体对这一遗产的切实有效的保护。这就要求我们在工作中能够有一种善于从民众出发、设身处地为民众着想、以人为本的精神，注意倾听当事者的声音，协调好各个方面的关系，本着为人类文化多样性发展而积极合作，大力宣传保护优秀文化遗产的重要意义以及对待文化遗产的正确态度，真正把文化遗产的保护工作变成一项发自民众而又服务于民众的事业。

以人为本，就是你在关注整体的同时要对群体的每个分子都应该有所照顾。这个才叫真正的以人为本。在传承人这个问题上，我觉得特别地重要，过去这种完全的不关注已经成为历史的习惯做法，我们只是保存了表面，而最终的传承就常常由于对他们的轻视就变得模糊了。对老百姓文化和上层文化之间的这种不同的对待方法实际上是造成了很多问题。我找了几个材料挺有意思，《吕氏春秋》里面记载当时吕不韦监工修建秦始皇的七院八宫，"物勒工名，以考其诚。功有不当，必行其罪，以穷其情"。在秦始皇陵兵马俑博物馆，一些兵俑身上刻有工匠的名字。刻着名字为什么？绝对不是因为他们是了不起的传承人，他们技艺怎么怎么样，要看他干事是不是认真，是不是全心全意，要"以考其诚"，"功有不当，必行其罪，以穷其情"，专门来问责的，用这种问责的办法把一些人的名字留下来。有一些青铜器里刻着工匠名，但这种情况非常非常少。可是今天就不同了，我们今天能够意识到这是宝贵的遗产，是留给后人的，让后代知道这些人、这些大师，比如说王鹏，做琴的，比如说刻钟的、做玉的，好多传承人。

为什么叫它"遗产"呢？就是我们今天也在用它，它还在造福于我们今天的时代，同时也会留给未来。所以这一个概念就像钟先生说的"民俗不仅是昨天的，它同时也是今天的，同时也是未来的"，这是一个生活方式，而这种生活方式是连续的。非物质文化遗产虽然反映着昨天的时代，但并不是昨天的历史，而是我们广大民众的、活生生的、今天的生活现实。我们不可能像孙悟空，是从石头缝里蹦出来，与昨天的一切来个决裂，和一切旧传统决裂、和一切旧观念制度决裂，我们不可能决裂。所以这个传统就是这样，你不能逃避这种生活方式，正像整个非物质文化遗产保护和传承工作一样，不是为了向后看，不是为了昨天，而是为了今天和明天。非物质文化遗产传承人投入一生心血保护和继承非物质文化遗产也不是为了昨天，不是为了发思古之幽情，而是为了今天人们的健康幸福的生活，为了建设美好的明天。

在讨论这个问题的时候，我们还有一个特别重要的问题叫作整体性。整体性是把所有问题都看作是一个系统，一个体系，因为它的周围环境和它自己的内部都非常严整。作为一个幅员辽阔的文明古国，我国有着极为丰富的文化遗产。面对这样宝贵的文化传统，我们不能以对一个个具体的文化事象的保护来替代对优秀文化遗产全局的关注和保护。应该在全民范围内树立和提高对整体性文化的保护意识，只要是能体现人类在一定时空内的创造力及其文化形态的，都应该给予关注、研究并注意保护。如果不能从整体上对非物质的文化遗产加以关注并进行综合保护，如果仅仅以个别"代表作"的形式对已经认证的文化片段进行片面的"圈护"，那就可能在保护个别文化片段的同时，漠视、忽略、遗弃或者伤害更多未被"圈护"的优秀文化遗产。当然，这并不是说保护工作不应该一件事一件事地去做。我们对非物质文化遗产的保护不应也不会仅仅停留在保护一个个"文化碎片"或者"文化孤岛"上。历史的经验以及世界文化遗产保护的发展趋势都告诉我们，坚持整体性原则是非物质文化遗产保护的必然方向。如果这样看的话，这个整体性就非常非常重要。首先，绝不能将非物质文化遗产具体事象从它的生存环境和背景中割裂出来"保护"，否则只能是切断其自我更新、自我创造的能力，最终使我们的非物质文化遗产的根基受损。换句话说，对具体非物质文化遗产事象的保护，要尊重其内在的丰富性和生命特点。不但要保护非物质文化遗产的自身及其有形外观，更要注意它们所依赖、所因应的构造性环境。不仅要重视这份遗产静态的成就，而且更要关注各种事象的存在方式和存在过程。比如，保存了民间故事的文字记录，并不能替代它的讲述场景、讲述氛围和讲述技巧等重要过程的真实全面的记录。仅仅有哭丧歌的歌词远远不能反映哭丧仪式中的悲怆情绪和死别的心境；仅仅有情歌的歌词同样难以表达恋爱过程中情感交流的丰富内涵。总之，既要保护文化事象本身，也要保护它的生命之源。其次，保护非物质文化遗产的整体性原则不仅是就空间向度而言，也表现在时间向度上。传统是发展的、流动的，它有自己运行的客观规律，文化遗产作为传统的一个方面，同样是存在于发展过程中的，不可能一成不变。非物质文化遗产的每一个事象都是一个活的生命体。其优秀的代表像一棵棵千年古树，枝繁叶茂、郁郁葱葱；像一条条奔腾不息的万年长河，由许多涓涓细流汇集在一起，不舍昼夜、奔腾向前，流动是永久的，变化和丰富也是永久的。我们不能只注意文化遗产的历史形态，以为文化遗产的"过去式"就是最合理的存在，忽视甚至歧视非物质文化遗产的现时状态和将来发展，割裂了它的发展和流变，人为地将还活生生的非物质文化遗产"化石化"。同为人类文化遗产，非物质文化遗产与物质文化遗产相比，有其独特的存在方式。特定时代特定空间的有形文物是固定的，不可再生的，它可以是脱离世界活形态文化传统的一种静态存在，是一种物化的时间记忆和空间存在，相对来说，对它可以用强制的手段进行有效的保护。

关于文化保护区，我们大家知道有几个名录，前前后后有几批。在这些项目当中，如果要仔细分析的话，保护起来是有一些偏移的，偏移在于它对非物质文化遗产是解构的。为什么说解构非物质文化遗产呢？比如说我们现在上供的那些所谓花馍，如果不和"年"放在一起，你光看这个东西那就好像一个艺术品，但和那些艺术大师创造的相比这个太粗俗了，这个没办法比嘛！这个馒头做成桃的样子，你和那些做成蜡模的完全不同啊！所以这个花馍，你把它当成艺术品来选的时候，你当然可以解构它，你的意义解构了，价值解构了，所以为什么谈到整体性，就是因为这样。当然它还有周围的关系，它的政府商业活动，学者和老百姓自己，这里面的关系也是一个整体性认识，包括对它的评价认识，诸如此类。在这样的情况下，我们就提出了建设另外一个项目叫作文化生态，这个文化生态保护区实际上是把国家政府对于商业机构所有的这些都统一做好，包括旅游、经济发展，所有这些东西都能统一协调让它能够对非物质文化遗产关注。文化生态保护区的建设，现在已经开始进行，有几个是规划得挺好。现在大概有的省区也在做自己的文化生态区，他们也很认真，这样做有一个极大的好处，就是整体性的在这个范围对非物质文化遗产的关注，同时有政府的保障，在传承人方面都有很好的传承，非物质文化遗产能够得到一个整体保护。

　　当然要做这件事情也很难。我们在抢救和保护非物质文化遗产的过程中，往往可以看到，行政部门的作为、商业单位的作为同非物质文化自身的发展逻辑，并非总是取向一致。同样是为了抢救正在逝去的人类文明成果，着眼点是放在中华民族和全人类的未来文化发展上，还是放在部门的事功建树上，抑或是放在商业利润追求上，就有很大的不同；相应地，在实践中、在目标设计乃至实际功效上，也会呈现出相当大的差异。非物质文化遗产保护是一项系统工程，而且是一项举国上下全民参与的、代代接替的、长期的宏伟的历史性任务。应该承认，保护民族文化的民间根基和维护其可持续发展，绝不可能离开行政部门的强力的组织和领导、社会各界包括知识界和商界的大力支持，特别是广大民众的积极参与。在现代中国社会的大环境下，缺了哪一方都不行。在具体操作过程中，参与保护的各个社区、群体、组织或个人，都有着自身的利益，如果各个参与者之间的利益严重失衡，不仅不能对文化遗产进行有效的保护，而且可能对这一文化形成毁灭性的破坏，尤其是对文化遗产所赖以生存的价值观念的根本性破坏。领导确实是一个很重要的方面，现在我们国家如果领导重视我们的文化财产，在这种情况下文化保护区的建设实际上是领导在关注文化保护区时由省向国家申报。我认为这不是广告，不是光荣榜，是许诺，是誓言，你要向世人、向国家、向历史说："我要承担这个保护的责任，我要把它传承下去。"这才是名录本身的意义。

　　我说的是这样一个事情：认识保护工作的复杂性，合理地协调各方的利益诉求，将保护行为纳入科学、合理、有效的轨道，是一件需要社会各界共同努力去做而且并不容易做好的事情。在这一活动中，合理地整合与协调各种利益诉求，是使保护行为不至于走向片面或反面的基础保障。比如，在文化遗产的享用上，就要根据这种文化的特点而规定不同的鼓励和限制措施，也就是说，要营造一个合理的、和谐的良好环境，以利于这一文化遗产的妥善保护、健康发展和广泛享用。有的地方对非物质文化遗产的工作做得好，有的就差一点，有的县就非常认真，有的县就马马虎虎，环保那边有的就下命令说什么这一片已经列入我们的规划当中，你必须在今年或者明年完成。这些文化局长不断地讨论这些问题，在关于文化生产保护区的建设上会有这些问题。商业立场、政府立场、学术立场与民众立场之间有时可能呈现出某种程度的不和谐。要正视这些立场的不同并且很好地整合和协调各方的立场。但是，在整合和协调过程中要坚持一条底线，那就是保护文化遗产应该建立在人类社会可持续发展与人的全面发展需要的基础之上。这样，才能使我们这一代人俯仰上下而无愧于心。

　　我要说的还有保护和传承的关系、传承和传播的关系。有人说传播就是让大家都知道，大家能够关注这个项目，这就达到我们的目的了。但保护非物质文化遗产还面临一个关键性问题，即不仅要关注和尊重非物质文化遗产外在的表现形式，同时还要关注和尊重蕴涵于其中的文化价值观。非物质文化遗产承载着生活制度和行为规范的内涵，是民众生活方式中一个有机组成部分。蕴涵在各民族非物质文化遗产当中的价值观念构成了特定文化的灵魂。非物质文化事象的本质基础在于它的内在价值，即在于人同这一非物质文化事象的关系。脱离了内在价值的非物质文化事象只能是徒有其表内无灵魂的空架子。我们所指称的非物质文化遗产，主要是指由特定民族或特定区域的人群所传承的，反映了该民族或该地区人群的生活历史、生活习俗、心理特征以及所赖以生存的自然环境、社会环境、宗教信仰等多种内容的文化表现形式的总和，是人们生活方式的体现。非物质文化遗产所蕴含的价值观念，同时也是它赖以生存和发展的灵魂。如果舍弃了对价值观念这一文化灵魂的保护，也就等于肢解了非物质文化遗产的有机生命，它也就不再是活的文化了，对它的抢救和保护也就会徒具形式或者事倍功半。因而在这个时候真的需要保护本真性，但是这个本真性又非常复杂，因为你既然说到传播和传承的关系，传承是需要真实，也就是所谓的本真性，那么传播要不要？传播同样要。因为刚才我们说的，因为目的都是保护，保护需要是真正的本质性的东西才能够做到。

　　那么这样就出现一个问题，既然它是活态的，是不断变化的，那么我保护什么呢？大众的所谓原生态，大众的所谓真实，这样的词多少都有点进某一个时间，某一个空间，当是某一个具体的状态。那么这里就出现一个问题，即什么才叫保护呢？这样我就用另外一个词"基质本真性"来概括了。我举几个例子。假如说我们指出一个事物，它的发展是从一端发展到另外一端，当然是时间的原因。任何事物都是在时间的范畴里活动的。假定说这是个事物，那么它就一直一直走下去，但是我们知道它在时间的发展过程中间在不断地变化，所以这才是它的实际状况。

但是这一实际状况还不全然能够说明它自己所在的现实状态。大家都知道我们会有各种各样不同的历史条件，有的时候是"文化大革命"，有的时候是非物质文化遗产的保护等等。在过去有些时代要灭佛，有的时候要推崇道家，有的时候道家又不行啦，所有这些都是历史原因。在这样的情况下，我们任何一个非物质文化遗产或其整体都会接着这样一种历史条件呈现出完全不同的状态，那才是它真正的状态。就是说在历史的长时段过程里面它会是这样的（如图1第三条线）。

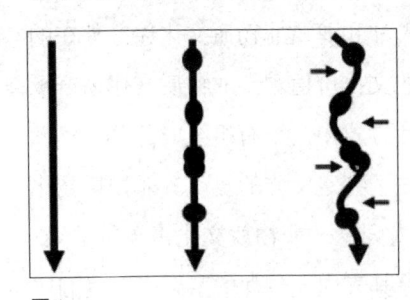

图1

什么是原生态？我就做另外一个图（图2）。举个例子："端午回忆"。

端午的起源有各种各样说法，但是严格按阴阳学说来讲是阴阳交互的过程。费孝通先生曾经说过："所有民俗事象都在这样一种状态和另一种状态交接的地方最多。"那么端午如果从它自己的那样一种关联这个视角去看的话，它是阴阳交替的时候，这个时候呢会有非常多的征候出现。"阳"已经发展到极致，然后"阴"开始慢慢地发生，然后在交替的地方五毒交汇起来，各种各样的晦气都开始活动起来，所以在这个时候要防五毒，戴五彩线、点红痣等都是解决这个问题的。如果这样的话，怎么来处理这个，这里再画一张图，我们假定一个事象，例如端午节，从古代逐渐发展到今天，假定原来是正方形的，那么到现在呢，我们认为正确的所谓"原

图2

生态"应该仍然是正方形。但是我们知道除了它自身发展的规律，就是我刚才在说明那条直线的时候所讲的或粗或细的情况。同时还有外部的条件对它的影响，两种力量的折冲交错、相互影响，综合起来使它不断地变形。这样，一开始的方形就变成了菱形或其他不规则的多边形，最后表现为今天我们所看到的圆形。这和最初形成时期的原始状态的正方形已经相去很远了，几乎看不到或者不完全能够体现它最初的形状了。我想用图例来比拟它演变的历程。（如图 3）

屈原的"忠"，曹娥的"孝"，诗人节等等，形状不断变化。所有的端午节意象都是不同时代的呈现，如果这样的话，我们保护什么？平行四边形？长方形？月牙形？保护图形不行，因为它是一个生命体，它明天还要变化，可能变成五角星，所以我们保护什么是提出一个更复杂的问题，于是我就找了一个词，假如在图上标的话就是这个白色三角形，也就是"基质本真性"。（如图 4）

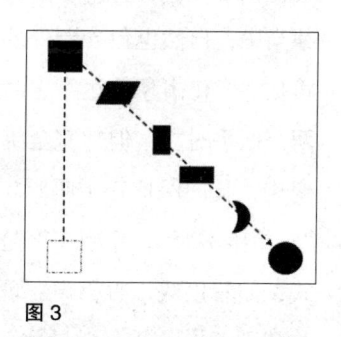

图 3

为什么不叫"原真性"？因为一旦说到"原真性"，又跑到所谓最早的正方形去了，"本"是它自己的实质，在使用这个术语的时候我很挑剔的，但我仍然还不满意现在这个词，将来我可能还再找，大家也帮着我找怎么叫这个词才好。基质本真性的构成：基本性质、基本结构、基本功能、基本形态、作为主体的个人、社群、族群对该事象的价值评估。为什么加上"基本"？因为它在不断地变。随着时代其他社会因素，特别重要的是我们对它的评价。相互之间很活跃，如形态；但有的相应不活跃，如基本性质。另外呢，比如形态和结构有关系，结构又有内部结构和外部结构。总而言之，这几个是我给基质本真性概括的内容。保护这个很重要。

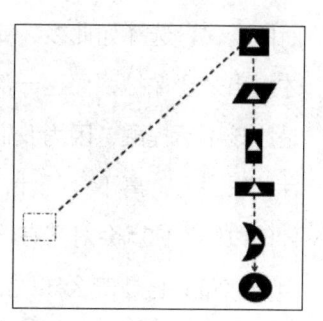

图 4

人的变化，社群的变化带动着非物质文化遗产的变化，非物质文化遗产会变化，正是在这一意义上才有非物质文化遗产保护的问题。基质本真性的概念是在承认文化在变化的同时，保证文化的变化保持在一个同质限度之内。基质本真性的概念并不无视尤其并不反对文化的变化、创新，而是在承认社群自身有进行文化调适、文化创新的正当性的情况下，保证文化事象基本的一致性。文化的变化是不可避免的，只要变化不失其基质本真性，只要文化事象的基本性质、基本结构、基本功能、基本形态、该事象对人的价值关系不发生本质改变，就是可以以正常来看待的。文化的变化和演进，有它自身的规律。在这规律当中，自然也包含着外部影响的因素。但任何人为的违背规律的"催化"都将损害文化事象的正常生命进程。关注事物基质本真性正是将保护和发展这样两个似乎对立，但却完全统一的概念，结合在一起达成辩证的统一。假定它不变化，我们保护它干吗呀！所以变化本身对保护本真性特别重要。有的人说："我希望不变"，希望不变是不行的，社会在变，过去我们只有少数几种娱乐方式，如看京戏，听相声。现在又是卡拉 OK，广场舞，国标舞啊，这个世界变得特别多样，还有滑旱冰，冬泳，非常多的吸引人的东西，更何况还有电视，有这样的一种多样性的选择。所以这个变化是社会的变化，再加上人的价值判断的变化，选择如此多，变化是必然的。正是在这个必然的永恒变化当中我们才提出来要保护，而这一部分特别珍贵。有人说干吗非得保护？这种问题实在是应该不断提醒，因为我们从来很难离开我们的传统。我往常到护国寺去喝豆汁，很多人就离不开豆汁，其中包括一部分年轻人。因为当你理解了什么是豆汁的时候，你就会对它有一种特别的关爱。虽然味道不太好，颜色也灰突突的，但当你知道它是怎么样做的，当你知道穿着汗坎的那些三轮车司机光着膀子或穿着汗坎天天跑在马路上，在夏天的时候永远不会得痱子，永远不会中暑，一毛钱一碗的豆汁就会上瘾。你到护国寺去买豆汁永远得排队。

在当今时代，"功利"常常会压倒"意义"，这往往会使我们在功利面前，短视地把为文化发展提供助力的传统文化作为追逐功利的手段。在这时候，尤其要特别关注保护优秀的非物质文化遗产，特别强调非物质文化遗产的基质本真性。这是今天跟大家一起讨论的这样一个题目，谢谢！

谈谈实践民俗学

户晓辉

今天要讲的是实践民俗学。其实，吕微老师在《民俗学：一门伟大的学科》这本书里已经对实践民俗学做了论证，而我本人在《民间文学的自由叙事》这本书里也直接做了尝试。吕微老师上一次在北师大的讲座直接转入了实践民俗学研究，我估计有些同学可能一时还转不过来弯儿。我今年（2016年）写有一篇文章叫《什么是民间江湖的爱与自由》，可能会和吕微老师的讲稿一起在今年《民俗研究》第四期上发表，是想帮助大家理解什么是实践民俗学，我今天讲的还是想帮助大家转这个弯儿。我想利用这个机会采取聊天的方式，用东北话来说就是咱们唠个嗑。咱们今天讲的东西，可能和你们平时看的书、和你们老师在课堂上讲的东西不太一样。所以，咱们就来一点儿小小的头脑风暴。这个头脑风暴，也许有些人觉得好像还有点意思、有点刺激，但有些人可能不太喜欢。没关系！

一、为什么单独提出实践民俗学？

今年4月27日，高丙中老师在咱们这个课上也讲到了一个观点，他说民俗学不能只是一门朴素的学科，不能只是文人的学问，因为我们已经过了朴素的时期，我们要在现实当中寻找民俗学的可能性。那我今天还想说，除了在现实中寻找以外，我们能不能从学科的历史和理论上再来寻找实践民俗学的可能性和必要性。所以这就有个问题，即为什么要单独提出"实践民俗学"这个概念。这首先就涉及一个问题：什么是"实践"？一提到"实践"，我们首先想到的是一些通常的观念，比如说，我们习惯于认为田野就是实践，而搞书斋的，一般来说会被看作是搞理论的。前一阶段我们在敬文沙龙的微信群里有一个简短的讨论，其中就含有这个意思。我觉得，有些民俗学者虽然没有明说，但有可能想问我：你这个整天待在家里不搞"实践"的人，怎么有资格去谈实践民俗学呢？所以我今天要先说，什么叫实践。还有一种认识，认为书本、本本主义就是理论，应用才是实践。所以，我这里首先要强调，谈实践民俗学首先要问"什么是实践"，而要回答这个问题，就要区分实践概念的日常意义和理论意义或哲学意义。

先说日常意义。我们一般会认为，实践就是人的一切活动或者行动，就是做事。中国人常说知行合一，那"知"是不是就是理论？"行"是不是就是实践呢？不一定。要注意区分，我们所谓的"实践"，还和这个不一样。譬如，王阳明说，知是行之始，行是知之成。还说，知是行的主意，行是知的工夫。传统所谓"知行合一"，这个"知"和"行"恰恰和我们在这里要强调的理论和实践的划分是不一样的。简单地讲，王阳明的"知"还不是我们所谓的理论，它还属于实践，还属于行的部分。或者说，王阳明所谓的知和行中的这个"知"还是实践知识的一部分，还不能成为我们今天所说的实践民俗学和理论民俗学的区分这个意义上的实践。

所以我说，我们的实践大体上是从西方的知识分类来讲的。那就简单地讲一讲它的代表人物。一个是亚里士多德，上一次，吕微老师在讲座里也曾提到。大家都知道，亚里士多德把知识分为三大类。第一类是叫理论知识，第二类叫实践知识，第三类叫制作知识或者叫创作知识。我曾经写过一篇文章叫《亚里士多德模仿说的目的论》，我对他这个分类有一个阐释：亚里士多德把知识分为三类：即理论或思辨知识、实践知识、制作知识，他这个知识其实也相当于咱们所说的科学或学科，那么制作知识就相当于我们做一个东西的科学或知识，我们的诗歌创作也属于制作知识。理论知识在他那里纯粹就是为认识而认识，没有其他外在目的。他认为，实践知识和制作知识不同于理论知识。理论知识的内在目的是为认识而认识，而实践和制作有外在的目的。所以他认为这些知识有高低之分，因为它们都要认识事物的原因，只不过认识的是不同方面的原因。实践知识在他那里主要探讨的是人生的幸福和意义以及政治的目的和意义，是关于什么是好政治的思考。亚里士多德的三分法给西方后来学科的分类包括知识分类奠定了一个很重要的基础。

我们说的第二个人物，就是康德。康德在亚里士多德的基础上有所发展，他把人的认识能力做了一个划分：首先是知性，很简单地说，知性就是管认识，那么理性呢，它管行为和各种知识的划界。理性还有一个更重要的功能，即实践功能。实践功能是什么呢？就是说我们人有按照原则行动的能力，这是一种理性的能力。人的第三种认识能力又叫判断力。康德把判断力分为两种，一种叫决定的判断力，也就是把普遍的规律用于个别事物的能力，它负责判定：哪些属于这个情况，哪些属于那个情况。第二种是反思的判断力，决定判断力具有构成性，而反思判断力具有调节功能，也就是调节刚才所说的那几种人类心灵能力之间的关系。这个问题说起来有点复杂，我这个简化说法已经非常简单化了，其实可能都到了不太准确的地步，但我们先不管它。通俗地说，理论认识是要认识事物的本然、已然和实然，看它的实际状况是什么。而实践认识就是道德判断能力，它是要先验地认识通过自由意志应该发生什么。所以，康德有一个很重要的认识就是，我们人作为理性的存在者具有理性能力，即按照法则的表象去行动的能力，所以，通过某个意志可能或必然被设想的一切东西都是在实践上可能的或必然的。这就是说，我们人知道应该做什么，这个应该做不是按照我们民俗学常常说的现成的习俗啊、规矩啊去做，而是说你知道应该去做的行为动机的根据在哪里、来自哪里，你是遵循我们古代说的天道呢，还是要遵循一个可以普遍化、可以从人与人交互的关系里面推出来的原则去行动。这其实就是说，你能否给每个人带来普遍的好处。因此，我们今天说的"实践"最主要的还是在康德这个意义上来谈的。那么，实践民俗学到底是个什么样？今天就来说这个事。

二、从学科史来看，民俗学的主流是理论研究，不是实践研究

这样一看呢，民俗学的学科主流还不是我们今天所说的实践民俗学这个范畴，主要还是一个理论认识的范畴。自一百多年前开始有民俗学以来，我们主要还是在认识民俗以及各种民间文学体裁到底是怎么回事，它现在的状况是什么，它的来龙去脉是什么。但是，为什么今天又要提这个实践民俗学呢？这个是不是有点像王杰文老师曾经说的"横空出世"呢？说我们的学科发展到现在，它的主流是理论民俗学，没错！但"从来如此，便对么？"这是《阿Q正传》里面的一句话。我的意思是说：不管我们现在实际发展得怎么样，学科发展的事实都不能构成否定我们现在怎么做的理由，二者也并不构成逻辑上的否定关系。最近我在哈哈网上看到一个段子说：

"没办法的，大家不都是这样吗？"——这是洗脑；
"大家都这样，就是正确的吗？"——这是启蒙。

还有两句话：

"现实的就是合理的"——这是洗脑；
"合理的会是现实的"——这是启蒙。

大家可以想一想，为什么是这样？我今天想讲的就是，实践民俗学恰恰想采取后面两个启蒙的说法——大家都这样就是正确的吗？合理的会是现实的。那么我们凭什么这样说？我们现在谈了什么是实践，既然是实践就有一个问题，即那是谁的实践？或者说，谁在实践？

三、谁的实践或谁在实践？

这个问题其实不是我们的新问题，而是一个老问题。譬如，王娟老师在 2002 年曾发表了一篇文章叫《新形势下的新定位——关于民俗学的"民"与"俗"的新思考》。她说，"没有一个学科在确立它的学科地位的时候先探讨它的研究人群。争论他们研究的是'哪些人'的文学、社会学、哲学、人类学等。……似乎只有民俗学一直把'我们研究的是什么人的民俗'作为自己的一个重要话题，这在很大程度上增加了人们对民俗学作为一个学科其存在的意义和价值的疑问"。也就是说，你这个学科怎么老是纠缠于这种连研究对象都没搞明白的事情呢？这是一种说法。我们知道，吕微老师还有另一种相反的说法。他在《从"我们和他们"到"我与你"》这篇文章里说，"没有一门学科像民俗学和民间文学学科这样直逼学科的主体性问题本身了"[1]。你看，这是不是相反的说法？那么我们就要思考，怎么回事？这是个什么问题？这就是我们前面说的，谁的实践和谁在实践，民俗学对这个问题好像已经有不少研究了。但我们回过头来看，无论中外，学科发展有一个很有意思的整体循环，不知道大家注意了没有？我们一开始从俗到民，然后是从物到人，从谁是民，到后来每个人都是民。再到现在，我是民和民是人。这个中间具有代表性的一些论述，大家可能都知道。比如说，邓迪斯就在一篇同名文章中提出并且讨论过 Who Are The Folk，德语里面也有文章讨论：谁是民俗学之民？后来，邓迪斯当然是把民的范畴扩大到每个人都可能是民。一直到 20 世纪 90 年代，高丙中老师在他的博士论文里面也论证说，民俗事实上构成了人的基本生活和群体的基本文化，任何人、任何群体在任何时代都具有充分的民俗。因此呢，任何人和任何群体也都可能成为民。但是，不必再做过多的赘述，我们就可以想到，现在，"民是谁"好像还是一个问题。回过头来，我们重温民俗学的鼻祖赫尔德论述的 Das

---

[1] 吕微：《从"我们和他们"到"我与你"》，《民间文化论坛》2004 年第 4 期。

Volk（人民），还有我们中国民俗学的先驱比如说胡适、周作人等学者的相关论述，我们才发现，后来民俗学者所理解的民，也就是主流学者理解的民，其实与赫尔德、胡适、周作人等人当初理解的民还是有很大的偏差。其中很重要的一方面在于什么呢？我觉得在于，学科的这些初创者论述的民并不是单纯地指特殊的、地方的、区域的甚至是指具体的民，而是在这些特殊的民后面还站着一个大写的人，也就是我说的"（人）民"，这个"人"，实际上是用括号括起来的。这个看起来好像是比较简单的道理，但我们回想一下，我们学科用了多长时间才能把这个简单的道理想清楚？

那么，我们中国民俗学的特殊性是什么？民俗学的中国问题是什么？不同的人可能有不同的理解。如果看看中国民俗学是怎样发端的、怎样兴起的，我觉得它还真是有它自己的特殊性。特殊在哪里？洪长泰先生在《到民间去》这本书里已经对此做了探讨。和国外民俗学相比，中国民俗学有一个很特别的地方就在于，它从发起的时候就面临着一个很特殊的问题，即搞民俗的或搞民间文学的这些知识分子，他们对民众的关系发生了一个重大的认知上的转变。在某种程度上说，中国现代民俗学之所以能够起来，就在于现代知识分子对自己与民众的关系有一个根本性的转变。中国民俗学就起源于这个转变。大家都很清楚，顾颉刚先生以及其他一些学者，他们早期研究民间文学不仅是带着同情心，也带着强烈的认同感和归属感，洪长泰先生甚至说他们有原罪意识，他们觉得自己脱离民众，所以他们要把自己认同于民众。这种归属感和认同感，与欧洲民俗学当初作为知识精英和中产阶级回望社会底层看到了自己的从前相比，在态度上是不一样的。在中国现代民间文学或民俗学发起的时候，这种基本定位彻底改变了中国现代学者对自己在社会和民间的自我定位。这个问题到后来，我们是怎么看？我刚才说经历了一个微妙的转化。顾颉刚先生1928年写的《〈民俗〉发刊辞》中说："我们自己就是民众，应该各各体验自己的生活！"[1] 80多年之后，刘宗迪老师也写了一篇文章，他说，"那些'民'，就是我

---

[1] 顾颉刚：《〈民俗〉发刊辞》，原载《民俗周刊》1928年第1期；收入王文宝编：《中国民俗学论文选》，中国民间文艺出版社1986年版，第15页。

们自己的父老乡亲，就是我们的兄弟姐妹，就是我们自己。"① 就在前几年，吕微老师曾经有一首附和陈泳超老师的诗：

> 我知道你没哭
> 但我知道，你真的想哭
> 因为，我们都是稻草人
> 不管你假装看不看我
> 你我都在倾听着
> 关于我们的传说
> 传说中那个舞弄着自制的三尖两刃刀
> 又用两支刚签锁了口的人
> 何尝不是我们自己②

上一次高丙中老师在讲座中也说了，改革开放以后，谁的日常生活与谁的民俗这两个"谁"可以合到一块。我还想补充说，这实际上也是表明：民俗学者把自己的"我"也合到"民"里来了。他说，日常生活异己的未来，本来就是我们自己，但被搞成了我们的异己，是当下的自我却是未来的异己。这个有点绕，大家可以想一下。我这些年越发地感到，"我们是民众、民众是我们"还不够，必须到什么程度？到"民众是我，我就是民众"。这里面有一个变化，请大家注意：即从一个复数的"我们"，变成了单数的"我"。其实我在《从民到公民：中国民俗学研究"对象"的结构转换》③这篇文章里曾说，在现代学科中，似乎没有哪个学科的学者像民俗学者这样一直对自己的研究对象不思量、自难忘，民俗学者们纠结的不是物而是人，学科对象是谁之所以让我们萦绕于

---

① 刘宗迪：《唯有大地上歌声如风》，《读书》2004 年第 2 期。
② 陈泳超：《背过身去的大娘娘：地方民间传说生息的动力学研究》，北京大学出版社 2015 年版，第 391 页。
③ 《民俗研究》2013 年第 3 期。

心而又挥之不去，主要原因就在于吕老师说的，"没有一门学科像民俗学和民间文学学科这样直逼学科的主体性问题本身了"。但我觉得，仅有"主体性"还不够。因为民俗学的核心不在于对象性，而在于对话性，因为它的任务不是研究物，而是与人沟通。所以它的基本关系就是我与你的关系和交互主体性。用刘宗迪老师的话来说，"正是在这里，体现了民俗学和人类学的根本区别，民俗学家不可能像一个人类学家那样，置身度外，甚至居高临下，做一个冷静的、客观的、精明的旁观者，仅仅把'民'作为自己研究、同情、'算计'的对象"。① 你们北师大的岳永逸老师在《忧郁的民俗学》里面也曾说，"我慢慢尝试走出私情、亲情的操控，关注作为个体而存在的，并有着其基本尊严、价值与意义的芸芸众生这个'大我'"。② 问题是怎么走出？我们想一想，个体是多数民俗学者主要关注的对象吗？好像不大是。但我们需不需要有这个东西呢？好像是需要。可如果还是像以前那样，只是从理论认识上看到我们的田野里面我们调查的对象是这样了，他本来的现状是这样的，够不够？请大家思考这个问题。而我现在想提出一个让大家思考的问题是，"民是我们与我们是民"，这是一种说法，还有"民是我与我是民"，这是另一种说法，这两种说法有没有区别？

吕微老师上一次讲座的时候谈到了陌生人准则，我不知道大家作何感想？谁是陌生人呢？乍一看，好像陌生人是别人。陌生人当然是别人，但我觉得他不仅仅是别人，我还要发展一步，就是说陌生人实际上就是我们自己。什么意思呢？难道我对我自己不是很熟悉么？难道我是我自己的陌生人就意味着我们不是民吗？那什么是民呢？我的意思是说，作为公民的我是作为私民的我的陌生人。上次高丙中老师在讲课时就说，我们国家人民的未成年身份一直未变。那么别人把我们当未成年人看待，在好些地方说你还不成熟，还需要看管、需要监护。我自己是我自己的陌生人的意思是说，在别人或者 government 还不把

---

① 刘宗迪：《唯有大地上歌声如风》，《读书》2004 年第 2 期。
② 岳永逸：《忧郁的民俗学》，浙江大学出版社 2014 年版，第 262—263 页。

我们当作成年人看待的时候，我们自己能不能先把自己看作成年人？或者说，我们能不能在日常生活中先学会自己成年？这个是从"我是民与民是我"中引申出来的。为什么要发展成"我是民与民是我"呢？因为我最近有一个切身体会：我和民是一样的，我们无非在职业上有一个差别，但我们的根本处境是一模一样的。比如说，如果传统意义上的民没有尊严，没有合法的权利，那么我可能有吗？当然我也没有。在这个层面上，无论我们从事什么样的职业，也许我坐在讲台上，比某一个具体的民可能会好一点，省点劲，不太辛苦，但其实在根本的某些方面是一样的。我们的尊严，我们的权利，我们的自由，如果他没有，我怎么可能有呢？所以，同甘共苦也好，共命运共患难也好，我们确实都是连在一起的。这一点，作为一个民俗学学者，我自己真的是感同身受。

四、为什么需要实践民俗学？

我们讲了什么是实践，讲了谁的实践，讲了谁是民，接下来就谈为什么需要实践民俗学。其实从前面可以推过来，因为民俗是人的实践，是我的实践，那我们怎么看待民，也就怎么看待我自己。我们愿意怎么看待自己呢？这个就涉及西方哲学的问题了——我们当然愿意别人把我们当人看待，我们也愿意把别人当人看待，这是互相的。我想，老百姓，民，每一个民，只要他有健康的、正常的理性，他都会这么看。那好，既然这样，我们就说，实践民俗学你到底要哪样？实践民俗学单独提出来的一个问题就是，我们民俗学是要站在实践的立场，刚才说了什么是实践，实践就是要关注人的意志、目的、愿望，需要认识民俗实践的理性目的而不是一般目的。换句话说，实践民俗学的一个基本的价值立场就是理性的目的论。最近我在一系列文章里都在阐述这个观点。之所以这么提，其实和人的存在方式是有关系的。慕尼黑有个哲学教授叫约瑟夫·施蒂曼，把人的存在方式分为几种，我更愿意称之为几个存在层次。第一个层次叫特定存在或者叫定在，什么意思呢？它就相当于现成的存在。这种存在方式,不光人有,物也有。比如,我喝的水,这是现成的存在。人作为一个具有沉重肉身的人,当然有现成存在,没有肉身就没有人。但人又不止如此。所以第二个层次叫生存,生存相当于被召唤的存在或者说是富有使命的存在。还有第三个层次叫功能性存在。功能性相当于因果性,也就是说我们人不得不生存在因果关系里面,或者说,处在一个因果链里面。比如说,昨天下大雨,我没穿雨衣在路上走,被雨淋了。这个就是天上下雨造成我被雨水淋湿,因为我处在这个因果关系里面,除非我不出去。还有第四个层次就是自由的存在。自由的存在有两个意思,一是摆脱什么东西,还有就是对什么东西的不确定性。这一点,约瑟夫·施蒂曼没有解释,我自己理解就是说我们人在这个层次上是有能动性的,也有选择的能力,我们可以摆脱某些东西。也有人说我们常常没办法,有什么办法呢?但对人来说,你可以选择不。还有一个问题,即不确定性是什么呢?我的理解就是我们人不能没有希望,不确定性是一个希望。所以在这几个存在层次上,我们想一想,民俗学长期以来主要研究的是什么?我觉得,主要还是在特定存在这个层次上,还有功能性存在这个层面上,用力比较多。研究功能性,研究它的因果关系,我们到田野去,看看这个地方人口多少,地理环境和气候是怎样的,其实还是在描述它的特定存在。而对其他的层次,我们相对来说不怎么关注。但我觉得,如果民俗学者只研究特定的存在、功能性的存在而不论其他的话,那你研究的东西还是人的存在么?我至少要说,这种研究是不完整的。甚至在严格的意义上说,就不叫研究人,而是在研究物。

五、实践民俗学是站在先验立场的民俗学

因为对于我们人来说,对于西方哲学包括海德格尔的存在哲学来说,很清楚的一点就是,人的一个基本定位就在于,他不仅是一个现成的存在。如果仅仅是一个现成的存在,他就是一个物,他就是现成的东西,不能改变,今天运到这儿,明天运到那儿。人还是一种超越的和超验的存在,这听起来好像很玄,

我们下面逐渐来看这是什么意思。也就是说，即便最底层的民包括我们自己，只要我们回想起来，只要我们稍微静下心来反省一下、反思一下，就不难发现，其实我们真的是一个具有超越性和超验性的存在。用海德格尔的话来说，"人只要存在，就是作为一种尚未现成存在的东西在前行"①。什么意思呢？为什么我们要有希望呢？希望是什么？希望就表明我们还没有完成。我们只要活着，就是一个进行时，而不是完成时。比如说，这是一个瓶子，它作为瓶子已经是完成了。可我们人在这，只要他活着，他就还有一些东西是不确定的，是没有实现的，是一种可能性。所以，以往的民俗学"往往只从'被看见'的方面理解生活，所以无从避免内在的困难"。②这是吕微老师的一个博士生胥志强在博士学位论文里写的一句话。所以，我觉得实践民俗学的一个基本立场就是要站在先验的立场来看人的实践。这是什么意思呢？也就是说，我们民俗学从民俗返回日常生活是要干什么？在我看来，民俗学把民众日用而不知的日常生活事项纳入学术视野，它的意义不仅是为了观察事实，更是为了理解其中的超验意义和先验价值。另一方面也不仅是为了在研究对象上拾遗补阙，扩大我们的视野和研究范围，更是为了重新理解并激活日常生活中的理性成分，让它们在现代化进程中获得合理合法的地位并发挥其正当功能。

那什么叫超验意义？什么叫先验价值？通俗地说，所谓超验意义是并非通过经验来认识的意义；所谓先验价值是先于经验认识但又引导并决定实践经验的价值，主要指行为的理性目的。民俗学的主流学者和其他社会科学比如说社会学、人类学的一些学者都有很流行的一个看法，即相信"眼见为实"。好像非得到某个地方看，你才能算做了田野，才能算是合格的民俗学者。实际上，这个看法合不合理？大家可以想一下。从最通俗的日常经验来看，眼见真的为实吗？比如说，我们看一棵树，大家都很有经验，那是不是"实"？我觉得，

---

① Martin Heidegger, *Sein und Zeit*, Max Niemeyer Verlag, 1953, S.237.
② 胥志强：《生活问题：民俗学"存在论研究"引论》，中国社会科学院研究生院博士学位论文，2012年，第72页。

就算是"眼见为实",你怎么见,站在什么立场上看,仍然是重要的,如果这些方式和立场不同,你看到的东西就是不一样的。比如说,北师大的彭牧老师曾在一篇文章里说她自己的田野经验,我觉得很有启发性,我给大家读一下她的话。这大概是她在湖南做考察时的一些感受:

> 刚开始的时候,我因为对茶陵的丧礼过程了解很少而不能事先站好位置,所以常常不能拍到或拍好那些具有特殊意义的场面。参与了三四次拍摄之后,在亮文的指点之下,我才逐渐能拍到全部过程。但我和亮文的拍摄角度明显不同。我更关心仪式过程的细节,特别是学术界关注的符号、象征、经文等等,而对于仪式的参与者,有时为了保护,会有意避免正面特写。而亮文自然是为当地人拍的,他的主要目的是呈现仪式全过程,完整记录所有仪式的参与者(亲人、朋友、邻居等),因此他在一些重要的仪式环节进行时,会给每位参与者一个正面特写。亮文的录像好像一个凝练的结晶体,折射出当地人的观念与生活世界。通过仔细体味他的录像,我才开始真正进入当地的生活。
>
> 当我渐渐熟悉仪式程序时,当我的摄像机能自如地记录我觉得有意义的一切时,有意思的事情出现了,我发现镜头常常会拍下一些我当时并未在意或因不理解而忽视的细节。在回放时,由于亮文或旁人的解释,我才第一次"看见"或"听见"了它们。如果没有镜头的记录,如果没有回放时当地人的指点,我这个外来的调查者,也许永远不会意识到我其实曾经看见、听见了它们,当然就不会注意到它们的意义。可以说,摄像机镜头的"看"法和"听"法虽然由我控制,但是它的机械式记录方式超越了我的感官,"看"到、"听"到了我没有察觉的东西。作为外来的观察者,我的感官倾向于去捕捉那些我能理解和符合我预期的场景。我当然不大会错过超乎预料的重大场景,但对那些只有谙熟当地文化才会注意到的细节,则往往会"视而不见"、"听而不闻",而只有通过镜头一丝不苟的记录,这些细节才会进入我的研究视野。在此意义上,正是摄像机镜头的机械记

录，使我注意到仪式过程中倏忽即逝的细节，并使我对其条分缕析的研究成为可能。①

大家看一看彭牧老师的田野感受，如果说"眼见为实"，哪部分是"实"？哪部分是"不实"呢？我觉得，我们的田野作业确实要摆脱文人式的学术，要摆脱高丙中老师说的那种单纯的、简单化的阶段，为什么？因为中国民俗学经过近百年的发展，已经过了自己的青春期，虽然作为学科的青春期可能比人的青春期要长一些，但我觉得该迎来我们的理智之年了。所谓理智之年的一个比较重要的标志就是，我们不要再直向地拿个工具、打起行囊就去田野。我们得先停顿一下，在这坐一坐，想一想到底是怎么回事后再去。彭牧老师说得很生动，我想很多做田野的学生和老师多多少少都有一些类似的体会。其实我们停顿下来、想一想的目的就是，不要再简单地把我们所看到的东西当成"眼见为实"的东西。我们的看，是有讲究的。我们是理论地看还是用实践的眼光去看，这是有区别的。胡塞尔曾提到，"我们的现象学不应当是一门关于实在现象的本质科学，而应当是一门关于被先验还原了的现象的本质科学"②。什么意思？实在现象，就是我们直接下田野去的所见所闻。我们停下来，对它做一个反思，做一个还原，这意思就是说，这个现象我们是看到了，但它是怎么回事？我们是怎么看待这个现象的？有讲究。要不然学者是干什么的？还原什么和怎么还原，这也是有讲究。在我看来，其实相对于传统认识论来说，胡塞尔现象学的目光，不仅是一个理论科学意义上的认识转换，更是一个实践科学意义上的伦理转换。什么意思呢？就是说，需要我们从单纯认识这个事情已然如此的这么一个直向的认识态度或科学态度，转换到我们今天所说的实践科学的态度。经过这个转换以后，也许我们还看到这个现象，但这个现象已经是经过我们还原的现象，经过自由的实践目光还原过的现象。这个转换就意味着，我们是研究

---

① 彭牧：《技术、民俗与现代性的他者》，《西北民族研究》2011年第1期。
② 〔德〕胡塞尔：《纯粹现象学通论》，李幼蒸译，商务印书馆1992年版，第44—45页。

者——我是民、民是我，我可以自由地、实践地来看，而不仅仅是理论地看。这其中的一个意思就是我刚才说的，我们的田野调查其实并不是为了观察事实和细节，而是为了通过事实和细节来理解意义。这个意义可能包括经验上的意义，更包括超验意义和先验价值。有些民俗学者可能会说，你这个做法不是多余吗？我们的学科本来就是一门经验学科，干嘛要关心你这个事？这个事情不是别的学科的事吗，怎么摊到我头上了？其实我最近在写一本书，其中指出，民俗学在起源时曾经立下了宏图大志。这个宏图大志是什么？就是我们从过去的民俗转到今天的日常生活吗？我们学者要论证这个东西，你凭什么从民俗学转到日常生活？人家有钱就任性，合着你民俗学者没钱也这么任性？你民俗学者以前研究民俗，现在突然就转到日常生活了，你凭什么？你要干什么？不能说我们想研究什么就研究什么，这样就太任性。转到日常生活是要干什么？是要完成我们学科的一个初衷和宏图大业。这个宏图大业后来被耽误了，被遗忘了，但并不表明我们就永远地把这个给忘了。什么意思？我觉得其中一个很重要的意思就是：民俗学科当初想认识、想了解的是完整的人，是在生活里面活生生的人。其他学科都是在宰割，切了一个片断。现代学科越分化越细，每个学科只研究人的某一方面，社会学研究这个方面，人类学研究另一个方面。民俗学当初可不是想着要研究某一方面，虽然它后来事实上确实在研究某一个或某一些方面。民俗学当初想研究完整的人。我觉得这从我们的实践民俗学才有可能，因为理论认识永远在切割。上面我讲了人的几个存在层次，如果把其他几个存在层次都去掉，只留下两个层次，一个功能性的，一个因果性的，其他的层次都放下，都不能展现，都没有可能性了，你愿意吗？老百姓愿意吗？我们自己愿意吗？所以这个东西不是一个特别抽象的东西。其实刚才说的超验意义和先验价值，看起来好像天马行空，很玄，其实我们想一想，作为一个老百姓，哪怕是没多少文化的老百姓，他们有没有这个？我们的好多同学也许都做过田野。你到田野去调查也好，去问卷也好，你看到的那些老百姓，他们是被眼前的事情完全局限住，没有任何梦想，没有任何超验价值和判定力，就被眼前所见的现实状况所满足、安于现状呢，还是他们也有他们的梦想？而我们经常讲，真正的梦想是我们能看见的东西吗？是摆在跟前现成的东西吗？比如说，老百姓的房屋被拆，我们经常见到各种各样的报道，虽然事件的细节不一样，但大同小异。你的房子被拆迁，你不愿意，你凭什么不愿意？你出去走个亲戚回来，房子就没了。这现实是怎么回事？经验的东西是怎么回事？可是你脑子想的是什么？你凭什么不愿意并且判定事情应该怎么样？这可不是说我们学者把天马行空的东西安在那儿了，老百姓自己怎么想？作何感想？你凭什么？我们通俗地说，"人人心中有杆秤"，当有些事情说不明白的时候，我们就用这个来说事。这个秤是什么秤？凭什么称？我们看见秤了么？我们把身体解剖开里面能找到秤么？它不是一个可以亲见的东西。所以说，如果我们的学科不研究超验意义和先验价值，我们到了田野会忽略什么东西？而这个东西对民作为人来说是重要呢，还是无足轻重？没有这些东西，他能过上正常的好生活吗？一个正常的民和俗能在什么样的条件下展开？如果它能从悄无声息的活动变成正常化的、被承认的非物质文化遗产的话，你凭什么承认？合着有关方面因为有 power 就能承认吗？必须有理，我们学者要给出理。围绕彭牧老师刚才这个例子，我们就可以看到，哪些是"实"，哪些不是"实"，这个我请大家考虑。如果需要把眼光换成实践民俗学的眼光，就需要我们站在先验的立场上，这是实践民俗学的一个根本要求。

我们经常说当代民俗学已经转向当下了，但这里有一个远与近的问题。从刚才的例子就能很明白地看出当下最急迫的问题是什么。我是看到了种种现象，但对老百姓而言，最迫切的问题是什么？是超验意义和先验价值在这个经验里面没有地位，没有得到体现。所以，如果想把民俗学变成一门指向当下的学科，就需要我们转向先验的实践民俗学立场。否则的话，即便搞田野，我们可能离真正的现实也很远。我们只是把田野作为自己完成课题的任务，写一篇论文来完成学位或者发表等等，但这些东西真的和老百姓有关系吗？大家考虑。

所以，正因为要克服这一点，实践民俗学还具有另一个规定性，即它是反思的民俗学。

六、实践的民俗学是反思的民俗学

怎么反思？不是一般的反思，而是要站在先验和超验的立场，也就是说不被经验的立场所束缚。我举个例子，刘宗迪老师最近发表了一篇文章，大概是他去年在北大的一篇演讲稿，叫《超越文本、回归文学——对民间文学研究中实证主义倾向的反思》。其中有几段话，我给大家念一下：

> 这两年，关于民间文艺学的衰落，不少人都做过深入的思考。特别是户晓辉、吕微，他们都对这个问题做出了自己的解释，也都提出了解决问题的路径。但我个人觉得，他们的思考虽然堪称殚精竭虑，但是他们在对民间文艺学学科衰落问题的诊断存在偏差，因此开出的处方也不能对症下药。从根本上说，他们理论的基本出发点是自由主义或个人主义、启蒙主义。户晓辉的大作《返回爱与自由的生活世界》、《民间文学的自由叙事》，都是在自由主义和个人主义的前提下思考民间文艺学的问题。但在我看来，民间文艺学与个人主义、自由主义恰好是水火不相容的。我并不是说民间文艺学反对自由、反对个性，而是说它作为一门学科之所以能够成立，和自由主义、个人主义的立场不相容。
>
> 吕微在为户晓辉的新书《民间文学的自由叙事》写的序言中，提出"接续民间文学的伟大传统"，把民间文学称为"伟大传统"，这个说法掷地有声。但是，我认为，如果从个人主义的立场出发，是无法接续民间文学的伟大传统的。首先，我们要问的是：什么是伟大？伟大也可以称为崇高，上帝、神、大自然、民族、历史的关键时刻是伟大的、崇高的，它们超越个人，决定个人命运，个人对其只有敬畏的资格，而没有选择的可能，你必须把自己的命运交给它，受它启示，听它安排，这才是伟大或者崇高。只有超越个体、比人更高的存在才叫伟大。但是，个人主义无法和这样的

伟大接续。因此，要接续伟大的传统，首先要抛弃个人主义。民间文艺学过去为何伟大？我们民间文艺学从业者为什么有资格像阿Q那样声称"我们过去阔着哩"？正因为民间文艺学从其诞生之日起就反对启蒙主义、个人主义、自由主义，而与浪漫主义、民族主义密不可分。个人是归属于民族的，所以相对于个人，民族是伟大的。对个人来讲，民族就像神和大自然一样，个人只有皈依它、信仰它，而没办法摆脱它、超越它。在现代世界，宗教衰落，上帝已死，取代上帝地位的是民族。民间文艺学的伟大传统，就在于它曾经与浪漫主义、民族主义一道参与了现代民族国家的建设历程。

伟大或崇高之物拥有对个体的绝对权力，与个体、权利、理性势同水火，因此，在基于个人主义—自由主义和实证理性的认识论立场上，是无法理解伟大之物的。认知，是主体对客体进行审视和观察，但你面对一个崇高的神，面对像民族这种超越你、包容你的东西，却没法站在它之外进行观察。所以，民间文学的伟大不是供人认知的，而是供人承受的，这才是其作为"伟大传统"的"伟大"所在。所谓个人主义、个体主义，就是把人与世界、我与他人相分离，把世界变为主体认识的客体，把同胞变成我揣摩的他者，确立二元对立的格局，实证主义认识论传统就基于这种二元论格局。这样一种认识论—二元论格局，在其出发点就是躲避崇高的，所以它没法理解伟大。只有基于浪漫主义的解释学，才能理解和领受崇高和永恒之物，也才能接续民间文艺学的伟大传统。

如果说，民族主义改变了世界的政治格局，那么，民间文学运动在其中则发挥着不可或缺的作用。欧洲现代民族国家的建立，歌谣搜集、民间文学运动发挥了非常重要的作用，民间文学成为现代民族国家的奠基石。因此，民间文艺学、民俗学才受到了欧洲知识分子的高度重视，这个学科才得以建立，因为它有意义、有价值，人们才会为它倾注心力，进行研究。这才是民间文艺学这个学科的伟大传统之所在，显然，它和个人主义、自由主义、启蒙主义是格格不入的。所以，从个人主义、自由主义出发，无法接续民间文学的传统。①

我请大家考虑一下，如何理解宗迪老师的这几段话。我首先非常感谢宗迪老师这么关注这个问题。但大家想一想，宗迪老师说的有没有道理？他说的有一点没错，即我和吕微老师的一个基本出发点是自由主义和个人主义。但另一点呢，他说，在基于个人主义、自由主义和实证主义的认识论立场上无法接续伟大的传统，这显然是把我们的立场看作实证理性的认识立场。我不知道是因为他没有认真读还是别的什么原因，反正这是对我莫大的误解。我之所以"得罪"那么多人，就是因为我恰恰反对实证主义立场。宗迪老师说的这些观点是很有代表性的。从我们的学科来说，我不否认，我们曾经伟大过，而且伟大的原因在于我们确实为民族国家的建立做了很大的贡献。那么，用宗迪老师的话来说，民俗学者之所以有资格像阿Q那样声称"我们过去阔着哩"，资格在哪里？其中一部分资格就在于民俗学确实在不同国家曾经与浪漫主义和民族主义结盟，对民族国家的建设和确立做出了贡献。但我们现在想一想，当今的民俗学如果还要继续存在，仅仅是这样，够吗？可以吗？而且我们回到学科的起点来看，无论在中国也好，还是在德国也好，民俗学给我们确定的任务并不是剑走偏锋，去一味地发展所谓的民族主义这个传统，我不否认这个传统曾在事实上做过很大的贡献。但在今天看来，如果说现代世界的宗教衰落，上帝已死，取代上帝地位的是民族——这是宗迪老师的原话——那么上帝的地位被民族所代替，在今天来看，有没有危险？再退一步说，民族既然可以代替上帝，那么"民族国家"是什么意思？民族国家是不是一个绝对的东西？这对我们来说是一个问题。民俗学从起源以来确实在沿着民族主义、地方性、地方特色、民族特性这条路在发展。但我觉得我们今天提出实践民俗学恰恰是要警惕和矫正这种趋向。因为如果把民族、民族国家放在上帝的位置上，这是非常危险的，

---

① 刘宗迪：《超越文本，回归文学——对民间文学研究中实证主义倾向的反思》，《民族艺术》2016年第2期。

最极端的例子就是希特勒，是不是？所以还有一个反面的例证，民俗学者们一直以来所理解的所谓"浪漫主义"被我打了引号。因为我认为，如果单纯从民族主义这个角度、从地方性、地方特色这个角度来理解浪漫主义，那就是对浪漫主义的莫大误解。或者说，这种理解是现代民俗学者对浪漫主义的一个不求甚解的产物。① 浪漫主义的一个重要根源在康德的第三批判中。上节课，吕微老师也谈到过这个问题。其实，我在几篇文章里已经谈到，德语地区学者哈尔姆-佩尔·齐默尔曼写了很厚的书，就是谈从民俗学方面怎么矫正对浪漫主义的理解。我们回到宗迪老师的观点，他说我们学科曾经辉煌，但是我们想一想，如果学科还想继续辉煌的话，你沿着这条路走行不行？还能辉煌么？为什么不行？所以这几年我和吕微老师想做的一件事情，就是想矫正这个事。我们提出实践民俗学，好像有点一刀切的感觉，哪怕有些矫正过度，就是想避免这种危险。如果民族在上帝的位置上，你无所不能、无所不知，现代世界会是什么样子？每一个民族都说我是老大，尽管实际上民族的人数有多有少，他们的权力有大有小，但都想当老大，都自以为是上帝，可以吗？同样，如果民族国家被放到一个绝对的位置即上帝的位置上，那就说明，我这个民族国家干的任何事情，其他国家都不能评价，其他人都不能说话，否则就是干涉我的内政。民族也一样，我这个民族的习俗是这样的，你凭什么来管我啊，你那个民族的习俗是那样的，我们只是因为习惯不一样，我们习俗不同，我们文化不同，我们是文化多样性啊，我们丰富多彩啊。

当然，大家看看学术史就知道，我们过去的民俗学主流当然都是强调集体的，但也并非根本没有研究过个体。其实，在20世纪30年代，欧洲就出现了对个体故事讲述人的研究，只不过我们不太知道。自从20世纪六七十年代表演理论兴起以后，又有了一个明显的变化，那就是过去的民是集体的、神情模糊的，现在的民开始变得面容清晰了。我们用照片想象一下，以前的民众多是

---

① 参见户晓辉：《重识民俗学的浪漫主义传统——答刘宗迪和王杰文两位教授》，《民族艺术》2016年第5期。

没有清晰面孔的。民俗学现在开始聚焦，原来是模糊不清的脸，现在聚焦都清楚了，每一个人的脸都是很清楚的，聚焦慢慢都到个体上了。那么宗迪老师这个说法，民俗学的伟大传统就是民族主义，你搞个人主义、自由主义、启蒙主义，我现在不反对你，但这个和民俗学有关么？怎么发生关系？怎么关联？这是一个问题。其实这里面还有一个问题，就是伟大，什么叫伟大？只有高大上才能叫伟大，个人不是伟大，个人是归属于民族的，所以相对于个人，民族是伟大的。只有超于个体，比人更高的存在才叫伟大。同学们，你们同意这个说法吗？个人不可能伟大吗？《现代汉语词典》说"伟大"的意思是：品格崇高、才识卓越、气势宏大、规模宏大、超出寻常、令人景仰钦佩的。以这种定义来说，"伟大和崇高之物拥有对个体的绝对权利与个体权利理性势同水火，因此，在基于个人主义、自由主义和实证理性的认识基础上是无法理解伟大之物的"。同学们，你同意吗？个人有没有可能伟大？某一个伟大的瞬间可不可能伟大？如果个人不可能伟大，那么逐渐转向个人的当代民俗学当然也就很难伟大了。

这就涉及吕微老师那本书的书名——《民俗学：一门伟大的学科》，吕微老师可是潮人啊，比我要潮多了。他怎么能用现在大家都不太用的"伟大"一词冠到自己的书名上面呢？这是小学科的"自大狂"，还是他"老夫聊发少年狂"？去年"中国民俗学网"上跟了一个帖子，我给大家念一念：

> 花了一百块大洋，买来了民俗学界号称"老大"人物的大作，悲催的很，实在读不下去，民俗学的著作都写成这样，这门学科还能伟大吗？另外说了，学科是不是伟大，不是自己学科中人说了算的。没听说搞文学、搞史学的，扯开嗓子说自己学科多么伟大的。

这个帖子，你们怎么看？它让我想起德国科学家和学者利希滕贝格——2006年我在哥廷根曾到他的墓前拜谒——曾说过的一句话："当一本书与一个头脑相遇而发出空洞的声响时，这一定怪这本书吗？"

吕微老师这本书之所以冠名以"伟大"，高丙中老师在2014年河南大学的"民俗学:学科属性与研究范式"研讨会上曾有一个很好的解释。他说,吕微老师这本书的书名用了一个冒号把"民俗学"与"一门伟大的学科"连结起来。这个冒号是一个连接词,连接词是什么意思呢?连接词是要说明,我们这些在座的人,包括不在座的人,怎么去连接"民俗学"与"一门伟大的学科"?你用冒号连接还是用破折号连接,还是用什么感叹号、逗号、句号,这是有讲究的,关键在于我们怎么做。吕微老师这本书,其实就证明了一点:民俗学要伟大,你要想伟大,它好像曾经伟大过,但它现在还能不能伟大,关键在我们怎么做。而怎么做的一个重要方面就是今天我们提出来的——不光是我提出来的,吕微老师自己也论证了——就是我们能不能做实践民俗学,这是一个方面。其实,民俗学正因为有反思、有先验立场、有理念,所以它才是批判的民俗学。

七、实践民俗学是批判的民俗学

民俗学是批判的民俗学,批判谁呢?不仅要批判自己的学科传统和社会传统,它也要批判现实。有一次,我同吕微老师和王杰文老师聊天,忽然说到一个话题,即应该有超现实主义民俗学,还有批判现实主义民俗学。其实,实践民俗学就是要做超现实主义民俗学和批判现实主义民俗学。那它这几个批判归根到底还没完,还要批判自己。这个自己包括每个学者自己,也包括每一个民自己。上节课高丙中老师讲我们的民俗、我们的"非遗",首先要得到合法性的承认,承认当然在中国是非常困难的,但仅有承认的任务还不够。我们一方面要争取合法性的承认,另一方面,我们自己、每一个民、每一个民间团体还需要自我批判。也就是说,需要首先进行自我启蒙和自我批判。从传统的民要成长为现代的人,在精神上追求成年和成熟,对于个人和学科来说都是这样。那么由此就引发出下一点。因为我们谈的这个应然在很大程度上还不是实然,所以实践民俗学就必然是未来民俗学。

八、实践民俗学是未来民俗学

上节课高丙中老师也谈到要建设一门着眼于未来的民俗学。我这里又提出实践民俗学就是未来民俗学。其实，去年在北大开会，吕微老师也给我命了题《未来民俗学导论》，当时发言时间很短，也没讲明白。什么叫未来民俗学呢？我觉得，未来民俗学不仅是一个时间概念，它不只是说处在未来的时间之中还没有形成的、没有完成的民俗学，它更主要的是指什么呢？它指的是站在未来立场的民俗学。未来立场是什么？这不光是时间概念，更是一个逻辑概念或理性概念。未来指的是应该来到的应然和可然的东西或理性的东西。这实际上就是说，站在未来的立场，就是站在理性的立场。上一次高丙中老师说了一个很好的观点：民俗学在以日常生活为对象的同时，要以日常生活为目的，这个提法挺好。我还想补充的是：实践民俗学不仅要以日常生活为对象，同时也要以日常生活为目的。但在我看来，这个目的也不是一般的目的，还要有理性的目的或目的论思想。只有加入理性的目的或目的论思想，才真正符合我们所说的实践民俗学的要求，这个未来才不是一个完全不确定的、没有方向的未来，而是有可预期的、可推论的或普世的标准。所以，我曾在《非遗时代民俗学的实践回归》中说，"实践民俗学的根本在于完全放弃实证科学的客观认识范式及其对理论与应用的划分，完全从实践理性的自由意志来看待民众的民俗实践并以此进行民俗学自身的一切实践。实践理性的自由意志既是实践民俗学的前提，又是实践民俗学的内在目的"。这样，民俗学才能真正面向当下，成为一门现代学和当下学。只有这样，我们才能真正走进田野，直面田野中的所谓中国问题。没有这一点，即使到田野去，我们往往也看不见甚至忽视民众的问题。当然，大家也明白，这在中国难度非常大。美国有一位民俗学者叫威廉·威尔逊写过研究民俗学浪漫主义的书和文章，他在一篇文章《更深层的必要性：民俗学与人文科学》里谈到民俗学怎么确定自身在人文科学的学科之林中的位置。

他的观点，我好多还是比较赞同的，我们不能光追求特殊性、民族性、民族主义，民俗学本来不光是干这个的。他有句话这样说："没有其他哪个学科比民俗学更多地把我们与过去的文化遗产联系起来；没有其他哪个学科比民俗学更注重揭示不同文化表达的相互关系。没有其他哪个学科更关注于或者更应该关注于发现成为人意味着什么。正是这种发现我们共同人性的基础和我们人类生存的律令的企图把民俗学研究置于人文科学研究的核心。"①请注意，民俗学是"人文科学研究的核心"，这就和吕微老师的书彼此呼应了。是不是我们没事干，心态不平衡，就非要把自己放到一个中心，自己给自己弄了一个中心，然后自我感觉一下呢？不是这样！我们学科本来要干什么，本来的使命是什么？我觉得作为当代学者，包括你们年轻的学者，未来的学者，我们不能仅仅局限于我们现在已然是什么。这和我们的很多现实问题是一样的，你只看到这个东西它是这样的，但更要看：它本来应该怎么样？本来老百姓是怎么想的？我们的学科本来应该干什么？那么，我刚才谈的，一门站在先验立场上的、具有反思性、批判性和未来性的实践民俗学，可不可以有？是不是必须有？这还是需要从理论上加以更充分地论证的问题，当然更需要我们在实践上以实际的行动来回答。这也就是康德被好多人认为不切实际的应然想法。康德老规定我们应该干什么，好像有些人很烦。其实，康德这个想法是说，"应该"不仅意味着 you should 或 you ought to（你应该），还包含着 you can（你能），即对你"应该"的要求，是在你的能力范围之内，不是超出你能力范围的要求。所以，我们今天来思考民俗学的学科史和学科的理论，也是从我们"应该"着眼和着手。我们再回到出发点，再重新出发，该不该？行不行？所以在最后，我引用列奥·施特劳斯在《自然权利与历史》一书中说的一段话与大家共勉。这段话是被吕微老师的一个博士生在博士论文里引用的，我呢，没有偷懒，专门查到了原书，而且比他多引用了一句，在此特别声明。列奥·施特劳斯是这么说的，

---

① William A. Wilson, "The Deeper Necessity: Folklore and the Humanities", *Journal of American Folklore*, Vol. 101, No. 400, 1988, pp. 157-158.

我觉得他对我们都是一个警告："按照我们的社会科学，我们在所有第二等重要的事情上都可以是聪明的，或者可以变得聪明起来，可是在头等重要的事情上，我们就得退回到全然无知的地步。我们对于我们据以做出选择的最终原则、对于它们是否健全一无所知；我们最终的原则除却我们任意而盲目的喜好之外并无别的根据可言。我们落到了这样的地位：在小事上理智而冷静，在面对大事时却像个疯子在赌博。"①

同学们，我们想想这段话，我们一些学科的学者，尤其是中国某些名校才子的论文是不是在这个问题上犯了这样的错误，是不是我们在二等事情上面聪明得不得了，可我们光拉车、不看路就会出问题。今天提出这个实践民俗学，没有给大家多少答案，就是想促使大家——如果愿意的话——和我一块想一想：我们要干什么，我们学科将来会干什么？可以干什么？我们何去何从？我们怎么连接吕微老师那本书的冒号？我是想把学科往实践民俗学这方面连接。如果不这么连接，伟大学科的"伟大"恐怕就真的难说了。

---

① 〔美〕列奥·施特劳斯：《自然权利与历史》，彭刚译，生活·读书·新知三联书店 2003 年版，第 4 页。

当代中国的生活革命与民俗学的"乡愁"①

周 星

我是2000年到日本爱知大学工作,已经十六七年了,但我做的研究是从日本回过头来看中国。有时候我会给自己解释,解释说为什么到日本就没有回来,可能我是需要一个从外面来看中国的视角。就是说,我关心的问题是中国民俗学的基本问题,但有时候会身在此山中,不识庐山真面目,外边的视角会帮助我们想问题的时候有一些特别的心得。

在北京师范大学讲民俗学,我有点不自信,因为这是班门弄斧。可是,今天我有机会来这儿,我想还是有缘分。首先我想说,到这里来,我想表达对中国民俗学的导师、已故的钟敬文教授的敬意。我是85级的博士生,当时跟随杨堃教授,专业是民族学的理论与实践。杨堃教授在法国留学的时候,所理解的法国社会学是包含了民俗学在内,所以,他一直鼓励我到北师大,向钟敬文先生请教。他把我推荐到钟先生这里。大家知道中国民俗学史上有个著名的"七教授"时期,20世纪90年代时,杨堃教授和杨成志教授比较高龄,中国民俗学会领导人开会时,他们俩来不了,钟老就想了一个办法,让他们两位各派一

---

① 本文是2016年6月24日作者在北京师范大学社会学院/社会管理研究院民俗学与人类学系"前沿课程"所做讲座的记录。讲座由萧放教授主持,并承蒙朱霞教授、鞠熙博士、李霞博士等多位学者指教,谨此致谢。本稿根据录音整理,经过作者审定。

个学生来。于是，杨堃先生就派我参加当时的民俗学在京常务理事会，杨成志教授派的是田晓岫教授。我们在会上只能听，不能发言，把老先生的意见带来，会议上大家说了什么，我们回去再给老先生讲。因为这个缘分，后来我就把自己当作是钟敬文先生编外的学生。随后我在北大工作，参与成立了人类学与民俗研究中心，钟敬文先生对我们也非常鼓励，他认为北京大学是民俗学的起源地，按照人类学与民俗研究的思路，应该可以走出一条不同于民间文学的民俗学的道路，可以在民间文学的民俗学之外有一片天地。钟先生对我的鼓励，也是这么些年来我坚持这个方向的原因。

其次，我要说，到这里来，也要向北京师范大学的民俗学同行表示敬意。我对萧放教授的敬意发自内心，这是有理由的。钟先生生前讲过中国需要一部民俗史，他讲这个话的时候很高龄，实际上这个思想非常重要，高瞻远瞩，可是他已经没有能力做这个事了，这件事是由萧放教授完成的。五卷本的《中国民俗史》在钟先生去世后，仍然是以钟敬文先生为主编的名义出版的。说实话，萧放教授做钟先生的学生，我认为是做到位了。上次在美国见到萧教授，我私下对他说，这是我对他尊重的最大的原因之一。老师对学生，不仅是师生关系，也是事业与传人的关系，萧教授不是为个人，他自己做了那么多工作，在钟先生去世后，仍以钟先生为主编。这不是名分问题，而是学者与导师一起追求事业的精神。

今天的题目是讲"当代中国的生活革命与民俗学的'乡愁'"。这个题目，我思考了好几年。大概四五年前，有一次我给《民间文化论坛》建议应该有一期特辑来讲"乡愁"，但后来他们组稿时，因为截稿时间紧，我没赶写出自己的稿子。拜读了特辑，也启发了我，于是，就想把原来一些想法，再结合特辑的启发，完成这篇论文。在写作过程中有一些心得，今天就把我思考的问题向在座的各位老师和同学们做一个汇报。

今天，我大概要讲五段话。第一，"生活革命"是什么？第二，我要强调中国当前正在发生的生活革命，也就是"持续的现在进行时"的生活革命，它是动态的，流动性的。第三，审美的乡愁弥漫中国。生活革命伴随着中国的大变革，引发乡愁，使得它成为中国文化的主流性现象。第四，我要讲到民俗学与乡愁的关系。最后，我认为现代民俗学需要超克乡愁。意思是说，如果我们要发展现代民俗学，就需要把民俗学的乡愁相对化，把乡愁看作我们的研究对象，而不是沉浸其中。

从1980年到2010年，中国的经济高速增长是大家都知道的事实。伴随着经济的增长，当代中国的经济、文化、社会结构都发生了结构性的巨变，对于我们民俗学或社会学界从事日常生活研究的这些人来说，大部分民众的日常生活都发生革命性的变迁。经济发展不只是国家实力增强，它的发展成果需要还原于、落实在、惠及到人民的日常生活。如果国家发展得很强大，老百姓日子却很穷，这是不对的，必须让老百姓获得发展的实惠。

中国社会变迁中都市化的重大进展，以及与此同时都市型生活方式大规模的确立，这些在我们的日常生活中，理所当然地都会多有反映。比如，手机没有普及之前与手机普及之后，也就在这10年，普及之前的日常生活和普及后的日常生活已经有很大变化了，可我们没有太注意它。就是说，现代社会的"日常"和"理所当然"在不断地被刷新，如果我们的民俗学还自诩是现代学，就像钟敬文先生当年教诲的那样，现代民俗学是当代学，是现代学，不是古代学，那就必须要研究"当下"。如果中国民俗学给自己确立了这个命题，那当然就得去研究当下的生活革命，以及随着这种生活革命不断变化，甚至不断诞生的新的日常是什么。

我的论证思路是，生活革命引发了大面积的乡愁，但乡愁是被美化的。比如说中华民族的"美丽乡愁"，这个话好像是冯骥才先生说的，讲得非常美，我也非常欣赏这种表述。冯先生是作为代表知识界和文化人的领袖这么讲，其实更广泛地看，中国知识界和公共媒体在"抢救"、"保护"、"传承"这类话语表象中最基本的一种情感就是乡愁。乡愁的特点就是审美，把过去，把以往的旧事都审美化。从生活中挑选一些事项将它审美化，甚至日常生活也被审美化。所以，我说乡愁的审美化过程，影响我们对日常生活的看法，影响我们对民俗文化的理解。

这时，我想就应该涉及民俗学和家乡民俗学的关系了。我们的民俗学有家乡民俗学的特点，中国民俗学的这个特点，安德明教授已经讲清楚了，他说得非常对。我们民俗学的基本立场是朝过去看的，对乡愁比较少免疫力。大家对乡愁的反思不够，很多民俗学者没有意识到自己是在乡愁之中。所以，现在我要提出反思说，如果我们不自认为是现代学的话，那没关系，假如我们自认是现代学，那么就要面对一个基本问题，也就是如何超越、克服这个乡愁，这就是我今天讲演的基本逻辑。

一、"生活革命"是什么？

什么是生活革命？生活革命在汉语词汇上有两层基本含义：一个是在媒体和广告用语中的生活革命，这在汉语和日语中都一样，一般是把因为某种技术的发明、制度的创新或商品的推出而为生活者、消费者带来生活上极大的便利或变化，叫作生活革命。举个例子，我上大学的时候去理发是用手推子，洗头要朝前趴着洗，但现在是躺着朝后仰着洗头，我个人的身体经验，不知不觉什么时候变了，其实这是具有革命性的，理发行业变成了"美发"行业，"美"出现了。过去理发就是把头发理短，我们父辈那代人为省钱，通常请会理发的邻居，甚至家里的家长买个推子自己就理了，不追求美发。现在，生活富足之后变成了"美发"。这是一个简单的生活经验，但我们个人的生活发生了某些改变。或者在另一个场合下，如果我们从现代性的生活想要回到前现代，或者说想要达到后现代，就是回归自然也罢，去种花种菜、喝茶、过慢节奏的生活等，这也可以被看成一种"革命"。类似这样的一种表述，主要是在媒体广告语境之中。例如，在汉语文献中，王陇德讲"中国人需要一场生活方式革命"，他讲的其实就是中老年人的生活习惯导致疾病，如果生活习惯有变革，疾病就会减少。我想说，中日两国都有这样的广告或媒体用语，不是严谨的学术用语。

可是，日本民俗学界另有一个"生活革命"的概念，中国民俗学却没有。

接下来，我们谈谈作为民俗学概念的"生活革命"。这里需要提到一个考现学家，叫今次和郎。他已经去世了，他是一位艺术家，同时也是知名的考现学家。"考现学"也就是考古学的相反，比如，我学过考古学，我们到一个遗址发现一个坑，是古代人的垃圾坑，古人把一些陶片、吃剩的骨头等扔在坑里，多少年后挖掘出来，能够知道古代人吃鸡肉、吃海螺，采集榛子等，通过古人遗留的垃圾研究他们的生活。考现学，举个例子，比如从农村到东京上学的大学生，他的行李包袱里都带了哪些东西，把这个生活用品事无巨细地画下来，把他所有的生活支出归纳在一起，最后就能得出一个结论，可以用来描述当时东京穷大学生的生活。当然，考现学的对象也可以是一个商场、开拉面馆的人等。这种方法使学者可以深入到生活的现实当中，生活的事无巨细都可作为研究对象。今次和郎在1947年提到了"生活革命"这个概念。当时，日本刚刚战败，美军占领当局（GHQ）在日本社会推动民主化改革，就是对导致军国主义的日本政治进行改造，要追寻民主的道路，发展经济的道路。但今次和郎却认为，现在必须直面生活革命的问题，他说，谈政治机制变革是对的，但如果政治和生活不能一体化，战后的新的日本社会也将无法诞生。他的意思是，在日本有识之士们进行民主主义讨论的时候，这不仅仅是政治的问题，也是生活的问题，也是生活样式发生改变的问题。民主主义不能仅是讨论，它还意味着生活的革命。具体而言，面对战后的凋敝，面对这种生活现实，每个日本人都要反思自己的生活，认真地思考和提升生活的意义、品质、价值。大概也是由于有这样的知识界精英，战后日本所走的道路是生活文化大国之路。日本现在成为一个全世界都感觉它是生活非常舒服的国家，这是因为它所有的精力、能力都用来建构一个生活舒适的国家。战后日本没有走向军事大国，它全部的热量、能量都往这儿走了。同时，它的民俗学非常发达，民俗学被认为是研究生活文化的科学。日本的国家机器、日本各地的市政府往往都有一个课或一定是有一个部门主管生活文化，这个我们中国一直没有，生活文化行政，这是日本的一个特点。

但这位生活学家，并不是民俗学的主流。现在，我们讲讲日本民俗学对"生活革命"的定义。所谓"生活革命"，主要就是指在"二战"以后，伴随着经济高速增长期，跟我们中国改革开放后的状况非常像，它有持续二十年的经济高速增长，平均增长率接近两位数，1955 年到 1975 年，这二十年，日本全国规模地完全城市化了。已经没有农村了，农村现在变成被保护的对象。全国规模的城市化和现代化，因为这两个因素，发生了日常生活整体性的变迁，这就是日本学术界说的"生活革命"。民俗学者在研究生活革命的时候采取的方法，基本上就是"今昔比较法"，这个方法很朴素，就是说生活革命之前是什么样子？生活革命以后变成什么样子了？这个方法比较简单，却非常重要。就是通过对生活革命之前和之后的状况进行比较，对老百姓日常生活，民众生活方式进行透彻的、系统的、细致的观察与分析，一部分文化在生活革命之前就有，到生活革命之后，仍然延续下来，比如说葬礼的一部分，丧葬礼仪；还有一部分是生活革命之前有，生活革命之后没有了，中断了、断裂了或变形了。这是日本民俗学比较擅长的两个基本理论，一个是"传承论"，一个是"变迁论"。民俗学家当然意识到了日常生活在急速演变，他们感受到了民俗文化传承的断裂和民众生活意识的革新。除了对新近诞生的并逐渐成为现实的新岁时民俗、新人生仪礼和新的娱乐、艺术表演等这些进行关注以外，民俗学还必须同时面对那些迅速消失的民俗，没有了或是变异了的，以及它们与新生的民俗之间复杂的关联性。举个例子，日本民俗学，直到最近还有一个课题在做，"关于高速经济增长和生活革命的民俗志追踪研究"，也就是追问日常生活朝向都市型生活发生变化的过程、动力与机制，这是它的一个基本的学科判断。

  日本有一个国立历史民俗博物馆，它的陈列对战后经济高速增长和生活革命的主题高度重视。2010 年 3 月，综合展览的"现代"展室开放，前半部分的主题为"战争与和平"，后半部分的主题就是"战后的生活革命"，内容包括高度经济成长和民众生活的改观。为了可视化地反映生活革命的成果，它的陈列展示了为给东京这个巨大的工业城市提供水电而修了水库，却把大面积的村落淹没了，被淹没地区的农民全都去了东京，这就是典型的工业化。城市生活方式需要巨大的能源，于是，农民变成市民，农村的那个地方变成城市的能源基地，然后，城市就是这样不断地把农村吞掉。一方面是消亡的山村生活，另一方面则是全新的都市小区生活。都市小区的现代生活方式，都市型生活方式有几个特点，一个是，一定得有水、电、气、电话线等等稳定、持久的供应，这在当时的日本已经实现了，然后，是对垃圾系统，或卫生系统的建构，全社会都被建成一个清洁、舒适、卫生的都市生活环境。日本民俗学是把这个部分也作为重要的研究领域。

这个过程跟中国很像，跟我们从1978年到2010年间发生的变化非常像。大量地生产，大量地消费，很多职业消失了，很多新职业又诞生，大量的能源消耗，水、电、石油，现在我们已经是汽车社会了，所以，现在国际上有能源危机，我们也会紧张。我们的媒体上老在说，俄罗斯能不能把管道修过来，因为我们需要人家的石油，对不对？他们不给的话，我们就得从别的地方买，可这个运输线很长，稍微国际形势一变，国内的汽车就有可能趴下了。于是，就总有危机感，能源危机，能源的高消耗是现代生活方式的基本支撑。

20世纪50年代末期，日本社会有几个大事儿，其中一个是天皇结婚的时候，第一次直播。过去战前天皇是神，对不对？神结婚跟你们没关系，现在神和人一样，战后日本的天皇声称自己是人，不是神了，所以，他结婚，全国电视直播，人们为了看电视直播，都去买电视，差不多一夜之间，黑白电视机就普及了。1964年东京奥林匹克，同时新干线开通，这是日本发生的交通革命。那个时候为了看奥运会，彩电大卖，彩电就这样普及了。到了70年代，基本上城市农村都一样的，彩电、洗衣机、吸尘器等家电普及率几乎一样，几乎都达到百分之百。

对于这种现象，有一位民俗学家叫新谷尚纪，他编了一本问答体的《民俗学简明事典》，把战后的日本史分成几个时期①，其中就有一个经济高速增长期，这个地方和有的学者分法不一样，有的是从1955年起，或者说是1960年，大体上是在昭和三十到四十年代，也就是20世纪五六十年代，再延长到20世纪70年

---

① 新谷把战后日本现代史区分为经济重建时期（1945—1960）、经济高度成长期（1960—1973）、经济大国化时期（1973—1983）、国际化时期（1983—1993）、经济政治混乱期（1993年至今）。

代。高速经济成长期间，人民生活发生了巨变。首先是家用电器普及，"三种神器"，叫作电视机、洗衣机、冰箱。然后是吸尘器、煤气灶、抽水马桶、电被炉（日本一种可以席地围坐的小几，下面有电，冬天不用暖气，坐在那儿很暖和）、空调、汽车等，"生活机器"普及了。"生活机器"这个词，大家以前没有用过，就是说很多机器不是为了生产，是为了生活而制造出来的，生活机器普及到家庭，这种消费革命带来了衣食住行等生活的全面变革，所以，也就被称为"生活革命"。这是日本民俗学的一个标准定义，它一点不难，也没有什么不好懂的，但新谷教授在他的书里面提了很多问题，例如，生活革命以后，通过仪式出现了哪些变化呢？他提出了这个问题，举个例子，在 20 世纪 50 年代以前，日本农村生孩子，是接生婆给接生，在家里，把接生婆请到家里来，拿个盆儿烧点水，弄点草垫子，叫作"落草"。生完以后，产妇要到小房子隔绝一下，以去除那个"产秽"，因生产带来的污秽，要把她隔离一下。现在，完全变了，到 20 世纪 60 年代以后就变成在医院出生了，这样，那些个传统的生命降临的仪式，很多环节也就没有了。医院基本上是卫生科学原则，对妇女身体的这些民俗学的解释，就完全变成了一个卫生科学的解释，也就是产后的身体恢复。这个地方我插一句，中国人坐月子，日本人不坐月子，所以，日本很多人产后，你在街上看身材都很好，从后面一看，像个姑娘的身材，当面一看是个大妈，她一般是没有坐月子。中国一直保留了坐月子的文化，有一个月要猛吃猛喝猛催奶，最后，身体回不去了。生活革命发生以后，因为在医院生孩子和在家生孩子的变化，导致那些个仪式的部分变了。比如，胎衣的处理以前是很神圣性的，这个胎衣和孩子的生命有某种神秘的关联，但到医院就变成了医疗废物处理了，反正孕妇看不见，如果孕妇本人不特别要求的话，它就是医疗垃圾。再比如，葬礼，战前是在各家各户举办，和我们中国差不多，中国南方是在祠堂里摆着，然后大家都到祠堂里参加丧礼，一起把棺材抬到墓地。可是呢，在日本，战后它变成了委托给专业的公司、殡仪社，被商业化了。于是，专业的公司所设计的那个葬礼的仪式慢慢地就全国统一了，它在设计这套仪式的时候，有一些环节就是原来各个村、各个地方葬礼的仪式，但也有很多就被删除了。新谷教授还追问道，生活革命以后，年节体系有什么变化？大体上是消亡的消亡，简化的简化，或者是气氛减弱。因为，平时和节日的差距变小了，过年穿新衣，平时也穿新衣，那么，过年穿新衣就没有那么激动人心了。平时吃得也很好，过年再吃，好像也没有特别的，这些跟我们现在的生活经验非常相像。

再比如，生活革命导致村落生活有什么变化？村落还在，可是它变了，支撑村落结构的社会原理变了。在日本是资本主义原理全面进入农村，过去那些共同劳动和互相帮助的传统有一部分消失了，农业机械化了，作业，也就是农业生产的劳动彻底合理化，生产效率提高，兼业农户（我们叫副业经营，就是一个农户，农闲时可能去打工，也可能去做小买卖）增加了。然后是家电和汽车普及到农村，价值观和意识形态也发生了变化，自来水替代了水井，过去，妇女们在水井边打水的时候要在一起议论，谁家姑娘不孝顺，谁家婆婆是恶婆婆，妇女们的井边会议曾经是村落舆论的一部分。但现在，由于自来水都在自己家里了，这个舆论场地也就不存在了。在中国社会，也有类似变化，中国是老人会，在福建、浙江一带，以祠堂为中心，有老人会，老人会变成一个发牢骚的地方，也就是村落的舆论场，它还会影响村落社会的秩序。我们看到，由于洗衣机、自来水进入各户以后，井边会议消失，妇女闲话的舆论影响力就弱了，然后呢，隐私就变强了，你不要轻易再说人家什么了，后来，甚至连神社的神职人员都找不到了，以前大家都抢着做，现在忙，都挣钱做生意去了。总之，一切都变了。

不过，这只是一般性的认识，相比之下，我还比较赞成日本民俗学前会长、东京大学岩本通弥教授的看法。他说，从现代民俗学的立场看，从生活变化的角度研究高度经济成长期，目的是要把握与当今我们的生活方式息息相关的现代"日常"的形成过程。这是我们每个人都经历过的，比如，刚才讲的理发这个事儿，我自己就经历了，但我们的民俗学从不曾想它是个什么了不起的事儿，没有人认为它是民俗现象。这样一些被熟知的不言而喻的事项，有没有可能通过民俗学的方法去展现呢？不是把民俗学作为激发怀旧情绪的工具和装置，民俗学不应该只是为了满足我们的怀旧而存在的学科，它是要观察和解释与当今的现实紧密关联的普通人的日常生活是怎么形成的，它的原理是怎么回事儿。岩本教授在《现代日常生活的诞生》一文中，用官方的资料，揭示了现代日本社会之日常生活的形成过程，例如，高层集合住宅密集的团地（汉语叫小区），里面住了无数个小家庭，但大都是由年轻夫妇和未婚子女构成的核心家庭。这样的家庭的室内生活有一个特点，就是因为能源革命，家里不再烧柴火了，不再乌烟瘴气，而是清洁能源；因为有卫生间，抽水马桶，不存在去外面露天上厕所的困扰；日本人爱洗澡，家里有了洗澡的地方，清洁、舒适的室内生活，他把这个看成是日本现代日常的基点。他认为这种都市型生活方式的普及，与国家公共体系与社区公共体系提供的水、电、煤气的稳定且大量的供给有关。这种生活方式很好，可如果没有强有力的公共系统支撑，它是无法成立的。眼下在中国也是这样，都市型生活方式，你买到小区里的房子就行了，一切自然就有了，因为它的前提是房地产商把房子卖给你的时候，必须是已经满足了上述那些条件，它要通气、通水、通电，对不对？否则，就不能卖。因此，地产商必须要和政府打交道，他需要公共系统给他这个小区解决这些问题，然后，房子才能够变成一个商品，一个可以满足小家庭现代生活方式的基本需求的商品。通常在农村就做不到，因为搭建的公共系统不够给力，或干脆没有，所以，都市型生活方式在农村还不太普及。由年轻夫妇和孩子组成核心家庭的两居室的这种模式，在20世纪60年代的日本全国普及开来，有厨房、客厅、冲水厕所，浴缸，这种曾被称作是半西洋式的生活方式在日本迅速地普及了。现在已经不能说是西洋式了，它已经是全世界普遍的形态了。

参考日本民俗学的经验和成果，我自己对中国的生活革命给出的定义是，现代都市型生活方式在中国城乡的大面积确立和普及。改革开放以来，中国已经和现在正在发生的生活革命，和当年日本的情形有一定的相似，所以，日本民俗学对生活革命的研究成果多少可以为中国民俗学所借鉴。显然，要持续地维持上述那样的现代日常生活，就必须有完善和稳定的基础设施和公共系统的存续，这也正是近三十多年来政府在中国社会的都市化进程中，花大量功夫、大规模建设的成果。但在中国民俗学家当中，很多人没有注意到这个过程，岳永逸教授可能是少数意识到相关问题的学者之一，他是这样表述的："以抽水马桶、单元房为基本表征的都市生活方式，眼下已是绝大多数中国人都在实践或向往，并不遗余力、背井离乡也要追逐的生活方式。"他的这个意思用我的话来说当然就是生活革命，是都市型生活方式在全国城乡的普及。

二、持续的现代进行时

接下来，我要讲的是生活革命在中国是一个持续的现在进行时。这样一个常识，说出来谁都知道，可民俗学家很少关心过它。因为我们身在其中，比较难以对身边正在发生的生活革命有所觉悟，我们每天体验的变化，我们往往不认为它们是民俗，觉得它还不是文化，或者没有形成传统。我们总觉得，它跟我们的研究对象无关。可是，如果换个思路想，如果把民俗学定义为现当代之学，研究当代生活方式的话，你就躲不开这个话题，不能再继续熟视无睹。

在中国农村，政府推动的"村村通"工程和大规模的新农村建设，交通革命导致即便是很偏远的农村，它们跟周围最近的城镇的关系，那个距离感也发生了剧烈的变化，距离缩小了。以前到城镇可能要半天或两三个小时，现在班车一通，一个小时，甚至三十分钟。这是在全国大面积发生的。进城打工的人回乡在盖自己房子的时候，那个房子跟过去传统的民居不一样了，即便是某些款式、某些布局上仍有一定的继承性，可是他把城市的要素带进来了，可能是楼房，可能有了抽水马桶，有了放电视机的地方，等等。人们模仿城市的生活方式，尽可能地按照城市里的单元楼房来设计自己的新居，我把这叫作"在地城镇化"。不是说农民进了城才叫城镇化，而是说他在村里也可以过跟城市人差不多的生活，即便做不到完全一样，也差不太多，也往那个方向努力。

20世纪90年代，中国的都市化进程和生活革命差不多取得了决定性、实质性的进展。2014年的都市化率是55%，这意味着近四十年来，中国有4亿以上的农民，身份变成了市民。这就是中国房地产价格居高不下的理由。亿万农民刚刚在这些年变成市民，他们和故乡有着割不断的情感纠葛，于是，就产生了后面我说的大面积的乡愁。未来二十年，按照中央政府的规划，可能还有3亿农村人口成为市民。中国有巨大的消费市场，但很多企业家判断不准。举个例子，最近报纸上说中国游客到日本"爆买"马桶盖，大家不要小看这个马桶盖，因为我们的国家主席也讲，下一步的改革是供给方面的改革，人民不是没有需求，不是内需不振，而是人民的生活方式改善了，需要有高品质的产品供人民消费，但国内市场没有，人们就去国外买。企业家或地方政府没有意识到这些，以为有房子就行了，或者以前那些品质不怎么高的商品可以了，这是不对的，因为生活革命之后，民众对高品质商品的内需在增加。中国的房地产市场有一个特点，就是只卖粗装房，只有一个空壳，里面的装修大部分由本人买来以后去装修。装修这一块蛋糕，可以无限大。你刚装修好，过了十年那个地板就落伍了，新的质量好的建材又出来了。中国的企业家没有意识到，脑子里没有"厕所革命"之类的概念，而中国社会却已经在发生着大面积的厕所革命，但中国的企业没能给人民提供室内卫生间里高质量的智能马桶盖。不是做不到，我们的卫星能上天，技术上没问题，可为什么没有做？中产阶层需要迅速提升生活品质的生活革命所产生的那些需求一直没有反馈到生产厂家。这两年有新闻说，中国原先只有几十家马桶盖生产厂家，现在马上增长到一二百家，我相信，未来几年这个问题就解决了。中国的生活革命，这种需求外溢，溢到了邻国，买人家的马桶盖，如果国内厂商能提供差不多一样质量的产品，这个事情就不会再发生了。我们从民俗学的生活革命这个角度可以解释这些现象。我们不能简单地说去买马桶盖就是崇洋媚外，这其实是一个内需的问题。人民的需求在不断提高，可是社会上没有提供这样的产品，所以，要改革，供给方面的改革。

生活革命在中国要比在日本当年的进程更为复杂，更不均衡，更曲折。具体的可以有很多话题。比如，我们讲饮食文化，老是吃什么东西。其实，还可以有各种表述，我在这里随便做一个自己的表述，以前是吃不饱，后来能够吃饱了，接着，就吃的过头了，过食，吃出了很多胖子，于是，肥胖问题现在变成社会问题了。然后,是要吃得更好,美食,所以《舌尖上的中国》一出来,就形成一个巨大的热潮,因为中国的文化,饮食的部分,相对于家庭内食这个部分的"外食",正在朝"美食化"的方向发展。我觉得,下一步应该就是绿色、健康、有所节制了,甚至要节食减肥。我们可以知道这个变化,如果更早地知道这个变化,企业当然就可以更早地应对,做出更好的产品,对不对?再比如,补丁衣服,在我们的父辈那一辈人穿过补丁衣服,现在,不要说补丁了,女孩子也都不做手工,不做针线活儿了,基本上不再需要了,随便打工挣点钱,马上就可以买到成衣,"女红"的民俗消失了,裁缝这个职业也差不多快要消失了。还有厨房革命,厨房的餐具,在座的年轻人可能不太知道,我插队的时候看农村家庭的餐具,是各种颜色、各种材料,各种粗瓷,只要合用就行,完全不讲究,因为穷也没法讲究。现在,家里来客人,可以有一套完整的餐具,餐具精美化。厨房也变了,清洁能源、上下水系统等。厕所革命也是,然后,再有生活机器等等。

伴随着这样的过程,我们的日常生活在加速度地变化。所以,我说这个部分是现在进行时。德国民俗学家鲍辛格说,科学技术世界就是指由科学技术支撑的生活用品的一般化、普及的生活世界。现实的生活不能说技术是技术,生活是生活。我们谈生活的时候,好像把技术在脑子里切去了。其实,并不是跟技术分开的生活,生活本来就是由技术支撑的。你吃的是担担面,麻婆豆腐,可是,那个麻婆豆腐的豆腐是机器、工厂做的豆腐,那个担担面也多是压面机压的。做饭过去是烧柴火,现在是煤气。煤气是由一个庞大的工业生产体系,经由复杂的管道输送,给你支撑的。所以,你看起来吃的是"传统"的食物,其实不全是。因为现代生活的背后其实是一个高度复杂、非常庞大的技术体系在支撑着,而民俗学家从来没把这个东西当回事,把它当成是"理所当然"的。恰恰我们现在要讲它不是理所当然的。在中国,由于社会的复杂性,中国生活革命的进程,和它所达到的程度是不均衡的。改革开放带来的财富是让所有人民都得到了好处,可是得到好处多的人和得到好处少的人还是有区别。我们当然要尽量地让社会逐渐实现均富,先富起来的人要帮助后富起来的人,就是大家都要富。虽然说有这种差距，比如说，会用手机的人和不大会用手机的人获得信息的不一样，时间久了，拥有大量信息的人，可能在这个激烈竞争的社会中有更强的能力生存，但也有一些人，像我这样的人可能会慢慢被淘汰。但是，我们知道中国的生活革命的方向它是一致的，总体上它是在朝着一个方向涌动。

中国民俗学到目前为止，包括中国社会学和其他人文学科多是用社会转型和文化变迁这样的描述来解释上述那些生活的变革。中国民俗学家也不是完全没有意识到这些变化，但民俗学不是把生活的整体看作是革命，而把某些现象看作是变迁。它把生活中的某些东西定义为民俗或非民俗。在北京过年，你逛个庙会就是民俗，你看电视就不是民俗，你去购物当然也不是民俗。这有什么理由呢？没有，民俗学家就是这样认为。虽然这样认为的根据有点勉强，可民俗学家就是这样认为。为什么呢？我们需要追问。由于民俗学家是把某些特定的东西作为民俗来研究的，所以，他无法处理社会整体的变迁。这就是为什么我们现在要讲的生活革命这个概念的重要性。因为它说的是整体的变迁。我在采用这个词之前差不多犹豫了将近十年，其实是不太愿意把日本的这个概念拿出来，希望我们中国民俗学家能够产生出自己的概念。但实在是找不到更合适的概念，犹豫了很久，最终还是使用了这个概念。以前我在自己的论文里偶尔会提及，没有特别发挥它，但如果讲到这个概念，你就不能够忽视日本民俗学界曾经经历过的这个部分。现在是时候把它借来用一下，但还是要根据中国的现实重新定义和分析。

由于民俗学家是按照自己头脑里那个对民俗的定义，先入为主的意识，并把它执着于一些特定的现象，所以，对于非民俗现象就会无动于衷。到农村调查总是要问村里的老人，你们有什么神话，有什么故事，问这些东西，因为你脑子里认为这是民俗，对不对？如果人家小姑娘在那微信或者传什么东西，你认为那不是民俗。其实，后者对于村里的生活方式同样重要，甚至是更重要。这些都是我们要去反省的。到了村里，我们总是会找一些传统的民艺，比如一张年画，或一件刺绣，总之，过去的就认为是民俗。村里乡村使用塑料产品，就不认为是民俗，塑料碗、塑料瓶子、塑料盆对于农民非常重要，他们认为这个结实，以前那些个粗瓷容易碎。以前用木桶到井边打水，很重，现在是塑料桶，结实、轻便、不怕摔。因为我们认为它不是民俗，就把它排除在研究对象的视野之外了，这是一个很大的缺失。最近，徐赣丽教授，她是北京师范大学培养的优秀的民俗学家，她的意见我比较赞同。她也研究生活方式与文化变迁，指出说民俗传承的形式和途径发生变迁了，都市化意味着新的生活方式，这当然包括了日常生活的变迁，民俗学应该研究在大众媒体和消费文化影响之下的民俗，也就是民俗正在朝大众文化发展，民俗成为时尚和消费的对象。的确，当你研究现代大都市的时候，区分民俗文化和大众文化的意义就没有那么重要了。从生活革命的概念去看，我还觉得有些不太满足，但是她已经意识到这些问题。说到都市民俗学，目前看它有一个误区，说到老北京的民俗总是天桥、四合院，没错，它们是北京民俗的一部分。可是，为什么只能是"老北京"？只是关注老北京的土著文化，真的能理解北京吗？我觉得有困难。因为北京已经变成两千多万人的现代化国际大都市，你研究的只是其中极少极小的一部分，这部分文化甚至在大北京里变成"异文化"了，成了稀罕之物。因为稀缺所以把它纯美化，所以，我们给它赋予更高的价值，但这是有问题的，在研究的方法论上有问题。

我们讲生活革命，是指都市型生活方式普及的过程，它目前是仍在持续地蔓延和扩展着。我认为现在有必要采借这个概念来，因为它可以指称一个整体性的变化、是现代日常的整体性诞生。这种生活革命，跟现在我虽然有车，但我不开车了，我去步行的那种生活革命不一样。前者是从前现代到现代的生活革命，后者是从现代到后现代的生活革命。中国现在的情况是，即便有个别人，中产阶层的人，他可以说要"去城市化"，回归自然，比如画家们到郊区买个房子，过田园生活，一边画画，通过网络卖自己的画，另一方面住在村子里，小桥流水，种着花花草草。这其实就是后现代的生活革命，但这种情形目前在中国暂时还不具有代表性，中国还是在由前现代往现代化走，大面积地提升，还没有到位。所以，我想强调在上述两种意义的生活革命中，我讲的是前一种，它还是一个都市型生活方式普及的过程，今后几十年，还有三四亿人会继续经历这样的过程。

三、审美的乡愁弥漫中国

由于这样大面积的都市化，反过来离乡的人就有了乡愁。中国每年有"春运"对不对？春运就是要回家，回家就是满足乡愁。乡愁作为一种情绪，它是全人类普世的情感。古今中外都有，不只是中国现在大面积的有，美国人，日本人，法国人，德国人都有，全人类都有这种感情。问题是从20世纪90年代到如今，它在中国作为时代的精神、时代的一个文化特点表现得非常突出。刚好1990年代是中国城市化和居住生活方式决定性地得到确定的年代。它跟这个有关，这里说的乡愁，不是指一个个人的情感，而是指一种社会性的情绪弥漫在全中国的文化出版物或形形色色的文化产品之中，包括公共媒体和知识分子的话语之中。

乡愁可以被分成几种类型，一个老年人对自己年轻时候、少年时代的怀旧；成为城里人之后对家乡的怀念；异国他乡的人对祖国的怀念等等。乡愁是因为时空错位、隔绝所引起的情绪性反应。简单地说，就是"时过境迁"，这四个字就是乡愁的机制。时间不一样了，你不再年轻了，不管你现在多有能力你回不去。境迁，你回到那个地方，一切都变了，物是人非，甚至物不是人亦即非。西方人最早是17世纪才对乡愁有较为明确的定义，说它是伴随着战争前线的士兵，知道可能会战死沙场，家里还有爱的人，却回不去了，于是，就伤心、悲观、绝望，有很多情绪反应，把它看作是一种病态。像中国古代到西北戍边的士兵，也差不多，唐朝宋朝的那些边塞诗里，就有这个情感。更早的时候，中国有"四面楚歌"的典故，楚汉相争，霸王别姬，最后，他的士兵没有士气了，所以，怀念老家，想家了。这个情感在早期被定义为负面的，它对军事来讲是一个负面情绪。后来，这个概念到20世纪以后逐渐变得明朗化，变得不再把它看作是一个病态，它慢慢地被认为是一种正常的情绪。但早期把它看作是一个病，比如说失眠、哭泣，有很多情绪性反应，在临床上，会把它看作是医学上一种病，心病。现在，它却具有了一种美感，甚至具有了超越情感的寄托和令人感动的意义，满足这些情感的努力也被认为是合理的了。经过一百多年来，文学界，或知识界不断地把乡愁这个词从负面的定义变成为正面的。现在我们在中国说"中华民族的美丽乡愁"，它完全是健康的，正面的。

但乡愁的最大特点是没有实现的可能性，这需要讲清楚。前几年，有个博士生写了一个博客，说他很怀念过去的绿皮火车，你们有印象吗？绿皮火车里人和人挤在一起，乌烟瘴气的，他怀念那个状态。但回不去了，绿皮车退出历史舞台，所以说它没有实现回归的可能性。就是说，不管乡愁是多么美丽，但回不去。乡愁是根据现在的需求对过去的美化，或者是在异国把祖国想得很好。海外的华人网站，比如有个叫文学城的网站，描述华人回国之前，想回国想得要命，回来后又失望得不行，就是说他把怀念或是缅怀的那个对象理想化了，是想象的。我记得多年前，有一次郭于华教授说到了她在陕北调查，做口述史访谈，说那个地方的妇女对"文化大革命"时期，集体化劳动时期，现在回忆起来，她们多么喜欢，等等，当时我还愣了一下，后来就想通了，那些人到了一定年龄就怀旧了，她们想自己年轻的时候，当姑娘的时候是铁姑娘战斗队，这只是怀旧，不是说真的歌颂那个时代好，她们现在讲故事可以讲得很美。我插队当知青，当时饿肚子，都吃不太饱，现在老知青聚在一块，总觉得当年最好，那是把旧时情感化、理想化了。

乡愁还有一个特点是可以二手化，民俗主义，可以不是本人亲自的体验，不一定依赖当事人的体验，它通过讲述就可以传染。比如江南古村，不是我的老家，可我到了江南，好像也能满足一点怀旧的情绪，因为在我们的脑海里，通过二手、三手的信息，通过联想和想象等各种加工以后，就可以从其他表象中得到一些类似、近似于乡愁的满足。所以，我们可能会共享一些符号，这些符号建构了关于过去的某种意向，这些意向也可以成为乡愁的对象。就是说，乡愁对旧时人事或者故乡、他者的美化、理想化，往往潜含着对现在的某种不满。在这个意义上，乡愁具有批评性、批判性。从农村到城市，住的好房子，可是堵车，出门要过红绿灯，哪像自己村里乡下可以随便走。现在你要守城市里的规矩，既不适应又回不去，对未来感到不安，没工作怎么办，失业了怎么办，不确定性纠结，失望、不安、不满、不快、没有归宿感，这些个感觉导致各种焦虑，焦虑则需要通过乡愁来弥补、来替换，通过乡愁来释怀、缓解那些焦虑。

中国人的乡愁伴随着城市化进程太过迅猛而显得尤其浓厚。我们只有三十多年，全人类前所未有，四五亿人口就成了市民。我在日本做"市民讲座"，他们不理解，老是说你们中国人的教养不好，规矩不好。我说，你想想看，你们全国只有一亿两千万人口，只有三十年间中国就把相当于日本总人口三四倍的人由农民变成市民，想想看，这是多伟大的事业。你硬是揪住一些人到城市没守交通规矩，你说的这个事实我也承认，但这难道不是一个过程吗？就是说，对现代化进程不适应或有某些抵触的，往往通过乡愁来替补，乡愁里面隐含着一些批评。这些个批评并不奇怪，也是可以接受的。但同时也有可能包含一些评论是危险的，比如，中国最近经常有，可能不是官方媒体，而是互联网、民间或者江湖，说怀念"文化大革命"，就是一个典型的例子，这不是理性判断，它就是对现在不满，用"文化大革命"来替补，但这个替补走过了，"文化大革命"真的有那么美好吗？过去的宗族社会真的有那么美好吗？乡土社会真的有那么好吗？你把它想象成田园诗一般的栖居，但你真的去到村里生活，首先就没有隐私，你二十岁出头，父母就赶着你必须嫁人，你愿意吗？我们过去把乡村社会妖魔化是不对的，现在把它审美化也有问题。过去用革命的意识形态批判它，说它是封建、迷信等，现在用想象说它是理想的，诗意的，可能都有点问题。

但我们需要理解这个过程，理解乡愁的表述。再举个例子，正好是1996年中国社会的现象，那个时候山东画报社火得不得了，为什么火，就是怀旧，老照片。差不多同时，潘家园旧货市场也是那个时候崛起的，现在打开电视节目，往往就有鉴宝热，宝贝里包含着记忆，我这个家的历史，这是怀旧。老城市、老街道，老字号，带"老"字的，都是好的。古村镇的"古"就是有价值，陈旧之物，带着过往痕迹的事物，全部开始走俏。但这个怀旧情绪走过头了，就有问题了，一些人怀念的大上海在 20 世纪五六十年代，曾被描述成"冒险家"的乐园、有压在中国人民头上的三座大山之一殖民主义，可是现在老上海却被说成是"黄金时代"的上海，这些现象都可以在乡愁的话题下解释它。我想请大家不要误解说，周老师是在批判乡愁，不是，我是在试图理解乡愁，理解它出现的原因，不是在贬低它，而恰恰是在努力去理解它。

因此，我想除了指出它的问题以外，还应该说乡愁在某些条件下，也可以成为推动当下社会的一种动力。它有它的问题，同时也有它的价值、意义、作用。它完全有可能不是被动的乡愁，而有可能是积极的选择。举个例子，原来我们的生活是慢节奏的，现在变快了，我们以为快了就好，结果就像日本那样出现了"过劳死"。白领在高薪公司挣了钱，结果你累死了，没有机会花钱了，所以，你可以不用那么累，可以留点儿时间回到一部分慢的生活。从慢变快，快挣钱，再留些时间慢慢地去消费这些钱，这不是更好的人生吗？对慢节奏生活的乡愁，其实是可以变成一种选择的。所以，乡愁或对旧时的回归，不一定是消极的、被动和不好的，乡愁也可以是积极性、建设性的，可以有正面评价。选择性地对旧时一些印象进行新的建构，可以在现实生活中催生出新的仪式，产生新的认同。所以，乡愁也是一种文化实践。

我基本上就是这样来看待中国民间文艺家协会做的很多工作，就是把乡愁作为一种实践，所以，我正面评价这些实践。我们的"非遗"运动，换个说法，它不仅满足很多人的乡愁，它其实还是求助于过去的现代文化再生产的一种方式。我们生产着现代文化，可是求助于过去的资源，这也是当代人热衷于追溯、复古或想象归宿的一种表象。文化遗产的这种再生产，包含着"挽救"过去和把它表象为现在，成为现在可以观赏的对象，从而丰富了现代的文化生活。把过去的事物变成现在的资源，为我们的现代增加了更多的选择和可能性。这就是我讲的乡愁的积极性，我们的新型城镇化，现在有了这个概念，新型城镇化就会更人性一些，也会更感性一些，乡愁成为新型城镇化的基本理念之一，是一件非常好的事。我也正面评价中国民间文艺家协会，他们跟政府部门合作，试图"留住"乡愁，做相关的调查等都非常有建设性。但是，我对乡愁的理解是想把它当作和我有距离的对象，然后去理解它。我作为一个民俗学家来思考的时候，我承认我们得到了乡愁的恩惠，全中国变得怀旧了，我们民俗学就是喜欢旧，我们擅长这个。我们能够提供的就是老庙会、老天桥，可以满足乡愁弥漫的文化市场。民俗学这个学科显得比过去重要了，毕业生也容易找工作了，是件好事情。但有个问题，民俗学若是乐在其中，那就有点问题了。

四、家乡民俗学与乡愁

民俗学从它产生的第一天起就跟乡愁有关系。随便举几个例子，英国的民俗学是在 19 世纪，1846 年由一位考古学家、古物学家提出 folklore 这个词，听起来怪怪的，为什么是考古学家？恰恰是那些个旧物引发的乡愁起了作用。当时英国民俗学对这些古代的器物或乡下旧物的嗜好、偏爱，和现在中国怀旧的乡愁完全一样，没有什么区别。民俗学从一开始就执着于遗留物，热衷于丧失性叙事。明治维新的时候，日本传统文化的流失和它未来的命运，也是日本知识精英的焦虑，所以，日本民俗学也是充满了乡愁，而且也是通过乡愁的审美化以后，把乡土表述得非常美好，然后，教育日本人民要热爱乡土，热爱乡土的结果，最后经过几个概念的转换，就变成了日本版的爱国主义。日本人认为他们的乡土社会很淳朴，他们强调故乡和故土的这种美好的传统或者民俗，不断地这样去表述，这个过程实际上就跟高速发展的现代化构成了一种抗衡，在文化上形成一种均衡感。现在的日本被中国很多游客看成是高度现代化和对"传统文化"高度的重视，形成了很好的结合。它通过对传统乡土的美化，不断地抵抗，一方面在实现现代化，一方面在抵抗现代化，这就是为什么柳田国男在早期那么受欢迎的原因，因为他最早关注到通过传统文化的资源抗衡现代化，使现代化不要走得太过头。

安德明教授论证说我们中国民俗学其实就是家乡民俗学，吕微教授的评价是家乡民俗学可能是所有国家民俗学的特点，它是民俗学的纯粹发生形式，在哪儿都一样。的确，这是所有国家民俗学的出发点，发生学，都是从这儿来的。你离开家想家了，可你又回不去，萧放教授研究的《荆楚岁时记》就是这个情形。在北朝为官的作者回不去南方老家，他最后写了这个基于乡愁的作品，成为传世之作，这就是民俗学的著作。古代是这样，现代也是这样。刘宗迪教授说，民俗学家有两种状态，一种是把自己置之度外，把自己看作是在研究对象之外，我们跟它的关系是，它是它，我是我，主观与客观说得清楚；还有一种是，当说到过去往日的时候，就不同啦，好像我曾经经验过，好像我曾经知道，哪怕我是看书，知道的只是二手的，但也好像曾经体验过一样，我们想象那些消失了的过去是令人牵挂的，感慨的，令人唏嘘，是怀念的对象，它好像就活在我们头脑中某种部位。当社会混乱、国将不国之际，我们就会想到那部分，就想拿它来拯救这个社会。

受惠且纠结于特定时代乡愁的民俗学，它的正当性和重要性往往就来自它宣称它自己能够解决这些问题。民俗学家老是认为自己能够解决传统文化失落的问题，它的表述基本上是丧失性叙事，总是暗示自己可以阻止民俗文化的衰落和流失。中国社会科学院民族学与人类学研究所的刘正爱教授告诉我们，什么是丧失性叙事？举个例子，我们中国几百万个村落，每年消失多少个，于是，我们就担心得不得了，总是有那种怀旧心态，不掩饰地怀念过去的美好时光。萧放老师的课题组要重建道德，重归和谐家园，这就是民俗学的基本表述。民协做各种活动，开展调查，他们的文件说，调查这些村落是关乎国人本源性的家园命运的大事。当然，这样说并不是耸人听闻，因为他们揭示的过程是存在的，民俗传统确实是在流失，文化在变。当民俗学执着于追求本真性的时候，也就意味着剩下的东西不多了，少就变得珍贵，珍贵了就变成遗产需要保护，逻辑就是这样子的。但是，问题在于民俗学声称自己对这些东西有独特的保护能力，这可能经不起社会科学的追问，因为它的基本理念是文化纯粹性，比如说过去的是纯粹的、价值更高的，认为那些民俗或传统村落里面包含一些本质的意义、本质的价值。这个看法在现代民俗学看来是不成立的，其实，把乡土社会描述为和谐、道德、诗一般栖居，把传统文化描述为优美、纯粹、正宗、富有本质性的精神价值,这是丧失性叙述的基本表述,也是中国民俗学家目前的基本表述。但这个表述有一个巨大的漏洞,就是没有试图去理解为什么新一代的农民,反而越来越多地要选择在他们看来较为"优越"的都市化生活方式,既然那么好,他们为什么不要了?民俗学解释不了这个悖论,因为它完全看不到乡民们为什么努力进入都市型生活方式,完全不理解他们的渴望,对这种渴望也没有同情心,甚至没有起码的尊重和理解,这是我想比较尖锐地批评的地方。民俗学家和人类学家自身生活在现代社会,可就是要把乡愁寄托在其他一个什么地方,你们就好好在那儿待着,我想你们的时候,我就去看望你们。好像人家永远应该是土著,好像天桥永远是天桥,或者村落永远就应该是村落,古村镇就应该永远是古村镇,这样的民俗学是不是面临着深刻的悖论?

中国民俗学还有一个特殊的困难,是在中文的话语表述里,儒教的思想传统有一个"家国同构"的概念,所以,中国人在家乡、祖国、故乡这些概念之间转换自如。刚才讲的是家乡,一会儿变成民族文化了,家乡就变成民族,乡土就变成祖国。概念之间的这种转换,不需要论证,因为我们的母语里,或者是在我们的心目中存在一个共同的家国同构的理念,觉得就不需要论证了。可是,果真不需要论证吗,果真不需要质疑吗?一个村落或一个地方,比方说钟敬文教授的故乡的民俗在什么意义上讲,它可以代表中华民族?这个在方法论上需要经过检验。这个概念转换的过程,中国民俗学没有讲清楚。中国民俗学很自然地就认为,我研究了自己的家乡,也就等于研究了国家,那我很自然地就能拯救国家的文化传统。好像理所当然地我要给你们提供精神家园,这里有一种自命不凡的优越感,没有把自己当成一个普通的生活者,而把自己当成了拯救文化、为芸芸众生提供精神家园的英雄或圣人了。

山东大学的郭海红博士提到,日本直到最近,仍在建构美丽的乡土。从20世纪八九十年代以来到现在,日本社会一直在致力于把各地的乡土资源都调动起来,日本政府有一个故乡文化振兴事业,就是让各地的地方精英或民间社团,可以向政府申请项目,政府给钱,其理念就是支持故乡振兴事业,把故乡作为一个资源。我刚才讲过了,乡愁不只是消极的东西,它也可以变成创造性的东西。所以，他们所剩不多的农村都建设得很美丽。这一点，我们中国农村的现实就不同了，我们农村大量的精英人才，通过高考都被吸纳到城里去了，农村人逃离农村，这是非常现实的问题。更糟糕的是，城市人又把垃圾扔到农村去。我想讲的是，乡土并不是说不重要，民俗学对乡土的正面表述和情感性的渲染也不是完全没有意义，但确实还是需要民俗学有更为绵密的学术论证过程，做出一些更为地道和能够为社会所用的研究。民俗学不能够在自己的话语表述中，天马行空，毫无逻辑，如果你是一门学问，大概还是要有对若干关键词的定义，如果你自称是学者，大概就不能只是写一点抒发乡愁的文章。

中国民俗学这几年有一些好的动态和变化。差不多十年前，安德明教授主持了"家乡民俗学"的特辑，我认为这是一个非常重要的进步，不久前，又做了一个"乡愁"的特辑，也是很大的进展。我认为，还应该追问得再深一点。

五、现代民俗学需要超克乡愁

现在，我讲最后一段话。如果我们给民俗学定位，不管它是传统的还是现代的，大概都离不开如何安置乡愁这个问题。比如说，在座的各位都有权利说，我就原意做古代学，可以，对于做过去的研究，做遗留物研究，做古代学研究的民俗学家而言，其实不需要有多大的危机感，因为任何社会都有怀旧，即使是现在年轻的小姑娘，三十年后她们也会怀旧，怀旧的对象就可以是民俗学的对象，所以，民俗学不会有多大的危机，在某种意义上讲，只要乡愁存在，民俗学就有某种可以维持的存在。我说，传统民俗学是纠葛于怀旧和乡愁的朝后看的民俗学，这不一定就不对，如果民俗学满足了这方面的社会需求，那样的民俗学也未尝不可。但如果你对民俗学的定义，你自认是一个现代民俗学家，你要定义说想研究当下，要以现代社会为对象，要去研究现代日常生活的话，我觉得，那就需要把当代民众全部的日常生活方式纳入视野，而不是只挑出哪一部分。现代北京市民的生活，过年逛朝阳区的庙会是，可能在家打电话拜年也是，或者看春晚也是，甚至在家睡懒觉也是，问题是我们如何把它变成学术的对象。我觉得，现代民俗学如果要研究当下的话，那就有一个课题，你就需要超越乡愁。

不是说乡愁不好，而是说它妨碍你走向一门现代科学，而超越它最好的方式就是把它作为研究对象。不要让它影响你的研究，而你是把它看作研究对象，把乡愁对象化、客体化。民俗学家和乡愁保持清晰的适当的距离是重要的。佐野贤治教授是我原来在筑波大学做博士后时的老师，他的表述是民俗学不能没有明确的目标意识，否则，你就容易变得留恋过去，容易陷入怀旧情绪，他批评日本当代民俗学止步不前的原因，就是民俗学家欠缺顺应时代的观念。

中国民俗学发展到现在，最近出现了对乡愁的反思，我也觉得特别高兴。我今天讲这个题目，也是配合这一个动态。因为从对家乡民俗学的反思发展到对乡愁情绪的反思，是一个很好的变化。因为这种反思，它的结果就会是把乡愁看成一个研究的对象，乡愁是现代社会的一个情感、情绪的问题，现代社会的人怀旧，有乡愁，这其实也是现代生活中的一部分，是现代人把自己日常生活审美化的一部分。比方说，家里挂一幅年画，这个符号变成家庭审美布置的一部分；现代人逛庙会买一个东西回来，可能消费几天就扔掉了，比方说，面人，并不是真的把它当作一个玩具，而是说这个符号在现代人们的生活里有一种象征性消费的意义。我们应该是在现代都市市民日常消费生活中，去理解面人被消费的过程，而不是说面人就是一个独立传承的民俗，而家长给孩子买来的机器人玩具就不是民俗，这样，就不能完全理解现代社会。对现代社会的一个小孩来讲，电子游戏和玩面人哪一个重要？显然不是面人，面人的分量非常非常小，但它是现代社会的问题，或许不是孩子要玩面人，而是对现代家庭生活的一种点缀；可能不是孩子，而是他的父亲怀念儿时的玩具，所以，把它理解成现代社会审美的一种生活方式，乡愁就可以比较恰到好处地得到定位。但如果这样的话，我们民俗学截至目前所有的理念和方法论，都要进行重新检验，民俗学一些基本的理念和方法，比如说，遗留物、传统和遗产的理念，抢救和保护的理念，本真性和本质主义的理念，传承的理念，口述史和采风的方法等等。最近不是流行记忆性的方法吗？但记忆有时不那么靠谱，因为它可能是怀旧的，讲述过去就把过去美化了。中国讲反思"文革"，所有人都是受害者，极少有人讲自己是加害者，迫害过谁啦，只有讲我们家受委屈，没有一个人说我打过别人，你能找到这样的回忆录吗，太难啦。就是说，回忆录是有局限的，可能扭曲了那段历史。日本人对战争的记忆也是，把自己当成是受害者，我被原子弹炸了，南京大屠杀就不讲，知道我也不讲或装作不知道。所以，口述史的、记忆的方法，作为民俗学的方法有局限。如果你的研究依赖这个方法，就得有分寸，要知道这个方法的局限在哪里。

钟敬文教授曾经提到，应该研究现代社会的"活世态"，我觉得，现代社会的乡愁正是活世态的一部分。在这个意义上讲，中国民俗学不能够沉溺于其中，而是要跳出来，把它看作自己的研究对象。最后，我想说，都市化和生活革命导致形成了我们现代的日常生活，这个日常生活当然不会因为民俗学关心还是不关心它而不存在，你不关心，也会有别的学科关心。它可以没有你，但你是不是可以没有它？你如果愿意坚守传统民俗学，当然也可以待在乡愁里不出来，但你不能同时自诩自己是现代学；如果民俗学认为自己朝向当代社会，关注当下日常生活的话，那就不应该忽视了生活革命和它的后果，否则，这就是一句空话。

以上就是我今天讲演的内容，谢谢大家。

与陌生人打交道的心意与学问
——在乡愁与大都市梦想之"前"的实践民俗学[①]

吕 微

一、陌生人原则和熟人原则：先验与准先验知识

今天是"五四"青年节。一百年前的今天，《新青年》创刊[②]，新文化—新文学运动从此揭开了大幕，周作人作为中国民间文学—民俗学运动——新文化—新文学运动的一个方面或领域——的开创者、先驱者，提出了民间文学—民俗学运动乃至整个新文化—新文学运动的陌生人原则。但一百年后的今天，中国人（学者们一马当先）似乎要普遍地放弃当年的陌生人原则，而回归熟人原则了。[③]

何谓熟人原则？何谓陌生人原则？似乎并不需要做过多的解释，前者是产生于熟人共同体（community）的为人处世之道，后者是产生于陌生人社会

[①] 本文是作者2016年5月4日在北京师范大学社会学院的讲稿。这里所谓"前"乃逻辑上的"前"，而非时间上的"前"。
[②] 1915年9月15日《青年杂志》创刊，1916年9月1日更名《新青年》。
[③] "如果说享受代表神圣，那么对于节俭的关中人来说，一定有更为神圣的东西让他们孜孜以求，从而淡化美食的诱惑力，使其长时间可以忍受低水平的生活，这种神圣之物就是家庭，就是下一代的生活——这才是关中人的宗教，是他们神圣感的源泉。"陈辉：《过日子：农民的生活伦理》，社会科学文献出版社2016年版；转引自《新京报》2016年3月5日B01版"书评周刊"。

（community）①的待人接物之理。但是，也许，并不尽然，那么，还是让我用康德《纯粹理性批判》（"导言"）开篇的第一段话做进一步阐明：

> 我们的一切知识都从经验开始……按照时间，我们没有任何知识是先行于经验的，一切知识都是从经验开始的。但尽管我们的一切知识都是以经验开始，它们却并不因此就都是从经验中发源的。……是否真有这样一种独立于经验、甚至独立于一切感官印象的知识。人们把这样一种知识称之为先验的，并将它们与那些具有后天的来源、即在经验中有其来源的经验性的知识区别开来。②

以此，我把熟人原则类比为康德说的"从经验开始"即"在经验中有其来源""从经验中发源""具有后天来源"的"经验性知识"；而把陌生人原则类比为"独立于经验""先行于经验"即"并不因此就都是从经验中发源"的"先验知识"。这意思即是说，熟人原则在熟人共同体甚至陌生人社会的经验中有其来源，而陌生人原则却不是从陌生人社会更不是从熟人共同体的经验中发源的。具体地说，熟人原则可以从与熟人交往甚至与陌生人打交道的过往经验中归纳地抽象出来，而陌生人原则却不可能从与陌生人打交道的过往经验中归纳地抽象出来。

因为，既然是与陌生人打交道，就不可能有与陌生人打交道的过往经验。第一次打交道才叫陌生，第二次打交道就不再陌生；唯一一次打交道的人才是陌生人，不是唯一一次打交道的人就不再是陌生人。因此，陌生的意思就是一次性的面对，陌生人的意思就是面对世上独一无二之人，进而陌生人原则也就

---

① 中文"共同体"和"社会"、"社区"，在英文中可以不很严格地一并使用 community 来表达，尽管滕尼斯已经区别使用了 community 与 society。"人们的生活有时空的坐落，这就是社区。"这是费孝通对 community 的功能论理解和解释，即，我们只有在一定的时空条件下才能直观实体的社区，才能认识实体社区的功能，见费孝通：《乡土中国》，生活·读书·新知三联书店 1985 年版，第 25 页。
② 〔德〕康德：《纯粹理性批判》，邓晓芒译，人民出版社 2004 年版，B1—2，第 1 页。"先验的"，邓晓芒译文原作"先天的"。

是面对世上独一无二之人一次性地打交道的先验原则，①用康德的话说，就是独立于经验、先行于经验，或者说，并不是从经验——无论是熟人共同体的中国经验，还是陌生人社会的西方经验——中发源的先验知识。

不是第一次打交道，不再是唯一打交道的人，就会化生为熟，熟悉（总结）出一套如何与陌生人打交道的经验性知识。有一部电视连续剧的名字叫《不要和陌生人说话》，②讲的就是因多次与陌生人打交道而化生为熟的陌生人原则，以此，虽然说是陌生人原则，实际上已经是通过不止一次地与不同的陌生人打交道的过往经验而归纳地抽象出来的、与肯定性的熟人原则（例如"可以和熟人讲话"）相对应的否定性的熟人原则（即如"不要和陌生人说话"），用康德的话说，凡熟人原则，都是在经验中有其来源的经验性知识。但是，尽管熟人原则是在经验中有其认识来源的经验性知识（认识的结果），一旦被实践地使用，也会被用作肯定性经验或否定性经验的准先验原则（实践的原因）。

很有些出自经验来源的知识，我们也习惯于说我们能够先验地产生它或享有它，因为我们不是直接从经验中，而是从某个普遍规则中引出这些知识来的，但这个规则本身又仍然还是借自经验的。所以我们会说一个在挖自己房子基础的人：他本可以先验地知道房子要倒，即他不必等到这房子真的倒下来的经验。但他毕竟还不能完全先验地知道这件事。因为他事先总归要通过经验才得知，物体是有重量的，因而若抽掉它们的支撑物它们就会倒下来。③

---

① 与笔者的观点不同，赫勒认为："'自在的'类本质活动是重复性的活动，单一性的行为不是习惯行为；偶然一次处理的对象不会由此成为富有具体意义的对象；唯一表达过的词不是词。"〔匈〕赫勒：《日常生活》，衣俊卿译，黑龙江大学出版社2010年版，第8—9页。
② 薛晓璐、姜伟编剧，张建栋、吴孝明导演：《不要和陌生人说话》（23集电视连续剧），湖北唯艺传播有限公司，2002年。
③ 〔德〕康德：《纯粹理性批判》，邓晓芒译，人民出版社2004年版，B2，第2页。"先验地"，邓晓芒译文原作"先天地"。

人的实践不同于动物的行为，就在于人的实践是意志自由地决定实践目的、实践态度的有理由的原则性行为。由于人的实践目的、实践态度的实践理由即实践原则，总是意志先于经验性知识的认识结果而"先验地产生"的实践原因，所以意志自由地决定的实践原因，在任何情况下都是一个先验自由的实践原则。然而，尽管人的实践原因总是一个先验自由的实践原则，但是，作为先验原则的实践原因，意志的自由决定却可以有不同的选择：或者选择先验知识，或者选择经验性知识，以作为实践的原因。尽管经验性知识不能先验地决定自由意志（否则意志就是不自由的），但自由意志却可以反过来先验地选择经验性知识作为实践的原因（否则意志还是不自由的），这就是作为实践原因的经验性知识的准先验原则，以区别于自由意志先验地选择的作为实践原因的先验知识的纯粹先验原则。

这样，由于经验性知识也可以被意志自由地选择为准先验原则，我们也就知道，被用作先验原则的先验原则并非都是先验知识，其中也包括被用作准先验原则的经验性知识。对于本文来说，这类经验性知识包括：发源于熟人共同体的肯定性熟人原则，以及发源于陌生人社会的陌生人原则。后者其实并非真正的陌生人原则，而是否定性的熟人原则。而真正的陌生人原则是说，无论我们面对的是陌生人还是熟人，始终把不是从经验中归纳地抽象的先验知识用作实践目的、实践态度的实践理由即实践的纯粹先验原则；反过来也就意味着，所谓熟人原则是说，无论我们面对的是熟人还是陌生人，始终把从经验中归纳的抽象的经验性知识用作实践目的、实践态度的实践理由即实践的准先验原则。

以此，所谓先验知识、先验原则与经验性知识、准先验原则之别，就是在与熟人交往或者与陌生人打交道的时候，主体意志的自由决定的不同根据。即作为准先验原则和纯粹的先验原则，二者之间的相异之处，并非分别地起源于熟人共同体和陌生人社会（这是应该悬置的），而是分别地发源于经验性知识或先验知识（这是应该进一步还原的）——准先验原则既产生于熟人共同体也产生于陌生人社会；纯粹先验原则既不是发源于陌生人社会也不是发源于熟人共同体——同样道理，作为先验原则，准先验原则和纯粹的先验原则，也就并非只能分别地应用于熟人共同体和什么人社会。正如周作人说过的："我们说贵族的平民的，并非说这种文学是专做给贵族，或平民看，专讲贵族或平民的生活，或是贵族或平民自己做的。不过说文学的精神的区别，指它的普遍与否，真挚与否的区别。"① 亦即，即便面对的是陌生人，我们也可以用否定性的熟人原则化生为熟；即便面对的是熟人，我们也可以用陌生人原则化熟为生。这就是说，陌生人原则是主体从自身（自由主体）中"先验地产生"的先验知识，被用作与其他主体的陌生人打交道的先验原则；而熟人原则则是主体从对象（自然客体）中经验性地产生的经验性知识，被用于与被视为客体的熟人和陌生人打交道的准先验原则。

被用作熟人原则的经验性知识，可以告诉我们如何与现实中不同类型的熟人交往，甚至可以告诉我们如何与可能是不同类型的陌生人打交道，因为，从经验中发源的经验性知识，其内容是无穷无尽的②，例如"不能信任陌生人"，但也"不能完全信任熟人"，"只能信任熟人中的好人"，"不能信任熟人中的坏人"，"只能相信变老的好人"，"不能相信变老的坏人"③。而陌生人原则，则无法为我们提供如何与熟人、陌生人以及好人、坏人打交道的无穷无尽的经验性知识。因为，被用作陌生人原则的先验知识，其实只是一个唯一性的定言命令（因为与陌生人打交道永远是一次性的），即在对陌生人没有任何经验性知识的认识结果之前，如果我们仍然希望、愿意（应该且能够）与陌生人打交道，那么，除了以相信、信任的敬重态度（就像安徒生说的"老头子总不会错"）甚至信仰的爱的情感，视对方为平等人格的自由主体（即便对方不是好人而是坏人）——这就是作为陌生人原则的先验知识告诫我们的唯一的实践目的、实践态度的实践理由——此外，更无其他能够被用作实践目的、实践态度的实践理

---

① 周作人：《平民文学》，载《周作人民俗学论集》，上海文艺出版社 1999 年版，第 278 页。
② "在以意愿的他律为先决条件的情形下该做何事，这是难以把握的，就需要万事通。"〔德〕康德：《实践理性批判》，韩水法译，商务印书馆 1999 年版，S.36，第 39 页。
③ 《不是老人变坏了而是坏人变老了》，http://bbs.tianya.cn/post-45-1598454-1.shtml，2013-10-15-20:55:32。

由的先验原则的先验知识；否则，与陌生人打交道就是不可能的。①

---

① "'人'不是胡适这个存在者的自身存在，而只是他这个存在者的一个角色，一个身份，就如说'胡适是北大校长'，这里的'校长'并不是胡适这个存在者本身，而只是他在人群中充当的一个特定的角色。不同的是，'北大校长'这个'角色'并不是非胡适这个存在者承担不可，但'人'这个角色却是胡适这个存在者在关联世界一定要充当的。相对于'北大校长'、'中国驻美大使'这些角色而言，'人'这个角色性存在对于胡适这个存在者来说更具有根本性意义。因为只有当胡适这个存在者作为不同于牛、羊、草、木而又与牛、羊、草、木共同处在逻辑—关联空间里的'人'这个角色存在，他才有可能进一步是校长、大使、哲学家等等角色。'人'这个角色性存在是胡适这个第一本体在进入了种、属关联，也即进入了与他物（牛羊草木等等周遭万物）的关联中首先呈现出来的一种最根本性的存在形态。因此，'人'这种角色性存在便有了本体的地位。"黄裕生：《真理与自由——康德哲学的存在论阐释》，江苏人民出版社 2002 年版，第 28 页。"这是一种实践的信仰情感，也是一种饱含着信仰情感的实践。因此，民间文学体裁叙事行为的对话不是一般的对话，而是具有神圣性的对话。"户晓辉：《民间文学的自由叙事》，社会科学文献出版社 2014 年版，第 171 页。"这种伦理关系同时也是一种本源的信仰实践关系。"同上引书，172 页。"这种伦理关系不是一种认识关系，而是一种信仰实践关系……民间文学体裁叙事行为的表演激发起来的情感不仅是一般的情感，也是一种信仰情感。"同上引书，第 173 页。"我与你的关系是一种伦理关系，这种关系基于信仰情感而不是对象化的认识。我相信你是你，我相信你是我的你，对我而言你就是你，你就是我的你。我从信仰情感上相信你是你，我在信仰情感上固执己见。民间文学体裁叙事行为的发生和存在中蕴含着这种深层的信仰实践关系不会随着认识干扰的大小而消失，只能随着这种干扰的变化而时隐时现。换言之，民间文学体裁叙事行为中的我与你关系不由对象化认识的因果关系决定，而是由伦理的信仰实践关系决定，这也就意味着它由实践的自由意志决定。"同上引书，第 174 页。"正因为民间文学的体裁叙事行为是人在生活世界中的一种含有信仰情感的实践活动，所以，民间文学研究也不是理论性的实证科学，而是一门包含着信仰情感的实践科学。"同上引书，第 174 页。"民间文学也是人在生活世界中的一种体裁叙事行为的实践形式，这种实践形式无关乎科学，而关乎人的行为伦理和信仰情感。"同上引书，第 224 页。"作为实践主体的民间文学求民主、争自由的运动历程最终通向的不是科学，而是实践、伦理、信仰情感与爱。因为爱与自由总是相伴而生。爱不仅是一般的情感，更是一种信仰情感。初看起来，这种信仰情感包含着两个层面，首先是我对你的信仰情感，更确切地说，是我对绝对的你的信仰情感。其次是我对未来的信仰情感。因为我看不见未来，但我又不能没有未来，因为没有未来就没有希望和时间，也就意味着没有我和民间文学的存在。所以，尽管未来不能让我看见和认识，但为了我和民间文学的存在，我必须相信有未来，这是我和民间文学共同的存在条件。问题是，在民间文学体裁叙事行为的表演中，你往往就是我的未来。虽然你可能不是我的未来的全部，但至少是我的一部分未来，在这个意义上，我对你的信仰情感就变成了我对未来的信仰情感。换言之，这两种信仰情感重叠和汇流在了一起。进而言之，'你'也来自语言，因为'你'的故乡是语言，'你'把语言和未来的时间联结在了一起，这也意味着，我与你在语言和时间中相遇，人与本源的时间也在语言中照面。一言以蔽之，人在语言和本源的内在时间中发生我与你通过民间文学体裁叙事行为来对话的关系，这就是民间文学表演的真相和本质。""如果语言是一个绝对的你，那么，这个绝对的你就是我和民间文学的真正未来，民间文学包含着这种我对绝对的你的信仰情感，这也是我对语言（因为绝对的你来自并且体现在语言之中）和未来的信仰情感，因而也就包含着一种绝对的爱。"同上引书，第 228 页。关于民间文学体裁叙事表演实践不是对陌生人的认识关系，而是人格之间的信仰关系，参见上引书第三章"民间文学体裁叙事行为的公共伦理条件"，第 111—174 页。

当然，你也可以用准先验的实践原则即熟人原则的经验性知识与陌生人打交道；然而，一旦你用了熟人原则的经验性知识，你就把陌生人熟人化，即用不同的熟人原则的经验性知识对待唯一的陌生人了；而用熟人原则的经验性知识——与熟人打交道的各种不同的实践手段——对待陌生人，如果你在把对方视为你的实践手段的同时，还没有忘记应该把对方视为你的实践目的，即让对方作为自由主体的平等人格得到应有的尊重与爱，从而你与对方就能够互为实践的手段和实践的目的，你的自由意志就会面临在实践目的、实践态度的纯粹先验理由和准先验理由，即发源于先验知识的纯粹先验原则和发源于经验性知识的准先验原则之间如何选择、决定的两难问题。

二、实践论的"爱人如己"与认识论的"推己及人"

我们已经讨论了被用作纯粹先验原则的陌生人原则的先验知识，以及被用作准先验原则的熟人原则的经验性知识；反过来说就是，先验知识的纯粹先验使用的陌生人原则，以及经验性知识的准先验使用的熟人原则。下面，我用"个人"或"己"作例子具体地说明熟人原则的经验性知识与先验知识的陌生人原则，在人与人之间交往、打交道时的不同用法。之所以特别用个人或己作例子，是因为，陌生人原则和熟人原则之不同，不在于其逻辑起点（主体先验的自由意志①）的不同——二者作为先验原则，都是主体的自由意志、②主观态度之有目的、有理由的实践使用——而在于实践地使用的不同形式、不同方法（不同用法），及其不同的结果即不同的内容。即，无论是陌生人原则，还是熟人原则，在逻辑上都起源于先验的个人或己（从作为自由主体的"个人做起"），

---

① "自我主义并不限于拔一毛而利天下不为的杨朱，连儒家都该包括在内。"费孝通：《乡土中国》，生活·读书·新知三联书店 1985 年版，第 31 页。
② 康德区分了普遍立法的自由意志和任意选择的自由意志，这里暂不区分，参见吕微：《两种"自由意志"的实践民俗学——民俗学的"知识谱系"与概念间逻辑》，未刊。

即都是从主体实践的自由意志出发,先验地建构人己之间相互交往、交流的方式,但同样的人与人之间打交道的方式,前者在把他人当作自己的实践目的的功能性手段;后者在把他人当作自己的实践目的的功能性手段的同时,也把他人当作自己的道德性实践目的。① 在后者的条件下,自己和他人先验地、交互地被用作实践手段(自然主体,其实是自然客体)和实践目的(自由主体)。我们先来看推己及人的熟人原则的经验性知识。

> 以"己"为中心,象石子一般地投入水中,和别人所联系的社会关系,不象团体中的分子一般大家立在一个平面上的,而是象水的波纹一般,一圈圈推出去,愈推愈远,也愈推愈薄。在这里我们遇到了中国社会结构的基本特性了。我们儒家最考究的是人伦,伦是什么呢?我的解释就是从自己推出去的和自己发生社会关系的那一群人里所发生的一轮轮波纹的差序。②

费孝通先生在以上引文中说的"我的解释就是……"这句话的意思是:差序格局是对被对象化、客体化的自然主体之间的人己关系的经验性认识结果即经验性知识,正是根据起源于自然主体之间差序格局的人己关系的经验性认识,我们才可能归纳地抽象出一整套适合于自然主体之间如何为人处世、待人接物的经验性知识,并将其用作主体的自由意志先验地选择、决定的把其他主体仅仅作为自己的实践目的的实现手段(工具)的先验理由或主观态度的准先验原则即熟人原则。但是这同时也就意味着,其他主体一旦被先验地视为与主体自身一样具有自由意志、有平等人格的自由主体,主体自身就必然可能(并非必然现实)给出("提倡")完全不同于经验性知识的熟人原则,即视其他主体为与主体自身互为实践手段和目的的先验知识的纯粹先验原则即陌生人原则。

---

① "[己]是差序格局中道德体系的出发点。"费孝通:《乡土中国》,生活·读书·新知三联书店1985年版,第31页。
② 费孝通:《乡土中国》,生活·读书·新知三联书店1985年版,第25页。

中国现在成了民国，大家都是公民。①

我们现在应该提倡的新文学，简单的说一句，是"人的文学"。应该排斥的，便是反对的非人的文学。

这样"人"的理想生活，应该怎样呢？首先便是改良人类的关系，彼此都是人类，却又[先验地]各是人类的一个[自由主体]。所以须营一种利己而又利他，利他即利己[的互为手段和目的]的生活。

这样"人"的理想生活，实行起来，实于世上的人无一不利。

所以我们要在文学上略略提倡，也稍尽我们爱人类的意思。

我所说的人道主义……乃是一种个人主义[的互为手段和目的]的人间本位主义。

所谓利己而又利他，利他即是利己，正是这个意思。所以我说的人道主义，是个人做起。要讲人道，爱人类，便须先使自己有人的[自由主体的先验]资格，占得人的[自由主体的先验]位置。耶稣说，"爱邻如己"。如不先知自爱[为先验的自由主体]，怎能"如己[自由主体]"的爱别人呢？

人的文学，当以人的道德为本。②

这样，我们就认识到准先验原则（经验性知识实践地使用的自由意志）的另外一层含义——准先验原则的实践使用，会让自由主体重新沦落为不自由的自然主体③——即，如果主体仅仅视其他主体为实现自身实践目的的手段，则

---

① 周作人：《平民文学》，载《周作人民俗学论集》，上海文艺出版社1999年版，第278页。"周作人则更强调民间文学与作家文学的统一而形成崭新的'公（平）民文学'"，"周作人看出民间文学能够迈向公民文学的深意所在"。户晓辉：《民间文学的自由叙事》，社会科学文献出版社2014年版，第32、146页。
② 周作人：《人的文学》，载《周作人民俗学论集》，上海文艺出版社1999年版，第269、271—272、274页。
③ "我与他或她的角色联系随时可能侵入甚至威胁到我与你的人格关系。""在民间文学体裁叙事行为的表演场域中，尽管我可以把你当作你，但你却随时可能'失落'而变成他、她。"户晓辉：《民间文学的自由叙事》，社会科学文献出版社2014年版，第165、172页。

主体自身也就不会成为自由主体，因为如果其他主体被主体视为实现自身实践目的的手段、工具即对象、客体，人与人之间的关系就只能失之于自然主体之间根据经验性知识的交往或交流，以此，主体自身也就不再出于自由意志，在主体自身并非出于自由意志的非先验条件下，主体自身又如何能够用纯粹的先验原则对待其他主体呢？以此，实践的准先验原则，最终就仍然只能是一项经验性的实践原则。反过来说，唯有在也视其他主体为自由主体的自由条件下，主体自身才能够成为自由主体，作为自由主体的主体自身也才能够用纯粹先验原则的陌生人原则对待其他主体，即"先使自己有人的［自由主体的先验］资格，占得人的［自由主体的先验］位置"，主体才能够先验地"'如己［自由主体］'的爱别人"，即用纯粹的先验原则对待与自身一样拥有自由意志、具有平等人格的陌生人。

  人生的文学……是人类的，也是个人的；却不是种族的，国家的，乡土及家族的。
  这人道主义的文学，我们前面称它为人生的文学，又有人称为理想主义的文学；名称尽有异同，实质终是一样，就是个人以人类之一的［自由主体的先验］资格，用艺术的方法表现个人的［先验］感情，代表人类的［自由］意志，有影响于人间生活幸福的文学。……人道主义的理想是他的信仰，人类的［自由］意志便是他的神。①

周作人关于"人的文学""人生的文学"的上述说法，显然不是从种族、民族、国家、家族、家庭的自然主体之间的人己关系的客观事实出发，经验地归纳、分析地抽象出来的经验性知识的熟人原则，而是在经验地认识自然主体之间的人己关系的客观事实之前，就根据自由主体之间人己关系的"个人自由的人间本位主义"的"理想""信仰"的主观"事实"出发，"先［验地］使自己

---

① 周作人：《新文学的要求》，载《周作人民俗学论集》，上海文艺出版社 1999 年版，第 283、286 页。

有人的［自由主体的先验］资格，占得人的［自由主体的先验］位置"，"从［自由主体的］个人做起"，推己及人——以自由主体的先验资格视其他主体同为有先验资格的自由主体——地"爱人类"，即"先知自爱［为先验的自由主体］"，"如己［自由主体］"地"爱别人"为自由主体的先验知识的陌生人原则。

周作人把文学划分为"贵族文学"、"平民文学（民间文学）"的做法，是凡学过大学中文课程的本科生都熟悉的。这里强调的是，与费孝通对被视为自然主体的人己关系的客观事实的经验性认识、经验性知识不同，周作人所谓的贵族文学与平民文学，并非只是在时间中"最初与经济状况有关"的客观性事实，而首先是在逻辑上"假定"的"对于人生的两样［主观性］态度"的纯粹先验认识、先验知识。

> 在文艺上可以假定有贵族的与平民的这两种精神，但只是对于人生的两样态度，是人类共通的，并不专属于某一阶级，虽然它的分布最初与经济状况有关，——这便是两个名称的来源。……前者是要求有限的平凡的存在，后者是要求无限的超越的发展；前者完全是入世的，后者却几乎有点出世了。
>
> 从文艺上说来，最好的事是平民的贵族化，——凡人的超人化，因为凡人如不想化为超人，便要化为末人了。①

这就是说，同样的推己及人、爱人如己的逻辑起点，即自由意志的实践主体（个人或己），如何看待、对待其实践的对象（其他主体及其实践），或者视其为经验性认识的客体化对象，或者视之为先验地信仰的主体性理想，对于中国现代民间文学—民俗学的开创者、先驱者的周作人以及鲁迅来说，具有完全

---

① 周作人：《贵族的与平民的》，载《周作人民俗学论集》，上海文艺出版社1999年版，第288、289页。"末人"，今谓之"烂人"、"渣人"是也。"能够促使我与他、她的关系转变为我与你关系的传承，就是好的民间文学，反之则是坏的民间文学。"户晓辉：《民间文学的自由叙事》，社会科学文献出版社2014年版，第173页。

不同于费孝通社会学经验论认识论意义的民俗学先验论实践论的目的论、方法论价值；而且，周氏兄弟不仅在实践目的和态度上主张理想主义的先验论陌生人原则，同时也在行动的理由中身体力行了他们信仰的理想。

三、《一件小事》：实践目的论的精神现象学转变

> 刚近S门，忽而车把上带着一个人，慢慢地倒了。跌倒的是一个女人，花白头发，衣服都很破烂。伊从马路边上突然向车前横截过来；车夫已经让开道，但伊的破棉背心没有上扣，微风吹着，向外展开，所以终于兜着车把。幸而车夫早有点停步，否则伊定要栽一个大筋斗，跌到头破血出了。伊伏在地上，车夫便也立住脚。我料定这老女人并没有伤，又没有别人看见，便很怪[车夫]他多事，要自己惹出是非，也误了我的路。我便对他说，"没有什么的。走你的罢！"车夫毫不理会，——或者并没有听到，——却放下车子，扶那老女人慢慢起来，搀着臂膊立定，问伊说："你怎么啦？""我摔坏了。"我想，我眼见你慢慢倒地，怎么会摔坏呢，装腔作势罢了，这真可憎恶。车夫多事，也正是自讨苦吃，现在你自己想法去。车夫听了这老女人的话，却毫不踌躇，仍然搀着伊的臂膊，便一步一步的向前走。我有些诧异，忙看前面，是一所巡警分驻所，大风之后，外面也不见人。这车夫扶着那老女人，便正是向那大门走去。①

这是几乎100年前（"民国六年的冬天"即1917年冬天）发生在北平的"一件小事"，当事人之一是后来（1923—1926年）任北京女子师范大学国文系讲师的鲁迅，1931年北京女子师范大学并入北京师范大学，所以，当年发生在鲁迅身上的这件小事，也可以说就是发生在北京师范大学的一位老师身上的一

---

① 鲁迅：《一件小事》，《晨报》1920年7月，收入鲁迅《呐喊》。

件事情。

现在就让我们来看一看，当年北京师范大学的老师鲁迅，是如何看待发生在自己身上的这件小事的。换句话说，面对"老人变坏了"还是"坏人变老了"的百年问题，当年的鲁迅究竟给出了怎样的回答。面对一位跌倒在地的老人，扶？还是不扶？整整一个世纪过去了，这一哈姆雷特式的问题，至今没有降低其直逼人的灵魂的拷问烈度。但是对于当年的鲁迅来说，这究竟是一个什么性质的问题呢？是一个熟人共同体或者陌生人社会（社区）的客观性经验事实问题？还是一个熟人原则或者陌生人原则的主观性先验态度——主观性或主观间客观性的准先验态度或先验态度——问题？其间的区别不可不论。

我们可以设想，如果这件小事发生在熟人共同体，那么，连带着发生上述哈姆雷特式问题的概率较低，即，或者根据先验知识（用作实践的先验原则），即便跌倒在地的老女人不是鲁迅的母亲鲁瑞或者鲁迅的原配夫人朱安，鲁迅也一定会不让车夫地抢先下车，把老女人搀扶起来，因为这是道德原则先验地要求的。或者根据经验性知识（用作实践的准先验原则），鲁迅就是拒不下车，因为根据对老女人平日品性的清楚了解，[①]鲁迅"料定这老女人并没有伤"，"我想，我眼见你慢慢倒地，怎么会摔坏呢，装腔作势罢了，这真可憎恶"，从而断定这老女人来这一手，就是想碰瓷。但是无论怎样"或者"，鲁迅都不会犹豫不决，相反会"毫不踌躇"地给出问题的答案。

在熟人共同体中，道德约束力，不仅出自人的内心的良知（大传统），也来自人心之外——惯习、宗法、舆情，以及长老——的权威（小传统），在狭小的自然活动空间中，后者的力量有时更甚。以此，无论"人活一张脸，树活一层皮"也好，"树活一层皮，人活一口气"也好，见到老人跌倒而不上前搀扶，自然会被人耻笑甚至遭人斥骂而无地自容，毕竟，"老吾老以及人之老"是熟人共同体一贯奉行的行为准则。但也正是因为在面对面的熟人共同

[①] "每个孩子都是在人家眼中看着长大的，在孩子眼里周围的人也是从小就看惯的。这是一个'熟悉'的社会，没有陌生人的社会。"费孝通：《乡土中国》，生活·读书·新知三联书店1985年版，第5页。

体中①，平日里谁好谁坏谁心地善良谁生性狡诈，"抬头不见低头见"，大家无不心知肚明，因而像"装腔作势"地碰瓷这样"真可憎恶"的事情，倒也很少发生，即便是发生了，根据熟人共同体的经验性知识而被实践地用作准先验原则的熟人原则，无论是谁都能够立即做出判断——好人肯定不会碰瓷，碰瓷的肯定是坏人——则碰瓷的目的也就很难达到预期的结果。

在传统熟人共同体中难得发生的哈姆雷特式的两难问题——先验原则命令应该扶老人，经验性知识认识到不能扶坏人——在现代陌生人社会中，因自然空间的拓展，却是经常发生的，因为，尽管先验原则是普遍地适用于无论熟人共同体还是陌生人社会，但是在无限扩大的自然空间中，经验性知识的普遍化适用性大大降低。但是，无论熟人共同体，还是陌生人社会，毕竟都只是哈姆雷特式问题之所以发生的自然条件②，就自然条件而言，熟人共同体和陌生人社会其实只有程度上的差异，而没有本质上的差别。③在自然空间（无论是熟人共同体还是陌生人社会）中，随着经验的积累，陌生人可以变成熟人；而随着经验的匮乏，再熟的人也会重新变回陌生人。以此，传统的熟人共同体只是一定程度地遮蔽了哈姆雷特式的问题，而现代的陌生人社会也只是更大程度地突显了哈姆雷特的问题，二者作为经验性的自然（语境）条件，都不是哈姆雷特式问题的先验自由（超语境）的必然条件。而在悬置了哈姆雷特式问题的经验性自然（语境）的或然条件——熟人共同体和陌生人社会——之后，经验

---

① "乡土社会的一个特点就是这种社会的人是在熟人里长大的。用另一句话来说，他们生活上互相合作的人都是天天见面的。在社会学里我们称之作 Face to face group，直译起来就是面对面的社群。""在熟人中生活的，是个乡土社会。"费孝通：《乡土中国》，生活·读书·新知三联书店 1985 年版，第 10 页。
② "'做生'和'祝寿'只是为刘泽刚的表演提供了机会，并不是他表演的条件。决定他表演的条件是有没有'你'（无论是否陌生）作为听众。"户晓辉：《民间文学的自由叙事》，社会科学文献出版社 2014 年版，第 141 页。
③ 从功能理论的角度看，熟人共同体与陌生人社会之间没有实质性的差别，尽管看起来，"从礼治社会变为法治社会"，"代表了社会性质的改变"（费孝通：《乡土中国》，生活·读书·新知三联书店 1985 年版，第 5 页），就社会功能来说，"礼和法不相同的地方 [仅仅] 是维持规范的力量。法律是靠国家的权力来推行的……而礼却不需要这有形的权力机构来维持。维持礼这种规范的是传统"（同上引书，第 50 页）；唯独就实践目的而言，熟人共同体与陌生人社会之间才有实质性的差别，详见下文注释。

性知识与先验知识被一并用作实践的先验原则——纯粹先验原则和准先验原则——的主体实践的自由意志,就是哈姆雷特式问题之所以发生的先验自由(超语境)的必然条件。

这就是说,鲁迅当年遭遇的"扶不扶"的哈姆雷特式两难问题,并非一定只能发生于陌生人社会,而必定不会发生于熟人共同体,但却必然是发生于主体自由意志的不同实践目的、实践理由——熟人原则和陌生人原则,即准先验原则和纯粹的先验原则——之间的主观间意向性态度冲突。正是以此,我才认为,当年的鲁迅对待老女人和车夫的先后不同的态度转变——根据鲁迅的自述,他是先"憎恶"而后"诧异""仰视""惭愧",最终因"自新"而"增长了我的勇气和希望"[①]——并非熟人共同体的旧社会嬗变为陌生人社会的新社会的经验性事件,而就是两种态度的主观间意向性之争的先验事件。对此先验事件,我的问题是:鲁迅态度的脑筋急转弯式的前后大转变,在现象学地悬置了其共同体—社会的客观性自然条件之后,究竟是如何主观地、自由地发生的?

承认《一件小事》讲述的是一桩发生在陌生人社会(但并非不可能发生在熟人共同体)的先验事件,却并不是否认陌生人社会也是此先验事件的经验性自然(语境)条件。没有了熟人共同体的经验性知识的比较普遍性的过往保证,一旦进入陌生人社会,以经验性知识的比较普遍性为或然性条件的人与人之间对对方实践目的、理由的真实性与真诚性的信任感、信赖度,就会大打折扣。鲁迅就是这样,在不了解老女人之为人即经验性知识匮乏的条件下,鲁迅对老女人没有起码的信任感和信赖度。但这并不是问题的关键,问题的关键是,鲁迅并没有视老女人为应该相信、信任的陌生人(自由主体),而是视老女人为可以认识但尚未认识的熟人(自然主体或客体),面对自然主体(客体),在并不了解对方品性的知识匮乏的认识条件下,鲁迅不相信、不信任老女人,似乎是正常的;进而鲁迅根据经验性知识而将熟人原则("不要陌生人说话")用作实践的准先验原则,而不相信、不信任老女人实践目的、实践理由的真实性与

---

① 鲁迅:《呐喊・一件小事》。

真诚性，似乎也就是正当的。

　　如果说，鲁迅是在陌生人社会中，将经验性知识用作实践的准先验原则即熟人原则，来处理与陌生人之间的关系；那么车夫又是根据什么原则，来处理与老女人之间的关系呢？显然，与鲁迅一样，车夫可能同样"料定这老女人并没有伤"，因为"车夫早有点停步"，且"眼见"老女人"慢慢倒地"，以此，老女人"怎么会摔坏"呢？但是，车夫仍然问老女人道："你怎么啦？"且相信伊"摔坏了"，尽管老女人之"摔坏了"，多半是因为"伊的破棉背心没有上扣，微风吹着，向外展开，所以终于兜着车把"的缘故，而与车夫本人并无直接的干系，因而车夫的"多事"反而可能"自己惹出是非""自讨苦吃"呢！

　　但是，"车夫听了这老女人［自述'摔坏了'］的话，却毫不踌躇，仍然搀着伊的臂膊，便一步一步的向前走"。以此，我们可以断定，车夫的行事原则，并非熟人原则，因为，根据实践的准先验原则的熟人原则的经验性知识，我们不能排除老女人碰瓷的可能性，而且，即便老女人不是为了碰瓷，车夫这样做的结果，也会为自己找来麻烦。但是，如果车夫的行事，根据的不是熟人原则，那么就只可能是根据的陌生人原则了。因为只有根据陌生人原则的先验知识，我们才能够有效地阐明，在对对方为人、品性的经验性知识或然地匮乏的自然（语境）条件下，陌生人之间的交往、交流之所以能够有效地进行下去——在《一件小事》中就是"车夫扶着那老女人，便正是向那大门走去"的后续事件——之必然可能的（超语境）自由条件。

　　根据实践目的纯粹先验原则的陌生人原则，如果我们希望与在陌生人真诚地交往、诚实地打交道，在经验性知识完全匮乏的认识条件下，我们就只能用自己的爱心，信任对方、相信对方，甚至敬重地信仰对方是一个诚实、真诚的好人，只有这样，陌生人之间的交往、交流才是必然地可能且可能是现实的。陌生人原则先验地要求于主体自由意志的就是，与陌生人的任何一次交往，始终都是第一次交往，都是一次性交往；即交流的对象，始终是唯一性的交流对象。陌生人原则并不要求对交往交流对象有经验性知识的认识条件才实践地应用陌生人原则，而是先于任何经验性知识并将其用作准先验原则的熟人原则之前，就应用先验知识的陌生人原则。

为车夫应用先验知识的陌生人原则对待老女人的做法所震撼，鲁迅的态度也发生了根本的转变。这就是说，鲁迅旋即放弃了熟人原则，而选择了陌生人原则，即用车夫对待老女人的陌生人原则，转而对待车夫本人。这样的转变究竟是如何发生的呢？实际上，正如鲁迅并不了解老女人一样，鲁迅同样不了解车夫，对于鲁迅来说，车夫与老女人一样，同为在陌生人社会的自然空间中相遇的、从经验性知识看来的陌生人即可能的熟人。但问题的关键并不在于老女人和车夫是否是鲁迅的经验性知识中的陌生人即可能的熟人，而在于鲁迅以怎样的先验原则的主观态度对待他们。显然，鲁迅最初是以被用作准先验原则的经验性知识的熟人原则无端揣测他们的实践目的和实践理由，于是，鲁迅才会根据经验性知识而推测，老女人是"装腔作势"。但是，对于车夫为什么用陌生人原则对待老女人，鲁迅无法理解。鲁迅尝试用熟人原则解释车夫对待老女人的主观态度的"多事""惹出是非""自讨苦吃"，但是就在一刹那间，鲁迅的思想突然短路了，或者说被一种因无法理解、无法解释而产生的巨大思想冲击波所阻断："我的活力这时大约有些凝滞了，坐着没有动，也没有想。"[①] 但是，车夫为什么要帮助老女人？这仍然是思想短路的鲁迅无法想却又不能不想的问题。

车夫为什么帮助老女人，是因为车夫与老女人是熟人吗？不是，车夫并不认识老女人。是车夫牵扯老女人跌倒在地吗？也不是，在老女人"从马路边突然向车前横截过来；车夫已经让开道"，"幸而车夫早有点停步，否则伊定要栽一个大筋斗，跌到头破血出了"，是老女人的"破棉背心没有上扣，微风吹着，向外展开，所以终于兜着车把"，自己跌倒在地的。是有人看见了上面的一幕，车夫害怕自己被别人误解为不负责任吗？更不是，当时并"没有别人看见"，车夫无须担心别人对自己可能的指责。那么，"便很奇怪车夫多事"，为什么偏"要自己惹出是非""自讨苦吃"呢？

---

① 鲁迅：《呐喊·一件小事》。

答案只有一个：车夫不是用熟人原则对待老女人，而是用陌生人原则对待老女人，车夫相信老女人说的都是真话，老女人的确"摔坏了"，因此她需要别人的帮助。于是面对车夫应用陌生人原则的为人处世之道、待人接物之理——陌生人原则就是对他人的相信、信任甚至信仰的爱——对待老女人的主观态度（客观性主观性态度），与自己对待老女人的主观态度（纯粹主观性态度）之间的巨大反差，鲁迅深感震撼：在自认为能够用熟人原则解释的突发事件面前，车夫竟然使用了与自己完全不同的陌生人原则。

但是，鲁迅还有最后一次使用熟人原则的机会，也许能够解释车夫的行事态度所依据的理由或原则，那就是：或许车夫就是为了博取善良人、同情心的好名声。但这样的解释，尽管作为熟人原则，并非不可以解释得圆满，但却会把鲁迅自己置于绝望的伦理境地，难道自己在道德上的无义无情，竟然已堕落到如此地步（纯粹的功利化即彻底的非道德性）？！正是这种在道德上的自身反省，让鲁迅感到害怕："我走着，一面想，几乎怕敢想到我自己。"① 但也正是因为鲁迅"本真"的道德良知（先验知识）——对实践理性与理论理性之间相互联结时实践理性对于理论理性的"优先地位"的必然性关系的直接领悟（"当以人的道德为本"）②——让鲁迅对车夫的道德榜样（陌生人原则）之起源于理性而不是起源于感性的情感震惊。③

---

① 鲁迅：《呐喊·一件小事》。
② "在纯粹思辨理性与纯粹实践理性联结成一个认识时，假定这种联结不是偶然的和任意的，而是先天地以理性自身为基础的，从而是必然的，实践理性就占据了优先地位。因为若无这种隶属次序，理性就会发生自相冲突；盖缘如果它们是并列（协调）的，那么前者就会自为地关紧它的疆界，不让后者的任何东西进入它的领域，但是尽管如此，后者依然会将它的疆界扩展到一切东西之上，并且只要自己有所需要，就会试图将前者纳入自己的领域。但是，我们根本不能向纯粹实践理性提出这样的过分要求：隶属于思辨理性，因而颠倒次序，因为一切关切归根结底都是实践的，甚至思辨理性的关切也仅仅是有条件的，只有在实践的应用中才是完整的。"〔德〕康德：《实践理性批判》，韩水法译，商务印书馆1999年版，S.121，第133页。
③ "迄今为止，这些创作中影响最大、引用最多的是鲁迅的《一件小事》。横眉冷对千夫指的鲁迅对人力车夫的态度很是温和，并认为其形象需要仰视才见，以至于'要榨出皮袍下的"小"'来。尽管在鲁迅笔下，人力车夫面前的文人道德上是如此'微不足道'，但人力车夫的背影也带上了一缕阴郁、决绝甚或畸形的道德阴影。与现实生活中的人力车夫实像相较，在五四'劳工神圣'的光环下，这个

我这时突然感到一种异样的感觉，觉得他满身灰尘的后影，刹时高大了，而且愈走愈大，须仰视才见。而且他对于我，渐渐的又几乎变成一种威压，甚而至于要榨出皮袍下面藏着的"小"来。

　　这事到了现在，还是时时记起。我因此也时时熬了苦痛，努力的要想到我自己。

　　独有这一件小事，却总是浮在我眼前，有时反更分明，教我惭愧，催我自新，并且增长我的勇气和希望。①

　　以上就是整整一百年前，发生在北京师范大学的一位国文系讲师身上的"一件小事"，但这却也是发生在现代中国人的精神现象史上的一次伟大事件。在这次事件中，鲁迅实现了、完成了自己的一次格式塔式的精神转变，即现象学地悬置了用理论理性的熟人原则对待经验性知识条件下的陌生人甚至熟人的做法，转而决意用实践理性的相信、信任甚至信仰的敬重与爱的纯粹先验原则的陌生人原则，对待无论是熟人还是陌生人。尽管如上所述，用经验性知识的熟人原则解释老女人和车夫的行为动机（实践目的、实践理由），在理论上并非不可能，②甚至还可能是较之陌生人原则更彻底的解释方案；但是若此，理论

（接上页）需仰视才见的高大背影不过是一瞬间浪漫主义的臆想。无论同情心和良心的拷问是如何本真，当文人'消费'劳工时，感性始终高于理性，笼罩在字里行间的是坐和拉双方都无力自拔、无可奈何而苍白、惨淡的光晕与晕眩。"岳永逸：《都市中国的乡土声音——民俗、曲艺与心性》，"被消费的身体"，中国人民大学出版社2015年版，第98—99页。

① 鲁迅：《呐喊·一件小事》。

② "当我们注意人们的行为举止方面的经验时，我们就遇到了经常的、也是我们自己承认为正当的抱怨，即根本不可能援引任何可靠的实例来说明那种出于纯粹的义务而行动的意向，尽管有些事情的发生可能会与义务所要求的相符合，但它是否真正出于义务而发生，从而具有某种道德价值，却始终是可疑的。""实际上，绝对不可能凭借经验完全确定地断言一个单个事例，说其中某个通常合乎义务的行动的准则是仅仅建基于道德的根据及其义务的表象之上的。因为虽然有时有这种情况，我们通过最严厉的自省，也无法找到任何东西，除了义务的道德根据之外，能有足够的力量推动我们做出这样那样的善行、付出如此巨大的牺牲；但由此我们根本不能有把握地断定，完全没有任何隐秘的自爱冲动，藏在那个理念的单纯表象之下，作为意志真正的规定性的原因；为此我们倒是乐于用表面上适合我们的

上的推己及人就会把实践上的爱人如己，推入黑暗的道德深渊。以此，如若一个人不想让自己因理论上的成功，而沦落为在实践上连自己都瞧不起自己（是无道德）的人（理论理性"将它的疆界扩展到"实践理性之上）；①那么，面对道德的榜样，他就必须放弃熟人原则而转用陌生人原则并接受道德榜样的纯粹动机，除此之外，别无他法，即悬置熟人原则的推己及人的经验性知识，给先验知识的爱人如己的陌生人原则留有余地，用康德的话说就是："悬置知识，以便给信仰腾出位置。"②以此，我们才能够宣称：面对跌倒在地的老人，（假如不能，则）不扶，作为经验性知识的熟人原则，尽管可以是有条件的假言命令；但是，作为先验知识的陌生人原则，（只要应该，就去）扶，一定是无条件的定言律令，进而将实践上爱人如己的先验知识，采纳为民俗学的实践目的论与实践方法论的纯粹先验原则，即陌生人原则。

通过对一百年前发生的这桩精神事件的现象学描述，我们认识到，与被用作准先验原则的熟人原则的经验性知识不同，被用作纯粹先验原则的陌生人原则的先验知识的实践有效性，并不是仅仅通过主体对客体、对象（经验性事实、现象）反复、重复的单向度理论认识，能够成就的事情；而是需要对仅是一次性、唯一性的主体实践的主观间客观性意向性的多层次现象学先验还原，才能够直观（现象学意义上的观念直观）地描述出来。③即，《一件小事》的先验现象学实践意义，首先依赖于车夫对老女人的相信与信任，其次依赖于鲁迅对车

（接上页）更高贵的动因来迎合自己，但事实上，即使进行最严格的审查，我们也绝不可能完全走进背后隐藏的动机……""一个人，甚至根本不用与德行为敌，只需成为一个冷静的观察者，不至于把对善的最热切的愿望立即看成善的现实，就会在某些时刻怀疑：这个世界上甚至是否确实能见到任何真正的德行。"〔德〕康德：《道德形而上学奠基》，杨云飞译，人民出版社 2013 年版，S.406 以下，第 31 页以下。

① "无法忍受自己在自己的眼里不配生活下去……在我们自己的眼中显得是毫无配当、堕落邪恶之人。"〔德〕康德：《实践理性批判》，韩水法译，商务印书馆 1999 年版，S.88，S.152；第 96、166 页。
② 〔德〕康德：《纯粹理性批判》，"第二版序"，邓晓芒译，人民出版社 2004 年版，BXXX，第 22 页。
③ "首先区分人的知识水平和道德实践能力。其次是排除人的行为动机中的非道德动机。第三步是从一般的理性行为动机（目的）中还原出纯粹理性动机（目的），从对个别人主观有效的行为准则中还原出对所有人普遍有效的客观法则。第四步是从人的道德实践能力中进一步还原出人的自由。"户晓辉：《什么是民间江湖的爱与自由？》，《民俗研究》2016 年第 4 期。

夫的尊重甚至信仰，最终依赖于百年之后的今天，作为民俗学后来人的我们，对鲁迅的敬仰与敬爱……正是基于此实践认识的主观性、交互性、意向性的先验还原而实践地建构的现象学剩余物——主体间平等人格的自由意志——陌生人原则才可能被有效地用作实践民俗学的先验目的论与现象学方法论；① 否则，就真的是一场无端的"臆想"了。②

四、作为先验原则和方法的家乡共同体与都市社会

按照时下的说法，也许我们可以说，无论贵族文学还是平民文学，无论老女人"我摔坏了"的"装腔作势"还是车夫"毫不踌躇"的"多事"，都是文学performance（表演），都具有民俗主义的performantive（表演性）③，所以，我才视鲁迅《一件小事》为民俗学表演研究的经典论著。在这件小事中，鲁迅先是依据"入世"的熟人原则的经验性知识视老女人的"装腔作势"和车夫"多事"为平民文学的表演；在经历了一番格式塔式的精神现象学转变之后，鲁迅觉悟到，车夫所根据的"超人化""出世"的陌生人原则的贵族文学先验知识的表演性，进而，鲁迅也就用与车夫同样的表演性——"仰视"的敬重与信仰的爱——回报于车夫。

现在，让我们再回到一开始的康德问题：经验性知识在（感性）时间中与先验知识在（理性）逻辑上的起源。康德认为，前者在时间中"从经验开始"，

---

① "'反思之旅'并不只是找到了一种从事民俗学研究的合法理由，与此同时，他也建构了一种全新的身份认同，换言之，正是在转变与民众之间的关系的同时，民俗学家也转变了个人的身份认同。"王杰文：《"生活世界"与"日常生活"——关于民俗学"元理论"的思考》，《民俗研究》2013年第4期。

② 岳永逸：《都市中国的乡土声音——民俗、曲艺与心性》，"被消费的身体"，中国人民大学出版社2015年版，第98—99页。

③ "表演性"是王杰文对performantive的译法，参见王杰文：《表演研究：口头艺术的诗学与社会学》，学苑出版社2016年版；杨玉成、赵京超译作"施行式"，参见〔英〕奥斯汀：《任何以言行事——1955年哈佛大学威廉·詹姆斯讲座》，杨玉成、赵京超译，商务印书馆2013年版，第168页。

而后者不是"从经验中发源",而是在逻辑上起源于人的纯粹理性的自由意志和道德情感。周作人基本上同意康德的说法而略有差异。

> 在文艺上可以假定有贵族的与平民的这两种[先验和准先验]精神,但只是对于人生的两样[主观]态度,是人类共通的,并不专属于某一阶级,虽然它的分布最初与经济状况有关。

周作人认为,无论熟人原则,还是陌生人原则,最初都有客观内容的"实质性"(索绪尔)如"经济状况"的起源,但最终却只是"人类共通的,并不专属于某一阶级"的"两种精神"、"两样态度"的纯粹主观形式。① 我本人更认同康德,正如我在上面已经指出过的,尽管熟人原则是"从经验开始"的,但陌生人原则一定不是"从经验中发源"的(熟人共同体和陌生人社会只是熟人原则发生的自然条件,甚至不是陌生人原则的发生条件)。只是在(应用索绪尔语言学的现象学方法)悬置了熟人原则(包括发源于经验性知识的陌生人原则)的实质性起源之后,我才同意周作人的"两种精神""两样态度"说——或者视对象为自然主体(客体),或者视对象为自由主体——的纯粹主观性、先验性(包括准先验性)起源。是英雄无论出处,有自然(经验性)出处也好,没有自然(经验性)出处也好,都可以被用作表演实践的"心意"(柳田国男)与表演研究的学问的主观态度的先验原则;但是要区分开,同样的主观态度、先验原则,有纯粹的先验性与准先验性之分(见前引康德"房屋倒塌论"),前者是先验知识的纯粹先验原则的主观间客观性实践精神,而后者只是经验性知

---

① "他们的最大缺点是把社会分作两部分:一边是'他们',一边是'我们'。一边是应该用白话的'他们',一边是应该做古文古诗的'我们'。……那种态度是不行的。"胡适:《五十年来中国之文学》(1922年),载姜义华主编:《胡适学术文集·新文学运动》,中华书局1993年版,第149页。"我们是我们,他们是他们,这种态度是不行的,非我们就是他们,他们就是我们不可!"胡适《新文学·新诗·新文字》(1956年),同上引书,第282页。参见吕微:《民俗学:一门伟大的学科——从学术反思到实践科学的历史与逻辑研究》,"从'我们和他们'到'我与你'",中国社会科学出版社2015年版,第124页。

识的准先验原则的主观性实践条文。①

但是，如果我们执意为发源于经验性知识的准先验实践原则，设定一个自然空间的实质性起源，那么，不仅是熟人共同体（家乡），陌生人社会（都市）同样可以是熟人原则的起源之地。即，如果视熟人共同体、陌生人社会为理论认识的经验性对象，那么，二者之间只有程度上的差异，而没有性质上的差别；唯当我们视熟人共同体与陌生人社会为不同的主观态度的先验原则（"两者所用的原则不同"②）的实践目的论建构对象，二者之间才显现出真正的本质差别。

以此，时下关于家乡民俗学与都市民俗学的划分，本人以为，只有在先验自由的实践目的的建构意义上，将家乡、都市作为不同于熟人原则（准先验原则）的陌生人原则（纯粹先验原则）的实践方法，上述划分才有实践的理论价值；如果仍然视家乡和都市为自然空间的经验对象，而扩大了理论认识的经验性研究的领域、范围，那么，结果将是适得其反地遮蔽了实践民俗学的自由目的论和先验方法论，即用经验性的熟人共同体和陌生人社会（自然空间）遮蔽了纯粹先验的陌生人原则（自由主体）。

熟人共同体和陌生人社会（自然空间）之所以会遮蔽陌生人原则（自由主体），是因为，当我们用理论认识的方法认识熟人共同体和陌生人社会的时候，一方面固然可以经验性地描述熟人共同体人与人之间可以深信（可以和熟人讲话）的经验性熟人原则，另一方面也经验性地描述了陌生人社会人与人之间之不可轻信（《不要和陌生人说话》）的经验性陌生人原则，但这里的熟人原则和陌生人原则（后者并非真正的陌生人原则），看似不同，其实都是起源于同样的经验性知识而被用作准先验原则。于是，在此实践的准先验原则的经验性知

---

① 吕微：《民俗学：一门伟大的学科——从学术反思到实践科学的历史与逻辑研究》，"民俗复兴与公民社会相互联结的可能性"，中国社会科学出版社 2015 年版，第 304 页。

② 费孝通：《乡土中国》，生活·读书·新知三联书店 1985 年版，第 54、50 页。"在社会学里，我们常分出两种不同性质的社会，一种并没有具体目的，只是因为在一起生长而发生的社会，一种是为了要完成一件任务而结合的社会。……前者是'有机的团结'，后者是'机械的团结'。用我们自己的话说，前者是礼俗社会，后者是法理社会。"同上引书，第 5 页。

识的理论视野中，都市只是被期待为熟人共同体的陌生人社会，而家乡则是被期待于陌生人社会的熟人共同体。但是，随着经验性人际关系的流失，家乡可以"进化"为陌生人社会的都市；更随着经验性人际关系的积累，都市也可以重新"退化"为熟人共同体的家乡。

如果说，熟人原则——可以和熟人讲话，或者"不要和陌生人说话"——在时间中、"从经验中发源"于熟人共同体和陌生人社会，那么，真正的陌生人原则（如车夫"毫不踌躇"的"多事"），作为非经验性即无功利性的纯粹道德性的纯粹先验的实践原则，则既不可能发源于熟人共同体，也不可能发源于陌生人社会，而只能先于熟人共同体和陌生人社会的熟人原则的经验性知识而产生，即发源于自由主体（个人、己）之间的平等人格的自由意志的先验知识。发源于经验性知识的准先验原则的熟人原则和陌生人原则，与发源于先验知识的纯粹先验原则的陌生人原则之间的方法论区别是：尽管同样是推己及人，前者是有等差（"差序格局"）的"泛爱众"（孔子），后者是无等差（"团体格局"[①]）的"兼爱"（墨子）或"博爱"即"爱人如己"（耶稣）[②]。正是因为真正的陌生人原则是先于熟人共同体和陌生人社会而发源的先验知识的纯粹先验原则，所以即便是在熟人共同体中，我们一样可以见及真正的陌生人原则的道德实践（"老吾老以及人之老，幼吾幼以及人之幼""先天下之忧而忧，后天下之乐而乐"）。所谓真正的陌生人原则，按照康德的说法，就是行为目的之出于法则的精神，而不是仅仅行为结果合于法则的准则的条文，例如在传统的熟人共同体中，从来都已经实践的各种陌生人原则的"金规则"[③]和行为

[①] 费孝通：《乡土中国》，生活·读书·新知三联书店 1985 年版，第 30 页。
[②] "耶稣称神的父亲，是个和每一个人共同的父亲，他甚至当着众人的面否认生育他的父母。为了要贯彻这'平等'，基督教的神话中，耶稣是童贞女所生的。亲子间个别的和私人的联系在这里被否定了。""在我们传统道德系统中没有一个像基督教里那种'爱'的观念——不分差别的兼爱。"费孝通：《乡土中国》，生活·读书·新知三联书店 1985 年版，第 30 页，第 33 页。
[③] 邓晓芒：《康德哲学讲演录》，"全球伦理的可能性——金规则的三种形式"，第 190—221 页；〔美〕罗斯特：《黄金法则》，赵稀方译，华夏出版社 2000 年版。户晓辉：《民间文学的自由叙事》，"民间文学体裁叙事行为的公共伦理条件"，社会科学文献出版社 2014 年版，第 111—174 页。

规范。①

那么，讲到现在，实践民俗学所践行的究竟应该是什么原则呢？是经验性知识的准先验原则的熟人原则和陌生人原则？还是先验知识的纯粹先验原则的真正的陌生人原则？这已经一目了然、无须多言，因为我们的学科开创者、先驱者周氏兄弟实际上已经提出并且给出了答案，只是被作为学科后来人、继承者的我们经常遗忘或者混淆。有时候我们以为，当我们把研究对象从乡村、家乡转向了城市、都市或者相反，我们就算是回答了周氏兄弟的问题——用陌生人原则代替了熟人原则，或者用熟人原则代替了陌生人原则——其实这只是一个理论上的幻觉。我们曾经把熟人共同体的模式化行为（邓迪斯）称之为"民俗"，现在我们又把陌生人社会的时尚化行为称之为民俗主义"新民俗"；但是，根据以上的讨论，我们可以知道，这种转向还只是认识对象在不同程度上的转换，而非认识原则在性质上的转变。即，即便我们从陌生人社会（城市、都市）中发现了"不要和陌生人说话"的陌生人原则，以及我们在熟人共同体（乡村、家乡）中发现了可以和熟人讲话的熟人原则，这里的陌生人原则和熟人原则也仍然是在经验性知识内部不断地打转。

那么，什么才是真正的陌生人原则呢？让我在这里援引胡塞尔的一个说法（我曾经引用过），叫作"共同的陌生性"。

> 个体意识，即每个感性的自我与其他的感性自我之间具有陌生性，因为每个个体意识的内容都不同，此外每个个体意识本身还包含着某种陌生之物——无内容的先验意识和先验自我 [的纯粹形式]。我们现在可以看到这两种陌生性之间的奇特关系：每个具体时间意识的人，无论他愿意不愿意，都必须把这个陌生的过去称为他自己的。这个人的意识和那个人的

---

① "你说我听，我说你听""拉家是双方随便聊，汇报是单方向的""拉家没有观众""拉家是友好的""拉家，跟谁都可以拉家""有事就不拉家，没事就拉家""拉家就是平常对话""拉家不是正式活动，拉家是随意的、不规范的"。〔日〕西村真志叶：《作为日常概念的体裁——体裁概念的共同理解及其运作》，《民俗研究》2006 年第 2 期。

意识的区别在于不同的内容。而内容的不同性则取决于，没有一个人能够完全进入另一个人正在占据的位置。个体之间的距离（或是时间距离，或是空间距离）越远，个体之间就愈陌生。每个人都有他自为的体验，每个人都仅仅在他的意识中具有他的感觉，这些感觉对于其他任何一个人来说原则上都是不可理解的。因此，由于体验内容的不同，任何个体的感性自我都无法被其他感性自我所理解，它们之间相互陌生。但我们发现，个体意识之间是沟通的，它们并不完全陌生，否则社会就不会可能。……这是因为，对于所有个体意识来说都感到陌生的东西，即它们的过去，却是它们所共同具有的［对象化的过去］。正是这种共同的东西构成了一条个体意识通向其他个体意识的桥梁。"就此看来，我们是通过我们共同具有的陌生性来克服我们各自具有的陌生性。"这种共同具有的陌生性便是［被"忘却"的"共同的自身"即纯粹形式的］先验的［自我］意识。这样，所有的个体感性自我都在完全的相同和完全的相异（陌生）之间摆动：它们各自内容的完全不同决定了它们彼此之间永远有陌生感，保证了它们永远不会变成同一个意识；它们共同具有的先验自我和共同的过去则保证了它们之间的交往、理解，使它们永远不可能感到彼此之间完全的陌生。①

之所以特意援引胡塞尔"共同的陌生性"的说法，是为了进一步有效地区分经验性的熟人原则与陌生人原则，与先验的陌生人原则共同使用的推己及人的民俗学方法，只有清楚地区分了两种在民俗学方法上不同的推己及人，我们才能清楚地理解何谓经验性的熟人原则和陌生人原则，以及纯粹先验的陌生人原则。胡塞尔区分了两种陌生性，一种是每个人过去的人生内容对于这个人现在的人格形式来说的陌生性；一种是每个人的人格形式对于其他人的人格形式

---

① 倪梁康:《胡塞尔：通向先验本质现象学之路——论现象学的方法》，载《文化：中国与世界》第2辑，生活·读书·新知三联书店1987年版，第307—308页；参见吕微:《民俗学：一门伟大的学科——从学术反思到实践科学的历史与逻辑研究》，中国社会科学出版社2015年版，第127页。

来说的陌生性。胡塞尔说的这两种陌生性，对于我们区分准先验的陌生人原则和纯粹先验的陌生人原则来说，不无裨益。

胡塞尔发现，每个人过去的人生内容对于这个人现在的人格形式来说，尽管具有陌生性，但每个人过去的人生内容作为"共同的过去"，对于每个人来说又具有共同性，①"正是这种共同的东西构成了一条个体意识通向其他个体意识的桥梁"。从民俗学的角度，我们可以将这种每个人共同地拥有的人生内容的"共同的过去"的"共同的陌生性"，理解为熟人共同体和陌生人社会的模式化行为，即传统的民俗，一旦从中归纳地抽象出熟人原则（包括肯定性的熟人原则和否定性的熟人原则），每个人就都能够推己及人，"把这个陌生的过去称为他自己的"，一个熟人共同体就能够实践地被建构出来，甚至在理论上，一个陌生人社会也能够实践地被建构成为熟人共同体。但这里要注意，因为过去的人生内容，尽管具有共同性，却是有等差的共同性，因而据此"共同的陌生性"经验性知识，推己及人而实践地建构的熟人共同体甚至陌生人社会必然是一个差序格局的共同体社会。

还有一种"共同的陌生性"，即人格形式的陌生性，每个人的人格对于其他人来说，也是一种陌生性，因为这种共同的陌生性根本就没有内容，是纯粹精神的人格形式，②康德、胡塞尔等哲学家称之为"先验自我""先验意识"。③

---

① "要使多数人能对同一象征具有同一意义，他们必须有着相同的经历，就是说在相似的环境中接触和使用同一象征，因而在象征上附着了同一意义。"费孝通：《乡土中国》，生活·读书·新知三联书店 1985 年版，第 12 页。
② "每个人人格上的平等。"费孝通：《乡土中国》，生活·读书·新知三联书店 1985 年版，第 30 页。
③ 由于以陌生人原则为方法的民俗学，研究的是没有任何经验性人生内容的先验人格形式，故，像老女人"我摔坏了"的"装腔作势"——从熟人原则的经验性知识的角度看的模式化行为——以及车夫"惹出是非""自讨苦吃"的"多事"，从陌生人原则的先验知识的角度看，都是非模式化即唯一性、一次性的"心意"（柳田国男），民俗学能否将此种非模式化即唯一性、一次性的"心意"，视为民俗学的对象呢？从目的论和方法论的角度，鲁迅应该如是问道。"民俗学历来关注着一个'有'的世界。在概念、命题的设定与分析运作中，它很少顾及生活中'无'的意义。动物'无忧无虑'，人在生活中却终日忧心惶恐，就源于人有'无'的意识，也源于人在生活中不得不面对'匮乏'或缺乏'存在者'的情形。生活中遭遇着各种各样的'无'：食不果腹、衣不蔽体、无依无靠、无家可归、投告无门、百无聊赖、哭笑不得、失眠、失恋，等等。没有人怀疑这些'无'对'过日子'的重大意义。但关于生活的理论思考（比如民俗学）却很少合乎事情本身地将之纳入观察的视野。民俗学关注'行为'的模式与传承，却鲜于追问未完成的行为与未曾出现模式之处；民俗学关注婚

根据这种因没有具体内容而相互陌生的纯粹精神的人格形式而设定的陌生人原则，才可能是真正的陌生人原则。显然，这种陌生人原则既不可能产生于熟人共同体，也不可能产生于陌生人社会每个人过去的人生内容的"共同的陌生性"，而只能产生于每个人对没有任何人生内容的人格形式的交互的、普遍的信仰和敬重的爱人（格）如己（的人格形式）的纯粹之爱。

在现实（自然空间）的熟人共同体与陌生人社会中，每一个人的生活能力包括交往能力、交流能力存在着自然的差异，而熟人共同体与陌生人社会作为功能论意义上的自然空间，对人的生活能力则是一种限制（或反限制）的自然条件。以此，即便你的社交能力是弱项但你的家庭实力比较雄厚，也许你更愿意留守家乡，因为在熟人共同体中，你拼爹的效果或更显著。然而对于一个家庭实力比较薄弱但业务能力是强项的人来说，也许他可能更愿意北漂。因为，尽管北上广等大城市、大都市并非已经就是真正的陌生人原则的实践目的论建构结果；但是毕竟，就自然空间的疏离感而言，大城市、大都市更接近于根据先验知识的陌生人原则人为创建的法理社会，而远离了从经验性知识的熟人原则中自然生长的人情共同体，从而每个人的——并非发源于陌生人社会，也不是发源于熟人共同体的——人格形式的先验的"共同的陌生性"（自由权利）能够得到更多的尊重，

（接上页）恋习俗，但'失恋'现象似乎作为不值一提的经验很少得到研究者正面的注视；民俗学关注'哭泣'，却不曾留意'欲哭无泪'、'悲痛时握不住一颗泪滴'（海子诗歌《日记》）也值得思索；民间文学研究关注文学的种种'意义'与'功能'，却不曾质疑这些意义或功能有无'失效'的时刻。这些'无'的情形不过是'有'的例外因而不值一提吗？但是，为了理解时时受着匮乏与丧失威胁的生活，忽视了这些现象的考察还能算作完整吗？"胥志强：《生活问题：民俗学"存在论研究"引论》，中国社会科学院研究生院博士学位论文，2012 年。"此处论述的关键，不是功能的有效或无效；而是生活及民俗超越了功能论视野的本体特征及情形。民俗研究中存在的问题是，长期仅从功能的角度来观察民俗现象。比如，民俗学常常关注婚恋习俗，但'失恋'、'纵然是齐眉举案，终究意难平'这样的现象从未被正视；民俗学关注'哭泣'，却不曾留意诸如'欲哭无泪'、'悲痛时握不住一颗泪滴'（海子诗歌《日记》）之类现象的意义。民俗描述中常见的诗情画意的浪漫主义倾向，正导源于此。而如果一门研究生活现象的学科，通篇注意的都是有意义的、肯定性的方面，这门学科的视野必然会被严重遮蔽。因为生活中恰恰有太多的苦难——不快、不幸和不能忍受的经验。功能论主导的民俗学使得这些'无意义'、'无功能'的方面长期无法进入研究视野。"胥志强：《生活转向的解释学重构》，华中师范大学博士后出站报告，2015 年。

进而人生内容的经验性的"各自具有的陌生性"（自然能力）也能够得到更多的承认和利用。但是，一旦我们如此定义大城市、大都市，北上广在我们的期待视野中①就已经不是依据熟人原则，而是依据真正的陌生人原则的陌生人社会了。所以为了定义的准确和周延起见，我们与其根据理论民俗学的经验论对象论，把民俗学区分为家乡民俗学和都市民俗学，不如用出于经验性知识的熟人原则与先验知识的陌生人原则的实践民俗学的先验论目的论和现象学方法论，来定义家乡民俗学与都市民俗学。但是这样一来，无论家乡民俗学还是都市民俗学，也就不再是理论民俗学的对象，而是实践民俗学的目的（态度）、原则（理由）和方法（理论）了；然而，我们看到，只有立足于实践民俗学的陌生人原则的先验知识，我们才能够理解和解释，无论已经多年闯荡都市的打工者，还是仍然长期留守家乡的空巢人，对真正的陌生人原则的渴望。

> 王家坪与历山之间隔着一座高大的青龙山，两地村民平常日子以及信仰仪式活动期间都很少来往，杨三增是一个特例。我们在王家坪采访，问他为什么不辞辛苦翻山越岭跑去历山神立庙参加活动，他的回答是："我到神立去比咱这里还吃开哩！"因为"村里人，咱无能，老百姓 [因爱有等差——笔者补注]，那看不起，瞧不起，到外边去不是这样子，过去这条山，那都是热情招待，就是凭的 [信仰娥皇、女英两位] 老人家这关系。"可见，凭着传说所建立的神灵关系，一个在本村毫无地位的村民，可以在别处找到 [附加] 身份上的情感安慰。②

---

① "如果'就人们的意志来说，所有人都认为自己是自由的'，或者说，如果每个人都'自以为自己拥有一个 [自由] 意志'，那么，你的研究对象——也就是民众——难道不会客观、普遍、必然地认为，自己应该生活在公民社会之中，而不是'生活在别处'吗？"吕微：《民俗学：一门伟大的学科——从学术反思到实践科学的历史与逻辑研究》，"'公民社会'：民俗学实践研究的先验语境"，中国社会科学出版社 2015 年版，第 532 页。
② 陈泳超：《背过身去的大娘娘——地方民间传说生息的动力学研究》，北京大学出版社 2015 年版，第 141 页。陈泳超之"附加身份"，高丙中称之为现代公民的"元身份"，参见吕微：《民俗学：一门伟大的学科——从学术反思到实践科学的历史与逻辑研究》，中国社会科学出版社 2015 年版，第 459、539 页。

希望得到对自我人格形式的尊重,是生活在熟人共同体中的人们也时时渴望的,而这也才是出于真正的陌生人原则的大都市、大城市梦想即中国梦。那么反过来说,家乡梦、乡愁又是什么呢?难道仅仅是对自然空间的熟人共同体的熟人原则的回顾与想望吗?如果把家乡梦、乡愁仅仅视为对城镇化、都市化过程中对传统乡土的亲情、友情的恋恋不舍,那我们就仍然是自囿于自然空间中过去的人生内容的"共同的陌生性"的熟人原则的经验性知识。

在城市社区和农村村社,许多组织实体以传统民间组织的形式出现,但是,我们与其把它们看作是传统民间组织,不如看作现代民族国家的社团。我们审视一下这些团体的组织要素和背景就会很清楚。组织者和参与者都是当下社会中人,他们都处在并且都知道自己处在国家的行政、法律和意识形态的约束之中。这些社团要在公共空间中活动,必须经得住公权力和公众的检验和监督。这些都决定了它们虽然以传统形式出现,但必然是这个时代这个社会的组织。①

今天,也许,我们已经不能再把家乡、乡愁简单地等同于经验性知识的自然空间的语境(生活世界)条件下,熟人共同体及其模式化行为的过去人生内容的"共同的陌生性",换句话说,我们应该站在真正的陌生人原则的先验知识,即实践主体当下人格形式的"共同的陌生性"的自由观念的"语境"(生活视界)条件下,重新对待家乡、看待乡愁。例如,一年一度,在中国大地上上演的人类历史上最为壮观的上亿人返乡潮中,人们所期待的,已经不再是在大都市、大城市的陌生人社会中得不到的等差性亲情与友情,而已经是建立在陌生人原则——对每个人先验的人格形式的尊重甚至信仰——的自由观念的

---

① 高丙中、马强:《传统草根社团迈向公民社会的历程:河北一个庙会组织的例子》,载高丙中、袁瑞军主编:《中国公民社会发展蓝皮书》,北京大学出版社 2008 年版,收入高丙中《日常生活的文化与政治——见证公民性的成长》,社会科学文献出版社 2012 年版,第 264 页;参见吕微:《民俗学:一门伟大的学科——从学术反思到实践科学的历史与逻辑研究》,中国社会科学出版社 2015 年版,第 547 页。

"语境"条件下的乡情了。① 当人们以平等的人格而独立地返乡的时候,他们不再是一度奔赴延安之后,再次回到熟人共同体大家庭的觉新、觉民,而重新体验的"三纲"、"三从"等熟人原则下的淡漠爱情,② 而是真正陌生人原则下自由主体的人格权利与意志形式的先验交互性的更加纯净的亲情、友情和乡情。

> 我所认识的老一辈人,他们都很难真正做到彻底的"革命"。据我所知,无论是周扬、夏衍还是荒煤、沙汀,当他们回忆起自己的封建家庭、自己从小接受的传统教育,无一不在批判的同时又充满了眷恋和深情。我的母亲很早离家奔向延安,但她从来没有忘记自己那个封建大家庭,想尽一切办法帮助这个家庭的每一个人。而我听阿姨讲述李锐老头儿在年轻时怎么一边斗地主一面又偷偷地想法保护自己地主母亲的故事,那更是令人寻味……他们在挥舞着革命武器的同时内心真正的祈望是什么呢,真正的信仰究竟是什么呢?!③

看不到这一点,以为乡情、家愁只是温情脉脉、无可奈何的明日黄花,④ 就

---

① "与基于农耕文明并强调群体的熟人社会不同,有着电话、QQ、飞信、微信等即时沟通手段的现代社会是一个'生人社会'","其实,人在哪里生活并不重要,重要的是他能否感觉到自我价值的实现,有着不妄自菲薄的、不卑不亢的自尊、自信与自豪!"岳永逸:《都市中国的乡土声音:民俗、曲艺与心性》,中国人民大学出版社 2015 年版,第 252、5 页。

② "我所知道的乡下夫妇大多是'用不着多说话的','实在没有什么话可说的'……西洋的家和我们乡下的家,在情感生活上实在不能并论。"费孝通:《乡土中国》,生活·读书·新知三联书店 1985 年版,第 41 页。

③ 严平致吕微的信,2015 年 12 月 24 日。陈辉认为"真正的祈望、真正的信仰"即"神圣之物就是家庭,就是下一代的生活——这才是关中人的宗教,是他们神圣感的源泉";因此,也许,把阎云翔《私人生活的变革》(上海书店出版社 2009 年版)、陈辉《过日子:农民的生活伦理》与陈忠实《白鹿原》、柳青《创业史》对照着读,将"更是令人寻味"。

④ "为什么人们需要家乡、民族服装、民间音乐、民族舞蹈呢?因为它们意味着为人所熟悉的形象,意味着相互信任,意味着某种归属感、幸福感,但这些其实只是某种陈词滥调,某种自我安慰,事实上,尽管它们承诺了一种更加本真的、纯粹的、安全的生活方式,但是这显然只是一个乌托邦,一个从来没有存在过的世界——每一个时代、每一个阶级都会设计其逃避主义(民俗主义)的主题,都会去追逐秩序、稳定与传统。"王杰文:《表演研究:口头艺术的诗学与社会学》,电子本,16:160。"瑞典民俗学家倡导真正的地方运动,即团结生活在某一地域的所有人,而不管他们社会的或者经济

是看不到百年中国的普遍性进程中陌生人原则的先验知识这一冥冥之手对乡愁故园情的纯净化淘洗——忽略了这一点，也会让我们远离了应该承担的建构真正的陌生人社会的道德责任与情感义务——如果说，我们今天仍然要像鲁迅当年那样，为"扶不扶"的问题而争论，① 这一方面说明，周作人关于"人的文学"爱人如己的陌生人原则的文学理想，至今没有完全实现为现实生活的陌生人社会；② 另一方面也说明，在立足熟人原则的熟人共同体进步为立足陌生人原则的陌生人社会的逻辑与历史进程中，用陌生人原则而不是用熟人原则回答"扶不扶"，即参与建构立足陌生人原则的陌生人社会的问题，已经对民俗学者提出了越来越严峻的实践要求。于是，我在这里就可以借用岩本通弥关于"不是以民俗为对象，而是通过民俗进行研究"③ 的命题，进一步阐明我在本文中的想法：不是视民俗为熟人原则的经验性知识的认识对象（内容），而是通过陌生人原则的先验知识的民俗之推己及人、爱人如己的实践方法（形式），实践地建构——无论以陌生人社会还是以熟人共同体的自然空间为现实载体——理想主义的"目的王国"（康德）。④

〔接上页〕的背景，从而把地方群体团结成更大的团体。正像鲍辛格'家园区（Home Area）'的概念所暗示的那样，在这里，相对于更加复杂或者不可理解的环境，'家园区'可以被理解与把握，这种'家园区'与匿名的、陌生的和统一化的现代社区相对立。然而，'家园区'的概念更多地是一种理想而不是事实。"同上引书，电子本，16：165。

① "扶不扶"是近年网上热议的道德实践的焦点问题。
② "在中国民俗学者这里，情况恰恰相反，民众自由地表演的权利还没有被确立……"吕微：《民俗学：一门伟大的学科——从学术反思到实践科学的历史与逻辑研究》，"'表演的责任'与民俗学的'实践研究'"，中国社会科学出版社 2015 年版，第 374 页。
③ 〔日〕岩本通弥：《以"民俗"为对象即为民俗学吗——为何民俗学疏离了"近代"》，宫岛琴美译，收入王晓葵、何彬编：《现代日本民俗学的理论与方法》，学苑出版社 2010 年版，第 30—47 页。
④ "目的王国是一个实践观念，它所要阐明的是，实际上不是真有，但通过我们的行为却可能成真的并与这一实践观念相一致的东西。"〔德〕康德：《道德形而上学基础》，孙少伟译，九州出版社 2007 年版，S.436，第 103 页。"研究者与信息提供者参与共建的一个世界。"王杰文：《表演研究：口头艺术的诗学与社会学》，电子本，17：173。

日常生活的未来民俗学①

高丙中

民俗学是关于文化遗留物、关于传统、关于社会记忆的学问——这些论述既是学科的常识，也不断得到新的阐发。似乎"过去"理所当然地是民俗的（本质）属性。在一个相当长的时期里，学界的基本认识是：民俗是过去的，在"现在"只是残存的，注定没有未来。而我在这里要论述的是，民俗在近些年已经在实践中被赋予了"未来"时间，我们可以且应该让"未来"在民俗学里确定一个位置。我在这里想做的，是补足民俗学的时间意识，让中国民俗学成为一门时间意识健全的学科，既保有充分的历史意识（"过去"），也有完全的当下意识（"现在"），还有逐渐浓厚的未来意识。

我们要完成中国民俗学的这样一种基本观念的转变，既是因为我们对于日常生活作为研究对象的重视，也是我们当前倡导把日常生活作为研究方法、研究目的的需要。因为我们不是基于文史雅趣，而是基于对当下现实的日常生活的关怀，以及对合意的日常生活未来的追求，才产生了建立中国民俗学的完整

---

① 本文根据北京师范大学社会学院的"京师社会学讲坛·民俗学系列"讲座（2016年4月27日）整理而成，整理稿经修改后在北京大学社会与发展研究中心、东京大学岩本科研所主办的中日韩会议（"追问现代社会——媒体与日常生活"，2016年9月3日）上发表过。感谢萧放教授、朱霞教授的讲座安排，感谢鞠熙博士、孙英芳和黄阿鸽同学帮助提供记录文本。感谢张举文教授、张士闪教授等学友指出了原文中的一些问题。

的时间意识的学术热情。

我们能够推动中国民俗学的这样一种基本意识的健全化，当然是基于学科内在积累的演化，但是更为直接的外部推动力则是这个时代的社会文化实践，特别是非物质文化遗产保护的中国实践。"民俗"不仅在学术意识上是属于"过去"的，而且在日常语言里、在社会意识里都是如此。但是，当大量的民俗项目被命名为"非物质文化遗产代表作"，国家体制和社会公众都确认要保证它们的未来传承，"民俗"所内含的除"过去"之外的其他时间，尤其是"未来"时间，就一下子被完整地呈现出来。民俗有未来，这已经是一种中国事实，并同时得到了国家体制和社会人心的确认、承诺和保证。中国民俗学当然不能继续在原先那种片面、割裂的时间意识中沿袭自己的民俗研究。

一、日常生活与民俗学

民俗学与日常生活的关系既是一种经验现象，也是一种新的理论取向。在经验上，民俗从来就与日常生活联系在一起，本身就是生活中的文化现象。这似乎是再明白不过的事实。但是，民俗学的研究一直是按照体裁分类研究民俗事象，长期都没有让"日常生活"作为一个理论概念进入视野。民俗学并没有在理论上反映民俗与日常生活的真实联系。

像其他各种学科一样，民俗学也有许多朴素的基本知识。学术的提升，很多时候是从质疑某一常识开始的。民俗学的对象是什么？当然是民俗。正如一些通论所说，"'民俗学'顾名思义即是以'民俗'作为研究对象的一门学问"。可是岩本通弥恰恰要问，民俗学就是研究民俗的学问吗？当岩本通弥发出这惊人的一问之后，他自己在日本学术史中返回到柳田国男开创乡土研究的初衷，认为日本民俗学本来就不是以民俗为对象的学问，而是通过民俗进行研究的学问。民俗学固然在做民俗研究，但是不要忘记学科创始人的初衷，研究民俗是为了研究民俗背后的"日常(生活)"①。

民俗学的对象从"民俗"扩大到或转变到民俗背后的"日常生活",体现了民俗学学科发展的两大成就:其一是民俗学不断与现当代哲学思想相结合,在哲学上超越了关于民俗学的研究对象的朴素观念;其二是民俗学向基于实地调查的社会科学的转变。如果设定以"民俗"为对象,我们可以满足于现成的资料;如果设定以民俗背后的"日常生活"为对象,我们就必须去现实生活中开展科学的调查研究。关于民俗学对象的新说法隐含着民俗学的新定位,新理论,新方法,新伦理,甚至意味着一种全新的民俗学。

二、日常生活的民俗学

日常生活的概念怎么进入民俗学,如此引入又给民俗学带来了什么新的可能性呢?我们得从民俗学史说起。大家都熟悉,"Folklore is the lore of the people"(民俗是民众的知识),在英国比较早形成一个专门学科的时候,民俗学主要是一种关于文化遗留物的学术。那么文化遗留物是日常生活这个概念进来之前民俗学的一个主流表述,当然这更多的是一个英国式的学术传统。

在民俗学确定这个研究对象的时候,有一个标准文化的概念。当时英国已经进入工业时代,现代文化已经成为社会主流,成为评价各种现象的标准,是普通人的日常生活的常态。那么跟这个常态的标准文化不一样的,就是文化上的他者、异己。民俗是作为古代或异域的文化遗留物被看待的,当然就是文化的他者、异己。在已经相当工业化的时期,前工业社会那些手工品引起人们的兴趣,被收集、展示,而这也涉及语言所承载口头文学。这些文化遗留物是现在日常生活兴起之前的东西。当它们作为文类看待的时候,用这些文类去看非

---

① 岩本通弥:《以"民俗"为研究对象即为民俗学吗?》,宫岛琴美译,王晓葵校,《文化遗产》2008年第2期,第78、86页。

西方的"原始社会",相似的对应物更为丰富、原始。同样的逻辑也发生在中国。中国现在民俗学的兴起,是源于北京大学《歌谣周刊》所发起的歌谣运动,受到现代知识分子重视的民歌、故事、风俗,也都是新文化的异己、他者。在民俗学发生的这个历史的起点和逻辑的起点,日常生活的概念没有在学术里面出现,但是它是潜在。日常生活不是话题,但是它是话题之所以能出现的基础或前提。

在这样一个时期,爱好者所关注的民俗现象是自己生活之外的,而且,与所谓民俗发生关联的是生活的局部现象或少数人现象。如果"民"被明确指认的话,他们是标准文化的社会多数之外的少数,是同时代的少数人,处于社会底层,生活在边缘地带,所以才是跟这些所谓主流人群不一样的人群。在这里,民俗是现实生活被两分的外在表现,是两种人相区分的标志。这样一种二分是从民俗学兴起之初就隐含着的内在逻辑。它以不同的方式出现在不同时期、不同社会。——我们今天要进一步推动民俗学的发展,恰恰是想通过日常生活概念把明里暗里分割的东西"合"起来。

民俗在发达国家是指少数人群,但是民俗概念进入中国,所指向的却是我们的基本人群。中国在近现代移入西学诸学科的时候,是一个前工业化、前现代社会的国家,按照西方民俗学的文体和事项按图索骥的结果,就是基本的日常生活都应该归入民俗。我们的民俗之俗就是多数人的生活方式,我们的民俗之民就是社会的多数。"民"是社会的基本人群,但不是主导的人群,因为另外一个新的阶级,一个新的接受现代文化教育、执掌领导权的阶级在中国形成、扩大,虽然长期是社会的少数,但是他们是文化的主导者,社会范畴的划分者。民俗学者也属于这个阶级。在我们今天的讨论当中,我们清醒地认识到,民俗学在中国所指的民俗之民从来都是说的主流人群,从来都是在关注主流人群,在讲主流人群的故事,尽管在早期的学术中我们没有这种清醒的表达。我们今天对这个基本事实的自觉认识,有助于我们仍然坚持关心国家的主流人群的初心。要做到这一点,我们不得不借助日常生活概念,明确地把它说出来,用起来。

改革开放之后,中国的城市化、工业化在加速发展,今天大家看到中国的城市人口在统计上已经超过 50%，而更多的人口在日常生活的基本面是类似的，从学校教育、节庆、人生礼仪、衣食住行的消费都形成了一个类似的社会多数。我们这代民俗学者完整地感受了改革开放以来的时代变化。对于这场生活变革，我们曾经提出两种矛盾的说法。（1）面对城乡居民在日常生活中越来越多的自由选择，传统民俗大量活跃起来，城乡各地又以各种方式恢复着传统的风貌，我们欢呼为"民俗复兴"。（2）观察传统体裁的民俗在农村社区的蜕化、碎片化、部分消失，我们也惊呼"传统文化濒临灭绝"。其实，就民俗现象来说，这两种矛盾的说法都是在讲同一个日常生活变迁的不同维度。人们在过去四十年有机会、有条件比较自由地选择自己的生活方式，传统民俗当然在选择范围，国家也重新学会尊重、利用人民对于传统民俗的选择；但是人们的选择是自主的，是充满创新与改造的，所以传统民俗又是以各种方式与其他文化杂糅、混合、融汇在一起的。于是，就前一半来看是民俗复兴，就后一半来看是民俗蜕变。如果我们采用日常生活的概念来思考，就能够看到这种复合现象正是现代社会的正常状态。

民俗复兴要从两个维度看，一方面在重新出现，一方面又在重新正当化，所以民俗复兴不仅是民俗现象，而且是社会历史现象，必须置于整个社会过程来认识。我们虽然可以持续开展民俗的形式研究，看哪些民俗模式在传承，哪些在蜕变，但是更有必要的是把民俗置于社会生活过程来认识。钟敬文先生在这场民俗复兴的早期就敏锐地发现把民俗置于生活看待的必要性，并且是把它与中国民俗学的发展前途联系在一起，提出了民俗是一种生活文化的理念，由此开启了从生活概念来建构民俗理论的新路[1]。我们作为后来者继承了这一思想，不过采用了有明确的哲学根基的"生活世界"、"日常生活"的概念[2]。这种

---

[1] 钟敬文：《话说民间文化》，人民日报出版社 1990 年版；高丙中：《文本和生活：民俗研究的两种学术取向》，《民族文学研究》1993 年第 2 期。

[2] 高丙中：《生活世界：民俗学的领域和学科位置》，《社会科学战线》1992 年第 3 期；吕微：《民间文学—民俗学研究中的"性质世界"、"意义世界"与"生活世界"——重读〈歌谣〉周刊的"两个目的"》，《民间文化论坛》2006 年第 3 期；户晓辉：《民俗与生活世界》，《文化遗产》2008 年第 1 期。

接续的学术努力，主要还是让民俗学具有现当代哲学的根基，掌握社会科学的规范方法，对当下、现实具有介入能力，促使民俗学从文史兴趣之学转向对社会、对民众有现实关切能力的学术。

三、日常生活民俗学的核心问题

民俗学从研究民俗之学到研究日常生活之学，固然可以在日常语言和经验的意义上进行这种转化，也就是让民俗学者不仅在史籍中爬梳资料，而且到生活之中进行实地调查。但是，这一转化却在深层关联着一系列的哲学和理论的问题，其中突出的是对于日常生活属性的界定问题，而日常生活的理所当然性是一个核心的问题。对于日常生活的哲学阐释积累了很丰富的文献，我并没有学养来做一份综述。我在这里仅仅是议论一下学人多会提及的对日常生活属性所概括的几个要点。

第一个我想评论的是日常生活的既成性。这涉及对于个人存在的无条件承认，对个人与社会的生活已经是一种现实存在的充分认知。在个人与社会的维度承认日常生活的既成性，内含着坚定的人权观念和丰富的伦理观念，表现为对人的尊重，对人们组成的社会的尊重。而在专业领域，我们也越来越谦逊，我们认识到不可能对个人和社会形成全知全能的知识，我们在有限的研究项目里对于特定的个人和社会的认知与全貌之间最多也只是九牛一毛的关系。因而我们对他人与社会都必然少了一些武断。

我第二要谈日常生活的未完成性、开放性。日常生活是人和社会的生命不断展开的无尽过程，因此永远没有定论。我们介入某种日常生活，是在面对鲜活的生命，面对各种社会关系的无限生机，也就是面对着无限的可能性：个人一生的丰富可能性就已经问不清，说不尽了，又因为人类的各种文化记忆尤其是宗教信仰的作用，个人即使"去世"也仍然以各种方式在世，其身后评价也时有变化；社会的世代继替制度保证了社会的"永恒"生命，也保证了社会的新机会，因此生活是恒常的，也是常新的。当我们谈论生活的时候，我们更倾向一种变化、新生；但是当我们谈论日常生活的时候，我们更倾向一种持续、常态。所以，我们在偏向"日常"时，也不要忽略日常生活也是生活。从民俗研究的角度，我们需要充分认知"日常"与"生活"的内在紧张关系。

我第三要谈日常生活的自在性，非反思性。我们说日常生活，是说普通人，指向的是非专业的、非精英的、非意识形态的状态。通常这也被假定是民俗的状态。如果民俗之民是所有人作为普通人的预设，我们把日常生活的自在性、非反思性投射到民俗的属性，这只是一种哲学的思考。但是，在我们的民俗学长期把民俗之民与特定的人群对应的情况下，我们这样看待民俗的属性就会出现很尖锐的问题。我们谈日常生活就是谈人的日常生活，这些人当然首先是个体，有血有肉的生命，有个人情感个人意识，同时又作为群而存在，有自己的社区、社团，从而是具有特定认同、特定集体意识的民族、教会、国家。因此在个体或集体的层级来说，我们都不得不承认我们面对的是主体，是具有主动、积极的意志的主体，是自为的、具有反思能力的主体。这就与日常生活的自在性、非反思性形成紧张关系。也就是说，如果我们把日常生活作为一个实践概念，它显然不利于我们全面、正确看待我们研究的对象。我们看到日常生活的人，就看到了社会实践的主体。当我们把他们看作主体，我们就不能拘泥于日常生活的自在性、非反思性。

我第四要谈的是理所当然性。日常生活的理所当然性，或者说当然性（把"理所"放在括号里），taken-for-grantedness，是指日常生活作为既成事实被认可、接受。在以尊重大众的观念与意见为优先的社会，我们比较好理解日常生活的理所当然性是某种社会现实，但是对于长期受日常生活批判影响的中国社会，普通人的日常生活在现代意识形态里恰恰是被否定的，负面的。我们在民俗调查中大都遭遇过代表这种现实的例子。民俗之民总是要表示自惭形秽。我们在调查中和老农交流，他们会说，我们乡下农民，做的这个实际上是迷信。看调查者的反应，他才有对策。

进入现代以来，我们的主流政治表述没有贬低普通人的说法，但是普通人在思想上一直是被教育的对象，普通人的日常生活在实践上一直是被改造的对象。从新文化运动以来，政治和思想的精英一直把中国社会当作一个大教室，以对待未成年人的态度对待普通人。在这样子的格局里面，普通人是不被相信可以独立思考的，是不被体制支持在政治上可能是正确性的。在这样子的一个状态里面，要说普通人的日常生活是理所当然的，这怎么可能？

  在最近三十多年，普通人其实越来越有自己的自信。普通人建立自信的机会来自多个方面，它们归根结底都推动了日常生活的正当化。第一个是民众相互之间赋予正当性。精英对他们不以为然，那么他们相互之间以为然，其中最重要的方式是自愿结社，因为相同的价值和需要得到相互的赞同与担当，就组成社团去实现自己的目标。这就是以自组织的方式做自己高兴的事情，做自己认为对的事情，符合自己道德的事情。第二个是地方政府对民间组织、民间文化的认可。在各种地方上，当地政府需要民众的智慧、力量参与地方发展，并直接利用地方民间文化塑造地方特色，强化地方认同，因此各种地方节庆、地方活力都在于对民众的肯定与承认，实际上与民众是一个相互赋予合法性、正当性的过程。第三个是在这个过程当中国家也确确实实在适应民间和地方的变化，调整制度体系，容纳多样性的社会，让那些原来没有正当性的组织与文化得到默许、默认，并选择性地对一些东西加以正式的承认。其中最大规模的国家行为一是赋予大量民间组织以合法地位；二是对于民族民间文化的代表性内容给予国家遗产的地位。

  这样一种重大的变化趋势还没有一个完整的总体论述来进行定位。如果不能在学理上说通日常生活的理所当然性，就不能在日常生活重建中发挥民俗学的社会作用，那么倡导日常生活的民俗学就显不出重大的意义。这里的困境，一方面是我们思想的困境，另一方面当然也是我们这个时代还没有完全走出自己的路来。那么这个困局被打破，首先还得冀望这个时代能够走出一段自己的路。在社会探索自己的道路时，学术一定要有敏锐的前瞻性，与社会实践形成合力，使一个有理论指导的实践与一个有实践支撑的理论思考形成并行不悖的关系，互相促进，一起走出现代的困境。我觉得，非物质文化遗产保护在中国形成运动的十多年刚好给我们提供了转变的机会。

四、日常生活的未来民俗学

"非物质文化遗产"（intangible cultural heritage）是一个具有魔法功能的概念，能够把洋的与土的，传统的与未来的，国家的与民间的，意识形态正确的与老百姓喜闻乐见的调理得不仅互不冲突，而且相互融洽。这个概念在2000年后逐渐在中国流行开来，中国人利用它解决了文化上的大问题。

非物质文化遗产保护是联合国教科文组织从20世纪80年代就不断加大力度推动的世界文化事业，经过反复的辩论、试验，在2003年凝结为《保护非物质文化遗产公约》及其所配套的各种工作委员会，落实在人类非物质文化遗产代表作名录、亟须保护名录、保护示范项目名录的审评、发布与维护上。目前，全世界已经有140个国家签署了这个公约。但是没有哪个国家像中国政府这么热心，也没有哪个国家的知识界像中国学界这么投入，无论从财政投入，从国家立法，还是从知识界的研究投入，中国在全世界都是最突出的。我推测，可能把全世界所有国家政府的投入加起来也没有中国政府投的钱多，把全世界所有语种发表的文章加起来，也没有非物质文化遗产的中文文章多。

非物质文化遗产保护在中国并不只是一个专门的项目，而是一场社会运动。它有全国人大的立法保护，有一系列公共行政的支持，吸引了广泛的社会参与，改变了主流社会对于民间文化的成见，重新赋予长期被贬低的民间文化以积极的价值，以法定的方式承认它们的公共文化地位，重新创立了政府支持的文化与草根文化相结合组成时代的公共文化的格局，基本告别了以图书馆和学校为主的政府文化与民俗性的草根文化在社会生活彼此区隔的时代。

这个运动是对近代以来新文化运动演变而成的"文化革命"，再演变成对文化"大革命"的社会后果的一个对抗，或者一个纠偏。普通老百姓的民俗生活、日常生活，终于熬过了不断被否定的历史厄运，开始在国家的公共话语当中获得正式的地位。在我看来，非物质文化遗产保护成为社会运动，所牵涉的议题远远不是具体的项目怎么样，具体的传承人怎么样，而是它给我们的整个国家体制的重大改革带来了机会。

中国因为追求快速的现代化，要塑造新人新生活，要否定传统的日常生活，结果造成普通人完全丧失了表达自己的价值的权利和机会，于是在公共生活中难以真正落实平等、自由、民主的现代文明价值。非物质文化遗产保护成为运动，事实上已经在打破这个困局。为什么中国社会对"非遗"概念情有独钟，舍得投入？大家其实有一种心照不宣的默契。"非遗"保护不是个别人一时心血来潮的冲动，它成为社会运动，成为政府和公民有计划、有协商的共同事业，就意味着背后有深意，有价值追求。

日常生活被界定为民俗，民俗被命名为非物质文化遗产，内中包含的时间意识是十分不同的，"过去"与"未来"先是相反，后是相成。原来日常生活为什么要否定，又如何否定呢？就是运用民俗学所代表的理念，非现代的生活方式对于众多的国家虽然就是"现在"的普遍的、主流的方式，但是可以把它们界定为民俗，在人类的大历史里是属于"过去"的。国家在观念上和政治上否认其"现在时"，其实是为了在历史过程中否定其"未来"存在的可能性。显然，如此民俗是因为传统的、"过去的"属性才遭否认、否定，但是在非物质文化遗产的理念里，现在还是因为那些传统属性而成为被肯定、认定的对象，成为未来必须得到保障的对象。于是，我们从整个非物质文化遗产保护的理念、运动与社会后果看到了一个关键的思想方式、一种时间意识、一种让"过去"与"未来"相反相成的制度机制被建立起来。

我们跳出民俗学去看，能够清楚地看到中国现代学术就是一个彻头彻尾以未来为导向的学术。中国的现代化是一种规划的现代化，整个社会长期处于靠操作"未来"才能够确定是非的公共生活。今天大张旗鼓在说的复兴与崛起，并不是这个时代才出现的。民俗学是中国现代学术体系的一部分，当然也要用自己专业服务中国现代学术的总追求。

在打通未来之后，我们重新思考日常生活的理所当然性，能够得到一些新认识，能够理顺一些原来看似矛盾、龃龉的方面。（1）过去的日常生活理所当然地成为文化认同的对象。民俗是过去的日常生活，它们原来作为文化遗留物是要从生活中消除的现象，而现在成为地方的、国家的、人类的文化遗产。文化遗留物都有未来了，民俗学的未来之路就通畅了。文化遗留物具有最深厚的历史内涵，被相信曾经是最有社会基础的传统，所以理所当然是文化认同的对象。早先的日常生活就是我们过去的自我，我们强烈地不顾一切地追求现代化时因为失去自信，要求一个新我，所以我们的公共政策是想方设法如何不留痕迹地抛弃它，现在我们更在意"我"是谁，不惜花各种代价寻找自我的依据，仅存的文化遗留物被发现是我们的无价宝物，重新变成了我们的共同体自我认同的对象，并通过文化遗产保护过程重新成为我们内在的自我。（2）民众现实的日常生活理所当然地成为尊重的对象。过去我们对于民众的尊重是情感的、伦理的，但是在文化上则是要否定、改造他们。现在因为他们日常生活的项目成为非物质文化遗产，他们成为非物质文化遗产的传承人、传承人群，我们现在才能够真正在文化上尊重他们的日常生活。（3）我们社会的未来的日常生活可以期盼将理所当然地成为政治、经济所服务的对象、目标。我们知道服务民生与服务日常生活是非常不同的，前者假设生活是一个生存问题，后者假设生活具有自身的情感、价值、尊严。我们以前提倡国家的政治与经济应该为公众的日常生活服务，其实是很心虚的，因为那个日常生活在文化上是很负面的，让一些人在理智上觉得不值得。但是非物质文化遗产概念极大地推动普通人日常生活的正当化，明显提升了其政治地位，我们今天更能够理直气壮地倡导把普通人的日常生活放置在政治与经济的优先服务地位。

我们今天如果能够完成日常生活的未来民俗学的理论建设，就能够理所当然地主张，社会改革的目标就是在未来保证我们整个体制要以老百姓的日常生活为优先。首先，意识形态的精英话语不能够再那么自大地去忤逆日常生活的逻辑。在一些更早实现现代价值的国家，老百姓日常生活的感受，日常生活的逻辑，是整个政治论述的基础，没有人在对公众进行演讲的时候要教育他们，要提高他们的素质。没有人会说这种疯话。他只会说我发誓怎么样来为你们服务。这是因为政治的运作基于承认公众日常生活价值的正确性，基于承认日常生活的无可置疑性。经济活动以顾客需求为目标，更加明确是为日常生活的各种细节服务。

我们不仅要讲这些大的方面，而且还要将它们落实在民俗学所擅长的生活细节。其实，有时候从细节更能够检验国家体制的问题。例如，我们老百姓最看重过年，过年当然离不了贴春联。建筑行业在城市内给老百姓建公寓，是不是应该设计贴春联的地方呢？这其实一直不是一个建筑设计的技术问题，一直是一个政治经济学的问题。从辛亥革命确立采用格力高利历，废除旧皇历，就一直没有给老百姓过年留下与他们的愿望相匹配的位置。政府采取过多次打击春节习俗的行动。即使是现在在城市的公寓里面，谁家大门是能够两边对称贴春联的呢？我们去观察，肯定一个朝东一个朝北，一个朝西一个超南，因为那个墙不是两边都有同样大小的平面让住户贴春联。这么样一个中国老百姓非常基本的需求，建筑方建房子为什么偏不要考虑这个事情？他们为什么能够跟大家过不去呢？建筑界当然有他们要服从的道理，他们当然服务于某种标准。另外一个方面，大众没有选择，因为他们的标准在国家的制度支持下是无所不在的，没有人去建一个符合大众需求的房子。国家的现代体制不是这么考虑问题的，不是为响应这种"错误"的需求而设立的。所以，国家的现代体制如何建设，必须要让老百姓的日常生活说话，让日常生活足够受尊崇，而不再是被学术所误解，被意识形态所贬低，被政治所割裂，被经济所耽误。今天，中国老百姓的日常生活，而不只是民生，将因为日常生活本身的正当化而改变自己在中国的政治与经济中的整体地位。

任何体制都不可能一蹴而就，都会有缺憾，但是问题在于它是不是有一个被改进的路径和机会。日常生活的地位正在改变，社会科学必须有一个学术自觉，必须配合起来，其中，民俗学仍然可以发挥先锋的作用。今天我们倡导日常生活的未来民俗学，是想走上这个可能正确的道路，为我们这个社会培养正确、有效地解决日常生活问题的思维方式。除了解决总体问题，生活的各种具体细节和事务还需要民俗学的专业论述。还是说春节，非物质文化遗产保护运动已经推动春节成为国家法定遗产，春节已经被列为国家法定假日，那么我们就应该把贴春联的小细节当作一个大议题提出来，提给我们自己，提给建筑界，提给整个社会。一个细节的解决绝对不只是它本身的后果，后续的效应不可低估，尤其是对普通人的日常生活在国家的政治与经济生活中的整体地位的提升具有积极效应。

五、总结性的陈述

我们用"日常生活"检讨民俗学的历史，推动民俗学有一次认识自己新的历史使命的学术自觉，重视自己与社会多数的内在关系，真正具备从个人、社群、社区、国家和人类共同体的不同层次介入"当下"、"现实"的能力（理论与方法）。民俗学不只是文人雅趣，不只是冷眼旁观，它需要把学术智慧充分运用到公共事务上来，运用到对对于平民百姓有意义的日常生活的关心上来，运用到促进各种人（不同方言、户口、宗教信仰、年龄、男女、职业）对于公共文化生活的公平参与上来。民俗学本身不是政治事务，不是经济事务，但是民俗学要为普通人的日常生活在国家的政治生活与经济活动中具有优先地位提供知识的基础、理念的基础和思维方式的基础。

因为借助日常生活概念的法力，借助非物质文化遗产保护的东风，我们得以重建民俗学的时间意识，使民俗学从一门面向"过去"、扭捏地对待"现在"、避开"未来"的学科转向一门以彻底贯通"过去"、"现在"与"未来"的思想方法为基础的学科。民俗学没有坚定的"现在"意识，就没有牢固的现实基础；民俗学没有清晰的"未来"意识，就不会有足够的意愿参与公众、国家和人类的前途考量，民俗学自身就没有可预期的未来。

作为公民的民俗学者在做学科建设的时候，如果植入未来意识，那么应该涵盖两个方面，一个是日常生活的未来，一个是民俗学的未来。我们所琢磨的日常生活的未来民俗学，要把这两个未来当作一个未来去追寻。这有点是说，中国人日常生活的未来，有赖于民俗学者的贡献。我们似乎自大了。但是我安静地想过多少次，还真不是我们自大，中国的事搞成一个难办的局面，还真是一个问题，即普通人的日常生活的文化位置问题卡在这里，这个日常生活的问题，文化的问题，还真得民俗学来参与解决。如果不摆正普通人的日常生活的位置，中国的思想界、知识界就无法奠定现代伦理与政治的坚实基础，不管提出多少战略与政策建议，都只是加深加重国家与社会的扭曲关系。另一方面，民俗学的未来有赖于真实世界的日常生活的未来能够在新观念的推动下开出新局。其实好多学科为自己的地位抱不平，觉得自己委屈了，人民对不起我们，国家对不起我们，所以声称自己要成为几级学科，要更多的发展空间，更多的资源。学科空间是真实的服务与交换赢得的。在现代体制里，你得有服务的精神与能力，你得有真材实料，有真正的智慧产品跟人去交换，你的学术，你的学科才在学术之林中有位置。所以我们今天来谈中国民俗学的机会，一定要与民俗学能够在国家与社会的建设当中发挥什么样的作用联系起来。所以结论就是：两个未来，合二为一。

家乡民俗学：历史、伦理与方法

安德明

北师大就像我的家一样，在北师大讲家乡民俗学的确有不一样的感情。家乡民俗学的话题，从最初提出来到现在引起越来越多同行的关注已经十多年了。这个话题，作为一个概念提出来大概是在 2002 年前后，现在，经过一批同行的不断讨论与参与研究，这个话题已经成了有一定影响力的话题。今天，我想从家乡民俗学的研究取向、在中国民俗学历史上的表现、对中国民俗学学科品性的影响等方面做一个梳理。在这个基础上，结合近三四十年来国外学术界的新动向，对这种研究中存在的各种各样的问题做一个分析和汇报，主要是把讨论的重点放在这种研究取向的优劣方面。另外，除了方法上的优劣之外，这种研究取向对研究者所在的环境以及所在环境的文化会产生什么样的影响，它在伦理与方法方面存在哪些需要进一步讨论的问题，进一步讲，它对中国民俗学的学科品性具有什么样的影响，这也都是值得深思的问题。这是我今天报告的主要内容。

一、"家乡"的概念

（一）不同的语境中的"家乡"

首先，什么是家乡呢？从"家乡民俗学"这个概念逐渐形成以来，大家不断在问，到底什么是家乡？讨论家乡民俗学，如果连这一点都说不清，那么这个讨论就是没有根的。我自己认为，"家乡"在不同的语境中所包含和指涉的内容是有所不同的。这个地方，我想引用埃文思-普里查德在《努尔人》(《努尔人——对一个尼罗特人群生活方式和政治制度的描述》)中的一段话来举例说明。埃文思-普里查德指出，按照努尔人的语言，"地方、家乡"的概念是用"此英"(音译)这个词语来表示，当一个当地人说我属于某个"此英"的时候，它的意思很难孤立地准确定义出来，而往往会与说话人所在的语境有密切关系。比如你在德国碰到一个英国人的话，那个人可能会说自己是英国人，但是当你在伦敦遇到同一个人的时候，他可能会说家乡是在牛津。也就是说随着语境的变化，个人对家乡的意识会有很大改变。拿我们自己来说，我们从不同地方来北京读书，当有人问起，你是什么地方人时，你会说我是内蒙古人，或者甘肃人，当你回到呼和浩特或兰州的时候，再有人问你是什么地方人，你会说我是赤峰人或者天水人。如果有机会出国，在国外读书的话，对同样的问题，大家回答时往往会说自己是中国人。也就是说，家乡其实是相对的概念，是说话人将自己所在区域与之外区域进行对比后所形成的一个概念。而所在区域的大小，往往会影响到自己对家乡的定义。所以，我们注意到，有很多中国人在国外读人类学或者民俗学的博士时，他们所做的论文可能是关于中国某个文化事象的研究，有人可能会说这是关于家乡的研究，关于祖国的研究，如果按照过去经典人类学的说法，可能会存在疑问，说不能做自己比较熟悉的地点的研究——对这一点，我随后会详细说到，这里先举个例子：假如一个中国留学生做的是中国的节日、节庆研究的话，可能会有人问他，做自己本民族的文化现象能否成立呢？但是其实我们可以这么回答他，即使在中国，即使作为一个中国人，地区之间还是有千差万别的表现形式，我作为四川人去山东做研究的时候，其实完全是在一个陌生的乃至异质化的环境中进行研究。

所以说，家乡的概念，我们可以将它放得宽泛一些去理解。但是如果就我们今天所要讲的话题来说，我们对这个概念还是要做一个相对狭义的定义。这个地方有一个问题，就是说，家乡概念是因为我们将自己所在环境与环境之外的外部环境加以对比而形成的意识，但是，可能很多人就没有离开自己的家，一辈子就待在一个地方生活，那么这些人有没有家乡的意识呢？我想，只要是一个社会化的人，即使没有离开老家，也一定会有家乡的概念，因为社会化的人在社会关系中生活，必然会与方方面面的人有交往，即使圈子很小，也会与其他领域的人形成交往，在这种交往过程中必然会形成关于家的一个概念；即使没有社会交往的独立个人，他也一定会通过比较自己熟悉的小环境与外面的环境形成对特定地方的特殊认识和情感。我记得有个很有意思的儿童动画系列片，"Peep and the Big Wide World"，讲一只小鸟 Peep 和小伙伴的故事，Peep 走丢了，说它要找家，后来找到一个易拉罐，觉得易拉罐非常舒服，可以在里边避风躲雨，它在那里待了一个晚上，接着又在小伙伴陪伴下出去寻找自己的家。找了很久仍然没有找到，当它们都有些累了的时候，Peep 很自然地说，我要回家——它说的这个"家"就是那只易拉罐。它的朋友一听，都大笑起来，你说要找家，原来这就是你的家，你的家在这。这就是所谓"却望并州是故乡"的一种心态。就像鲁滨逊被冲离小岛，但是还是想尽一切办法要回到那个岛，因为他觉得那个岛是自己的家，尽管那里是与他过去的故乡有很大差别的地方。所以，家的概念并不是很固定的，往往是跟我们在生活中与其他地区加以比较、与我们所处的境遇有必然的联系，在这种境遇之中我们形成了有关自己的立足点和出发点的意识。所以不管什么人，都会形成一个关于家乡的概念，而且这种家乡的概念是以我所在的特定环境为基础、在同我所在特殊环境之外的环境对比中形成的。由于不同人接触面的不同和所掌握知识的不同，他们有关家乡的概念在范围的大小上会有所区别，这是另外一个问题。

（二）"民俗学的家乡研究"或"家乡民俗学"中的"家乡"

那么，接下来就涉及到家乡研究，家乡民俗学中的家乡。对于家乡民俗学，我更愿意把它概括成"有关家乡的民俗学研究"，或者"民俗学的家乡研究"这样一个说法。在这其中，我们说的家乡还是相对比较独立的，物理性的客观存在。它主要是指作为民俗研究者长期生活并建立熟悉稳定社会关系的地方，对这个地方的社会文化，传统研究者有比较熟悉的把握和了解，这是家乡民俗学中的家乡。当然还有个更重要的因素，那就是，这样一个地方，虽然是作为研究者的"我"生活的地方，是我于其间建立了稳定社会关系的地方，但是这里又可以被我用一种学术的策略和眼光加以客体化和对象化。也就是说，一方面我与它有非常密切的地缘关系，另外一方面这里又可以成为观察研究和探讨的对象。

需要补充的是，所谓第二故乡的问题，就是研究者并不是在这个地方出生的，但是却在那里长期生活并形成了密切关联。这个地方也可以成为家乡民俗学观照的对象。比如我们从遥远的西北、从内蒙古来到北京生活二十多年，在北京待的时间比在老家的时间要多得多，虽然很多东西我们还是很难理解，但是毕竟跟这个地方已经有了千丝万缕的联系，在这个背景之下，这里也可以成为家乡民俗学关注的对象。

（三）"家乡民俗研究者"（或简称为"家乡研究者"）

再一个就是什么是家乡民俗研究者。主要就是能够运用民俗学的理论和方法对前面所说的家乡的地域进行观察和研究的研究者。这其中有两个方面的群体，一个是长期生活在外地，但是有机会回到故乡的研究者，在座的大家如果回到老家调研的话，都属于这个范畴的成员。这些人可以用"返乡的学者、返乡的研究者"来概括。另外还有一种是长期生活在自己家乡，但是因为接触了民俗学的理论和方法，所以能对自己家乡进行观察和研究的这样一些学者。这些人可以叫作"在乡的学者"。这些人有一个共同的特点，就是都能够顺利地及时地融入到家乡的民俗氛围中，或者说这些人就生活在这样的氛围中，所以在准确理解和把握这个地方的民俗文化现象及其内涵方面，具有得天独厚的优势。同时，他们又能凭借自己的专业知识超越生活关系，把它所在的生活场景变成观察对象，也就是把家乡变成客体化对象化的民俗学的田野。这是从心理特征、思维结构上来说的，他们都有这样的特点。不过，"返乡的学者"和"在乡的学者"这两部分人，相比之下还是有不同的。那些长期在外地生活、也就是离开了自己家乡并经过系统训练的人在民俗学的理论方法的掌握、运用和创造上更有活力和深度,但是另一个方面,在乡学者对本地文化的了解和熟悉的深刻程度,又不是返乡学者能比拟的。所以,这两方面的研究者都值得重视,而对于在乡的学者,更应该给予高度的尊敬。

二、家乡民俗研究构成了中国现代民俗学发展过程中的一个重要流派

(一)民俗学开展的早期

从家乡民俗学的视角,我们可以获得这样的理解,民俗学是给两部分人都提供了展现、表达的一个特殊平台:对于我们这些在外地学习工作的人来说,回到老家做调查,我们一方面是在探究文化的内涵,另一方面也是通过对自己熟悉的文化的展示表现我们与这种文化的关联与情感;对于在乡的人来说,他们通过所掌握的民俗学的理论方法,对日常生活文化进行集中的调查、展示,其实也是在代表所在地区及其文化进行表达,并为其代言。所以,从这个角度,我们也可以了解民俗学作为一个学科的独特魅力:它给不同层次的人提供了有价值的通道与出口,让他们能从不同的层面表达自己,自我表达。我想,这也是家乡民俗学为我们提供的一个认识民俗学学科特征的特殊角度。

刚才我说了,返乡的和在乡的学者是有不同的,我接下来的讨论主要是围绕返乡的学者展开。当然,在中国民俗学产生之初,很多民俗学者都是在乡的学者,一大批热心的参与者和研究者,都是在自己的家乡做相关搜集与调查工作。大家应该都熟悉,从1918年北京大学成立歌谣征集处,由刘半农、沈尹默等四位教授发起倡议、组织活动以来,到1922年左右,一共从各地征集到了1100多首歌谣,其中一百多首陆续发表在北大学刊上。在这项作为现代中国民俗学发端的活动中,涌现出一大批各地的参与者,他们都是在自己的老家因为接触到北京大学相关的倡议和相关的成果,才开始投身到歌谣、故事和其他民

间文学体裁资料的搜集当中，由此拉开了中国现代民俗学的序幕。

我们可以举钟敬文先生的例子。钟先生在 20 年代的时候，从他的老家的一个中专毕业以后，回到自己家乡去教书，他在教书的过程当中，有机会接触到了《歌谣周刊》，看到了相关的成果，从此开始全身心地投入到了这方面的工作当中。他在自己的学生、家人、亲戚、朋友当中搜集民间故事、民间歌谣，并把搜集到的一部分内容投到了《歌谣周刊》上去发表，另外一部分则编成了两部作品：一部故事集和一部传说集，其中一部出版了，另外一部可惜因为各种原因散失了。下面图片就是钟先生老家的景象。

刘半农

我正好有机会去过两回。其实作为在广东这样一个发达的省份来说，公平镇的面貌，在今天看起来，跟它所在的省份的发达程度相比，还是有差距的，可见这个地方相对来说还是处于比较偏一些的地方。钟先生早年采录的作品后来由张振犁老师，就是钟先生最早的研究生，经过重新搜罗整理，编成了《钟敬文采录口承故事集》这样的一个小册子。在这个书里头，钟敬文先生自己在序言里说，他当年曾热心地投入到民间歌谣、民间故事的搜集当中，搜集的对象包括学生、亲戚、朋友。他还说，他二嫂就是一个非常（爱）讲故事的人，她就是一个故事的宝库。所以从这点可以看出，作为早年的热心的参与人、积极的支持者，钟先生是其中的一个代表。除他之外，有很多人都是以这样的一个方式，在接触到北大所倡导的相关工作之后，开始从

钟敬文先生老家今貌

自己的亲友当中、家人当中收集相关的文学作品。

与此同时我们可以看到，歌谣运动的倡导者自己，也对搜集者在自己的家乡、在自己熟悉的朋友、亲人当中进行搜集的工作，予以了鼓励和支持。

我们看到，在《北京大学征集全国近世歌谣简章》当中，他们列出了这样两条搜集方法：一个是"本校教职员工学生各就见闻所及，自行搜集"；另外一个是"嘱托各省官厅转嘱各县学校或教育团体代为搜集"。实际上一方面是学生、北大的师生，各就见闻所及自行搜集，这里头就包含各方面的可能性：一个是主动到不同的地方去搜集，另一个就是根据自己的经验、经历，去自行采录；还有一方面是让各省的相关团体嘱托各县的相关团体进行搜集。那种搜集实际上是在充分地借助当地人来展开工作。后来北京成立的风俗调查会提出的调查方法当中，对这一点尤其有明确地强调："调查者尤当以其人之生长地为标准。"同时，我们看到，那些倡导者、领导人，他们也在身体力行地做这方面的采集工作。像常惠，他就回到了自己的家乡调查。像刘半农，在一次回家的途中，从船工的口中采集到了不少的歌谣，最后编辑成了《江阴船歌》。顾颉刚也是，在1918—1919年回家养病的过程当中，他就从他很多的家人亲戚口中，搜集到了很多的歌谣，他的夫人也帮他在自己的娘家，采录到了不少的歌谣，这些作品最后编成了《吴歌甲集》。《吴歌甲集》大家知道，在中国民俗学的发展史上是非常重要的一个作品集，它在采用的方法、采录的内容等方面，都具有一定的典范性，特别是在早期，是具有很强的示范意义的。这些内容实际上都是采录者在自己的家乡所做的调查。

（二）家乡民俗研究始终贯穿在中国民俗学的发展过程中

虽然后来我们看到许多的研究者把自己的研究范围，从最初的家乡，拓展到了家乡以外的其他地方，比如说像顾颉刚他们在妙峰山、东岳庙等等地方所做的调查研究，钟先生在浙江、日本所做的相关调查等等，这些最后构成了中国民俗学领域另外一个非常重要的调查和研究取向；但是，早期他们所确立的家乡研究的传统，实际上始终是贯穿在民俗学这门学科的发展历程当中。这使得中国民俗学从始至终,一直保持了一个非常突出的特征,就是家乡民俗研究始终保持了强大的影响。今天,假如我们把这样一部分的内容,从我们民俗学的范围里抽取出来的话,可能民俗学基本上就站立不起来。从我们现在的很多著作来看,比如我们师大的学位论文当中,就有很多以家乡民俗学为研究对象的内容。下面列举的,是截至几年前的一些信息,也许今天很多的同学,已经有更多有关自己家乡民俗文化的调查研究,我没列出来。部分以研究者本族或家乡民俗事象为调查分析对象的博士学位论文:

巴莫阿依:《彝族祖灵信仰研究》(四川民族出版社 1994 年版);

安德明:《天人之际的非常对话——甘肃天水地区的农事禳灾研究》(中国社会科学出版社 2003 年版);

黄涛:《语言民俗与中国文化》(人民出版社 2002 年版);

祝秀丽:《辽宁省中部乡村故事讲述人活动研究——以辽宁省辽中县徐家屯村为个案》(北京师范大学博士学位论文,2002 年);

巴莫曲布嫫:《史诗传统的田野研究:以诺苏彝族史诗"俄勒"为例》(北京师范大学博士学位论文,2003 年)。

但是,从这个目录里头,大家可以有一个大概的印象,就是从八九十年代以来,我们许多的博士论文,都是以研究者自己家乡的民俗事象为分析对象的。除了巴莫阿依之外,后面都是我们师大的博士论文。

我们也讨论过,为什么我们要回自己的老家做调查。对我们研究生来说,一个最现实的原因就是没钱,回家是最方便的一个途径,所以利用暑假利用寒假回家去做调查,一方面回家,另外一方面也把论文的一些重要的基础工作做完,这是最客观的一个原因。但是除了这个之外,背后还有一些可以进一步分析的地方,假如说只是由于上面这样一个最简单的原因的话,老师会不会同意呀?在学理上能不能成立呀?这些问题其实是更关键的。所以呢,我们实际上可以对其背后的原因做更多的分析。在家乡研究当中,它有很多独特的优势,这是我们之所以能够这么理直气壮地去做这样一种研究的最根本的基础,除此之外也跟学科领导人长期的倡导、重视有密切的关联。这里头又要提到钟先生。从我自己的经验来说，在念书的时候我就发现，钟先生对家乡人做家乡研究这样一种做法，始终是给予非常高的评价的。一方面呢，他对学生，包括像我们这些同学做论文的时候说要回自己的老家去做完全不予干涉。我的论文是1997年完成的，1994年入学后他说那你就继续做你这个家乡天水的研究，好像没有任何的疑问，或者是反对的意见。另外一个方面呢，对在各地做调查的那些在乡的研究者，他实际上是非常尊重的。我有机会跟钟先生去参加一些会议，他每次见到各地来的所谓基层的民俗学会会员，比如说像县文化馆、乡文化站的一些民俗爱好者、热心者，从来没有显示出那种所谓的学者或者说是比较有影响的学者的傲慢，往往是非常亲近地去接待和交谈。除此之外，他对那些研究者的著作，也是非常重视。比如说早年，有一个最典型的例子就是田传江。在山东，有一个村子叫红山峪村。田传江是当地的乡镇干部，他因为特别热心民俗文化、民俗学的相关工作，所以积极参与山东民俗学会的相关活动。而且我们大家都知道叶涛老师，他们的山东民俗学会，把田传江发展成了一个重要的成员。田先生经过长期地记录搜集他们乡里头的民俗事象，完成了一本民俗志，叫《红山峪村民俗志》。这本书大概在2000年前后出版的，当时我正好是在国外。后来看到一个报道，标题是"老农给北师大博士生上课"。这是怎么回事呢？原来，是钟先生看到田传江的著作之后，就请他来北师大跟我们的研究生一起座谈交流。这个事情被媒体用一个非常吸引人的题目来报道了。后来，正好在2002年前后，我们一批同行，做了一个叫"民间文化青年论坛"的网站，每个人都负责一个版块，我自己负责的是"家乡民俗"这样一个板块。在这个版块里头，我就把这个报道贴出来了，接着就有一个帖子说："请问安老师，你说这老农都能给博士生上课了，那要民俗学家有什么用呢？"其实这个帖子是我自己贴的，只是多年来一直没跟大家讲。主要是为了引起更多的讨论。这个帖子一贴出去，我们版块上果然很热闹。我其实一方面是想活跃气氛，另外一方面也是有感而发，我想通过这个来进一步讨论一些问题。后来就是不断地引发，很多人都在说这个学科的问题，也有不少人非常冷静地、客观地讲我们学科的价值和意义。后来我自己因为事先已经想好了怎么回答，所以也写了一个比较长的帖子，进一步地去讨论这个话题。主要的目的就是为了说明，所谓的老农，这其实是一个媒体的策略，它并不能说明，这门学问是低人一等的，恰好是说明这门学问是心怀坦荡，这个学问的领导者是非常宽容、非常大度的。这个话题，是这些年来我们民俗学领域里头非常有意思的一个话题。我今天讲这个事情，是为了强调，作为学科的领导者，钟敬文教授一直对在家乡做研究的人和所做的研究，都予以充分的尊重和高度的重视，在这样的一个背景之下，我们有关家乡的研究才会得到更多的支持和比较好的发展。

钟先生在我博士论文答辩的时候，围绕我的论文，讲到了下面这样三句话——后来我问他，我说先生，您真了不起，真是讲得太好了，他却说那不是他自己的话，那是柳田先生说的——他说，学问可以分三种：一种是旅人之学，所谓旅人之学，钟先生自己讲，就是到那个地方走马观花去看一看那样的一种学问。还有一种是寓公之学，就是对你长期学习或工作其间的这个地方的研究，这倒有点像第二故乡的意思。还有一种是土著之学，所谓土著之学就是这个人长期在那个地方生活，而且生于此，长于此，在这个地方建立了非常稳固的一种人际关系。那么在这样的一个环境当中，他能够非常熟练地掌握这个环境当中的许多内部知识，并对它的内涵有非常清晰的了解。所以这样一种学问、这样的一种研究取向是更值得推广和提倡的。家乡研究也是在这样一个思路之下得到了很多的支持。

刚才说钟先生对家乡研究的这样的一个概括，对我们的具体工作起到了很好的作用。那近些年随着学科的不断推进，也出现了一批从学术史的角度来总结家乡研究的一些成果，它们从最初把它作为一个现象来进行梳理，到后面不断地开始有关于方法、研究者的心理机制等方面的讨论和看法，就是有关家乡民俗研究的讨论有了新发展的表现。可是这个情况，与这个现象的普遍性、重要性相比，都还是处在一个开始的阶段，数量不多，而且讨论的重点也还有待进一步的扩展。

三、科学主义视角下家乡的对象化及民俗学的先天悖论

（一）在中国古代到近代的许多民俗志著作中，家乡已经是被关注的重要对象

这里头有一个非常有意思的现象，就是如果我们从学术史的角度来观察的话，在中国民俗学当中，存在着一个特别突出的矛盾。

如果参考中国的特殊的历史，我们可以看到，在古代到近现代的许多民俗志当中，家乡已经成了书写者所关注的重要的对象。比如说我们经常会参考的古代民俗志，《东京梦华录》《梦粱录》《荆楚岁时记》《武林旧事》等等，这样的一些著作实际上大多都是作者由于各种各样的原因离开自己所生活的故国或者家乡以后，出于对家乡生活、对故国的一种怀念，出于一种浓厚的怀旧或者说乡愁的情结而写作的回忆式的有关于家乡的记载。在这个书写的过程当中，我们可以注意到，他们往往是根据自己对过去生活的一种经历，再对比目前所在的特殊环境当中的各种各样的遭遇，或者说各种各样的特殊的社会文化现象，来以一种怀念式的、追溯式的方式书写家乡的民俗文化。在这样一种书写当中，对家乡的书写，实际上是作者用来寄托情思，寄托对过去、对故国的一种深切的怀念的特殊媒介。从这一点上来说，我们注意到，这种书写实际上在精神世界和生活经验的层面上更多的是处在一个一致的状态。它并没有出现把家乡的生活和自己的精神世界相分割的一种区隔。因为它是一种无意识的写作，在写作的过程中也不存在说我要去跟什么人去打交道，去调查什么样的东西，它只是带有很强主观色彩的一种书写，这时候也不会存在人和人之间怎么样处理人际关系这样的问题。相关的，我们要说的伦理、方法等在今天的民俗志研究和田野调查领域被不断强调的一些原则，在那些作者的心理当中不会有太多的体现。但是就是在这类书写的过程中，我们也可以发现，那些作者为了表达自己直陈其事的客观态度，他们所采取的书写策略也是非常有意思的——他们往往

是把过去的生活用一种看起来比较客观的、科学的、符合史书记录要求的方式来加以呈现。比如说他们会按照时间的顺序，严格地来书写；比如说他们会对自己所经历的特殊的文化现象，用一种看似客体化的态度加以表现。例如，在《东京梦华录》里，作者提到皇宫里每天晚上都会有一些"喝探"（吆喝的喝，探子的探），这些人就像宫中的禁卫一样，他们每天到黄昏，到了一定的时辰便几人一队，不时喝喊："'是与不是？'众曰：'是。'又曰：'是甚人？'众曰：'殿前都指挥使高俅。'"这个有点像今天军队里的口令问答。在这类表达当中，体现出了某种更加一般化的处理，使得表述显得更加客观化。即使这可能只是作者某一次特殊经验的一种记录，他也努力地想要把它变成一种一般性的表现形式。

在这样的书写当中，作者不断地要用一种客观化的处理，尽可能地让自己退隐在一个直陈其事的书写策略的背后，尽可能地要用一个客体化的态度来呈现自己深刻而又浓厚的乡愁。所以这样的一种书写策略是既矛盾又统一的。乡愁被隐藏在了一个相对看起来比较冷静的描写当中，结果却反而体现得更加浓烈，更加让人痛心。这种策略、这种书写方式，对20世纪20年代以来的中国民俗学的研究也造成了一定的影响。许多人都是在自己家乡进行搜集和调查工作，这其实或多或少也是跟这种书写传统的影响有不可分割的关联。

（二）五四时期，受日渐盛行的科学思想影响，一切都似乎可能成为科学研究的对象，许多民俗学创始者或爱好者的家乡，也自然而然变成了科学或学术调查的场所

到了五四时期，歌谣学运动兴起，现代民俗学由此拉开了一个新的序幕。这个时候，由于受到所谓科学思想的影响——我们知道五四时期高扬的两面旗帜，一面是民主，一面是科学，而科学在这个学术研究领域里头，尤其有着非常深远的影响。在科学思想影响之下，一切都可能变成科学研究的对象。那么民俗学者，或者说民俗爱好者的家乡，自然而然地变成学术研究、学术调查的一个场所，这也是一个必然的结果。当时很多在家乡做民俗调查的人，他们关

注的都是民俗事象本身，或者是民间文学的文本本身，而很少去思考在这个调查、搜集的过程当中，调查者跟自己的家乡父老之间、跟亲人之间存在的各种各样的互动、协商、交流等等这样的一些关系问题。但是这样的一些遭遇，从很多人的经历当中，其实也能够看到不少，只是他们并没有对这些问题予以重视而已。有这样一些例子：常惠回自己老家调查的时候，他说调查歌谣，结果那些人都说"不行，我什么都不知道"。因为很多人怕把自己的名字上了洋报，因为歌谣里头有很多的内容他们觉得是难登大雅之堂的，假如说这个歌谣是从某某人那里听来的，一旦把它登在报纸上，那就可能会给自己带来不好的影响，最后丢了面子。常惠说他自己在家里人当中问的时候，很多人说你是不是疯了，居然会问这些。结果有一次他在家门口看到一个乞丐在那里唱乞讨歌，他就如获至宝一样，请进家里来唱，结果反而弄得乞丐坐立不安。

　　这里有很多的问题非常有意思，一会儿我们可以综合一下来分析。还有，刘经庵在河南调查的时候，对一个男子说给我唱两首歌，那个男子就说怎么着，我这么体面的一个人怎么会唱那些？问女子呢，女子羞羞答答难以启齿。何植三在老家去调查的时候，让人给自己唱一些歌，可是家乡正在闹土匪，所有人都在谈怎么样制造驳壳枪，怎么样躲避土匪，结果他就显得特别地不合时宜。这就有点像我自己的经历：我回去调查的时候，问大家，咱们这儿的民间信仰到底是怎样表现的？相关的仪式都是怎样举办的？结果人家说现在需要化肥、地膜什么的，有的人说计划生育最近政策很紧张，某某家被罚款了什么的。大家更关心的是这些事情，而我却是在很没眼色地给人家添乱。何植三说，他有一次看到亲戚的小孩在那唱歌，但因为自己不懂嘉兴话，就哄着让她一句一句地唱，以便能够记录下来。正唱到高兴的时候，家长跑出来吆喝了一声，一下子就打断了。随后他再想办法让她往下去唱的时候，怎么也唱不出来了。他说由此可见歌谣是情感的产物，它的再现必须是唱者兴致即发，随时随口创作。那么我们在这个时候要趁机赶快记录，否则他们记不起来，我们也无从记录。这是一个非常有意思的、非常可贵的心得。就是说，我们今天所说的表演理论里头所提到的一些观点，比如每一次的表演都会形成一个特殊的文本，每一个文本都与一次具体的表演密切关联，在特殊的情境化语境影响之下，表演出来的文本，它具有这一次的独特的属性。这都是在长期的经验研究的基础之上归纳总结出来的。可惜呢，我们早期的研究者，尽管已经获得了不少很珍贵的感觉，却没有沿着这样的思路做更多的研究和探讨，结果丧失了很多进行理论提炼的机会。

调查还可能会遇到各种危险。早年孙少仙在昆明做调查，他把搜集的一些歌谣发表在北京的报刊上以后——我们知道歌谣里头会有许多和当地的人和事有关的一些内容，比如说什么秃子、癞子、阿三之类的形象，可能会与周围的某些人的特点有关，与某个人的经验有很大的关系——当地人就给他写信说，好汉护三村，好猫好狗还护三邻呢，像你这样把我们的丑事都揭发出来，这是什么意思呢？而且因为有一首发表的歌谣中出现了一些和某个人直接相关的内容，让这个人非常生气，说我的丑事居然被你上了洋报，说一定要报复。

当然，对这个问题我们可以从两方面来理解。一方面，研究者在这个过程中会遭遇各种各样的困难，甚至是威胁；另一方面，我们今天在田野研究当中不断强调的伦理原则，比如哪些内容你可以搜集但不能公开发表，在早年并没有引起研究者的关心。实际上，那些说要报复的人，在早期的歌谣运动倡导者看来，可能实在是太不像话了，我们做的是如此科学的研究，你居然不支持我们，还威胁我们！如果按过去的思路去思考，这样的批判当然是合理的。可是今天，当我们把民俗研究、民俗学的调查看作是人与人相互理解、相互交流的一个特殊的过程的时候，我们就会反思我们当时的做法是不是合适，是不是对那个人予以了充分的尊重，这当然是另外一个方面的问题了。就像刚才提到的，有的人说他怕上洋报，有些人说让唱歌谣是侮辱自己等等之类的心理，其实也是非常有意思的。

在早期，很长一段时间，歌谣是被上层的人看成鄙俗的、低下的一种文化表现形式，只是到了五四前后，由于先觉的知识分子的倡导，它们才被当作一个国家文化中的重要组成部分以及保证民族文化源源不断发展的动力来理解。正是在这种意识之下，他们倡导发起了歌谣学运动，而这个运动，在北京大学一开始其实也受到了很多的抵制。大家如果看我们的民俗学史，就会发现当时有很多教授反对这一运动，认为他们这种工作实在是有辱斯文。歌谣运动的发起者同卫道士之间其实展开了很多的讨论和斗争。可以说，在上层的所谓大传统的压制之下，作为小传统的民间文化长期以来是处在一个被轻视、被压制的境地，只是到了五四以后，由于新思想的影响，一批人才开始强调这类文化的重要性，并开始了身体力行的采集和研究。可是，对广大民众而言，尽管他们是民间文化的拥有者、创造者，但由于长期在上层文化的引导乃至压制之下来理解自己的文化，他们也不可避免地会把这些东西看成是不入流的、不雅驯的内容。或者说，它们只属于民间群体内部、自己小圈子里进行某些娱乐或特殊仪式的时候才会表演的内容，在面对来自外界、来自上层的这些学者，尤其是可能会把他们的一些事象写上洋报的人来说，他们会感到某些文化内容实在是羞于启齿。在这样的心态之下，五四时期所谓启蒙运动当中的一些知识分子根本就没有注意到，自己虽然在思想上有了一些改变，有了革命性的一些变化，但是并没有和民众的思想保持一致，他们在启蒙的过程当中不断地在宣传说这种内容很重要，其实只是在知识分子当中做宣传，对长期以来被压制的民众的思想并没有起到一个纠正的作用。就像我们把一种植物用铁丝拧起来，让它朝着一个方向长。过一段时间后，再把铁丝去掉，那植物并不会恢复原来自然的生长方向，而是仍然朝着被扭曲的方向生长，于是它成了盆景。也就是说，在长期的压制之下，人们关于自己文化的思维已经形成了一种定式，当你突然之间告诉他们，你这种文化其实很好，他们怎么可能一下子就变过来呢？所以，这长期以来就是一个非常大的问题。

对这样的一些问题，我们的调查者并没有好好思考到底为什么会出现，我们今天的这些观点同文化的运用者和文化的创造者之间为什么会存在着这么大的差异？今天的观点怎么样才能更好地跟民众的思想有一个交融，进而引导他们正确地认识自己的文化？再比如，我们在和自己的父老打交道的时候，对于特殊的文化现象，我们同家乡父老之间其实存在着一种理解上的差别。我们作为学者，怎么样进一步调整自己的角色，怎么样去思考我们的参与对当地人的心态、当地的传统发展脉络的引导或影响等等问题，并没有引起调查者的注意。洪长泰在他的《到民间去》这部博士论文里曾经指出，在民俗学发展的早期，不管是采集技术还是研究理论方法上，我们都缺乏学科专业化的东西。他说，早期的民俗学者没有发出这样的一些疑问：面对歌谣、传说等不同的体裁是否要采取不同的搜集方法？怎样在闭塞的乡村，在不会让农民惶恐的条件下来开展工作？怎样才能让对方相信自己，不会觉得调查者是在戏弄他们，从而放下陌生感、羞涩感来更好地演唱过去被嘲弄的民歌——以前，这些内容总是被外来人特别是上流社会的文人贬低、嘲弄和批判的，今天突然来一个人，要他们演唱那些内容，没有人会觉得这是出于对他们文化的尊重或对于他们中某个个人的信任而采取的行动。

也许我们可以说，这些早年的调查者都是局内人，他们是在自己的文化当中、特别是在自己的家乡做调查，所以不存在怎样和他者打交道的问题，因为都是熟人，都是朋友。但是，尽管是很熟悉、很亲密的朋友，对有些内容，我们去问也不一定很合适吧？即使是好朋友之间，对有些内容也要留一个特殊的私人空间的。当然，民间文化中有不少内容具有公共的性质，但在每个具体的实践者与这种公共知识交流互动的过程中，往往又会出现各种各样具体的个体化、私人化状况，而对这种状况予以尊重也是十分必要的。

前面讲到，早期的调查研究者对调查过程中遭遇的各种困难和问题，并没有做进一步的讨论和梳理，这里头的原因我想是有两个方面：一个是同早期学者对这门学科的理解、对学科所关注重点的认识有密切的关联；另一个，是同他们对自己和民间的区分的认识有很大的关系。我们看歌谣运动的发起者所提出来的目标说，之所以要搜集这些民间文学作品，其目的有两个：一个是文艺的，一个是学术的，文艺的目的主要是为了在广泛地搜集反映民众心声的作品的基础之上，进一步建立、完善民族的诗，而建立这种民族的诗的最终目标，是为了建设新的民族精神和民族传统，也就是说，它和民族主义的追求密切相关。这一点，我们从其他国家民俗学学术发展史上也可以看到，无论是德国还是芬兰，他们在民俗学早期发展中所做的工作都和民族国家的独立有密切关系，民俗学的发展为国家的建设发挥了非常重要的作用。在五四时期，当中国面临着许许多多的问题的时候，知识分子也希望通过民间文化来寻找整个民族的精神根源，从民间歌谣当中来汲取丰富的资源以建设我们的新文艺——建设新文艺的最终目标是弘扬这个国家的民族精神。在这样的基础之上，搜集作品成了最为核心的任务，其他的都是可以忽略不计的。

还有一个，就是尽管五四以来，一批先觉的知识分子认为我们应该用民主的态度来对待民众，承认即使在民间也存在着伟大的精神力量，倡导应该放下自己的身份走向民间，也就是所谓的眼光向下——在当时的时代背景之下，知识分子有了这样一种自觉，不可否认的确是巨大的进步。但是，受特殊背景的制约，我们的进步也只能到此为止。从家乡民俗调查者的情况来看，他们不管是在家乡调查还是在异地调查，都毫不例外地把调查地点看成了民间，他们是"放下身段"来到民间，是"眼光向下看"，而并不是把自己视为是民间的一员。这是一个非常大的区分。作为民间，这个阶层和上层阶级有着天然的区隔。一些处在民间的文艺形式，长期以来地位就非常低下，被限定在可以用"小传统"这个概念来涵盖、来概括的范畴。这就进一步加大了我们文人、作为上流社会的文人和拥有小传统的民间之间的距离。这样的时候，调查者不管是到哪儿去做调查，都是觉得我调查的是民间的内容，是"下层的"事象，我到这儿来是因为我有很高的身份——我已经做出了非常好的姿态，以一种俯瞰的眼光，放下身段的眼光来对待民间了。在这种前提下，不管是家乡还是异地，都变成了学术研究与科学观察的一个对象，变成了可以被对象化、客体化处理的一个田野，这是我想说的早期的学者思维中蕴含的一个问题。

另外一个方面，它也跟早期的学术取向有密切关联。刚才说了，早期的研究者，观察、关注的主要是文本、民俗事象或民间文学作品而不是人。就像洪长泰在他的书里所指出的：早期的研究者认为，现代文明正在收音机等电气化设备和铁路修建等工程的影响之下，向纯净、安宁的民间乡村发起蚕食和进攻。常惠甚至说文化愈进步、歌谣愈退化，如果现在不赶快去搜寻，再过几年恐怕二手、三手的资料都是很难再去搜寻了。在这样的一种紧迫感之下，他们最需要抓紧时间抢救、搜集所有的作品，而如何跟人打交道就实在是太次要的一个问题了——其实，我们可以注意到，这样的一种心态从民俗学一开始就有，直到现在仍然贯穿在我们的学科当中，影响着许多民俗学者的思维。今天，许多民俗学家还在呼吁，还在倡导，还在身体力行进行着"抢"和"救"工作——基于这种认识，家乡就是一个搜集的场所，就是一个民间，它跟其他地方并没有本质的区别。而调查者和被调查者之间的关系，其实也就变成了知识分子和民间的关系。尽管被调查者可能是调查者的叔叔、伯伯、哥哥、嫂子，但是他们都是民间资料的掌握者，是我们所需资料的提供者。从这里可以看出，在学科发展早期研究者与被调查者之间的主客体区分，还是非常明显的。

（三）民俗学的悖论

在这样一种背景之下，家乡就成了我们民俗研究中的一个重要田野场所，但与此同时，民俗学也有了一个特别突出的悖论。这个悖论就是，我们不断地强调要以科学的原则来建构民俗学——尽管我们刚才批评说民俗学在方法上并没有什么非常特殊的成果，但是从歌谣运动倡导者早期制定的调查方案中，仍然能够看出要通过科学的方法、科学的技术来处理我们的研究对象的努力，比如强调"歌词文俗一仍其真"，不管俗也好，雅也好，都要按照它本来的面目记录，比方对有一些"有其音无其字"的，可以用罗马字或者用一个方框加以标注，等等，这些要求从今天来看仍然很有规范性，体现出在具体细节上对科学态度的重视。但是，与此同时，我们却并没有遵循人类学所强调的一个所谓的科学原则，也就是经典人类学所倡导的应该在异文化当中去开展研究、而避免和禁止对有关熟悉文化的研究的要求。为什么这么说呢？我们知道，从二三十年代开始，人类学的许多著作就相继被翻译成中文，而且被民俗研究者当作重要的参考著作来对待，比方说李安宅通过翻译马林诺夫斯基的两篇论文结集而成的《巫术、科学、宗教与神话》，早期对我们产生了很大的影响。但尽管如此，我们却从一开始有意无意地忽略了人类学所强调的"科学"规则，不仅如此，我们还示威似的把家乡就当成了自然的调查场所。那么，这个过程当中就会出现一个非常大的问题：一方面在具体的方法技术层面我们强调自己的学术是一门科学，强调科学性，另一方面在学科的基础层面又有意无意地忽略了所谓的科学原则。

这样的矛盾从中国民俗学创立起就一直体现在我们的学问当中，而且两个方面在具体实践中又相互协调得非常好！但这种悖论长期影响了研究者调查的方向和调查的心态。比如说，举我做博士论文时的例子。我的论文是以在自己老家天水所做农业禳灾的调查为基础的。在写作过程中，由于经过调查和自己以往的了解，对具体民俗事象都比较熟悉，因此可以很顺畅地书写具体民俗活动，可是在分析和讨论的时候，总是觉得有一些忐忑，总担心会不会被人说是不科学。而且那会儿也没有太多机会去了解新的民族志报告和相关的新观点——其实那些年西方学界已经有很多新的讨论了，于是，每次在提到资料提供人的时候，尽管这些人往往都是我自己的亲人，有时候甚至我父母也会帮我提供一些材料，但我在写的时候却非常"科学""客观"地作注：某某某，男，多少岁，小学文化程度，以此来显得更具有科学性。虽然在写到自己父亲或母亲名字的时候，觉得很奇怪很不舒服，特别是那种把自己的亲人对象化为所谓"线人"一样的感觉，让人非常难受；但是，为了让我的论文看似科学，我只好狠心隐去了自己与父母的关系，这是一个很大的心理上的矛盾。

尤其觉得忐忑的，是不敢说我研究的这个地方就是我的老家。在最早提交的论文中，我并没有明确写出研究是在自己老家做的，而是说以甘肃天水地区做的田野调查为基础所做的研究，天水位于甘肃省某某地方，北纬多少度，东经多少度，非常"客观"的一种表达。后来答辩时，听钟先生说到"寓公之学"、"土著之学"之类的观点，又逐渐有了一些底气。那时候有一些机会接触到家乡人类学的一些概念，虽然还没有看到真正细致具体的讨论，但也开始隐约觉得自己的研究属于家乡人类学的范畴。但是，2004年有一次在德国碰到一个人类学的博士，同他聊天时，说到我的博士论文，我说是在自己老家做的调查，他第一反应却是那样行吗，我们人类学不让在自己家乡做研究，这又让我受到一次刺激。于是进一步去找理论的依据，结果，看到了关于"家乡人类学"、"局内人民族志"、"本土民族志"等许多很深入的讨论，这就给了我比较大的信心。但不管怎样，我们的早期，由于有前面所说的那个悖论，直接影响了我们从业人员的心态，使得我们虽然可以说在家乡做调查顺理成章，但遇到人类学的原则的时候总是觉得底气不足。

四、学术范式的转换与家乡民俗学合法性的确立

随着对新的学术范式的了解逐渐增多，民俗学家乡研究的方法取向逐渐在我们学科里得到了比较充分的理论自信。经典人类学之所以强调在陌生环境中展开调查研究，与马林诺夫斯基有关"文化科学"的倡导密切相关。我们知道，马林诺夫斯基是经典人类学的重要创始人，他在学术概念上有许多具有长期影响的创造和发明，有关文化科学的概念是在人类学当中长期占据主导位置的观点。它强调我们的文化研究就像自然科学研究一样，应该以一种纯粹科学的态度去对待研究对象，以求从这样的探讨中发现文化所具有的特殊的客观规律。在这样的倡导之下，我们只有在陌生的环境当中展开研究，才能保持差异的眼光，在这样的眼光之下，才能够始终保持对文化对象的一种学术敏感。受这种观点影响，有关熟悉文化的研究很长时间就变成了类似于禁忌一样的问题。我刚才举的例子，说德国那个博士的第一反应是你这个不合适，当时是在 2004 年，即使是在今天，仍有一些同行受这种观点的左右，对有关熟悉文化的研究保持着非常高度的警惕。但是从整个学界的发展来看，从 20 世纪 60 年代以来许多新的思潮开始涌现出来，比如说解释学、后结构主义、女性主义等，这样一些新的思潮在整个社会科学领域产生了越来越广泛的影响。在此背景之下，过去的经典人类学所标榜的所谓"客观"、"科学"的追求日益受到质疑，许多研究者开始越来越清楚地意识到，我们的研究作为一门人文学科的调查，不可

避免地会带有许许多多的主观因素，这些主观因素永远存在于研究当中，使我们永远无法达到"纯粹"的、"客观"的科学。于是，人们逐渐形成了一种新的共识，那就说，人类学也好，民俗学也好，作为民族志的一种调查和研究，我们最终的成果只能是通过一种描写来达到对于社会、对于文化、对于人生的一种解释，只能揭示部分的真理，而不可能发现所谓纯粹的、客观的真理。我们大家可能都比较熟悉的人类学、民族志领域著名的新成果《写文化》，正是在这样的背景下产生的。按照《写文化》所倡导的观点，所谓的文化并不是客观地存在于某个地方的一个客体，它往往是作为研究者的我们和客观存在的某一个象项之间互动、交流和相互影响，进而以一种特殊的表现的方式呈现出来的结果，是一种主体与客体相互遭遇的结果。如果我们把哪个文化现象理解为客体的话，这个客体作为我们所呈现出来的客体并不是纯粹的客观存在，往往是加上了许许多多我们研究者的主观因素、主观理解的主客体相互交融的结果。所以，客观地呈现一种文化根本是不可能的，相反，我们的民族志研究者只能够唤起一种拒绝对某种文化进行模仿的审美综合，或者是话语的碎片，那是一种不可描述的非实体，是一种表达的结果，而不是一种纯粹客观的描写。在这种理念之下，越来越多有关自己内部文化的研究成果开始涌现出来。这些研究在民族志领域里开始被许多人用这样一些概念来概括："本土的民族志"、"局内人的民族志"等等。这样的一种概括，使得相关的研究在理论上找到了合法的依据，而且不少人也陆续对这方面研究中存在的复杂问题进行了总结和梳理。

在这样的学术趋势影响之下，从 20 世纪 90 年代中后期以来，我们中国民俗学在学术范式上也有了新的变化，比如在学科定位上我们不再过于强调科学性的原则。以往我们把民俗学叫作一门科学的研究，今天越来越多的人则更愿意说民俗学是一门人文学科，从"科学"到"学科"，实际上体现了我们对于这门学问定位的转变。研究的取向上，我们也越来越强调对民俗生活进行整体的观照。当然，受包括表演理论在内的其他新视角、新观点的影响，我们的研究对象也开始从静态的文本转向了动态的语境和语境当中的文本，开始把文本放到语境当中去理解，在语境和文本相互参照、相互影响的脉络当中来理解二者。在这样的背景之下，研究者和被研究者应该是互为主体的这样一种观念，越来越成为我们研究当中占主导地位的观念，这种观念尤其对在陌生文化当中进行田野调查的人具有重要的启示意义，对于在熟悉文化中进行研究，特别是对我们早期的知识分子来说也是具有革命性的启发的。

我们刚才说，由于上下层之间天然的区别，过去知识分子总是以拯救者的心态放下身段，走向民间，去对待我们的民间文化，对待民间。我们应该进一步反思前辈所走过的学术道路，进而思考我们自己今天无论在家乡还是在异乡调查时可能出现的问题。在这样的背景下，我们把田野研究理解成人与人之间极富人性的相遇，也算是新的提法吧。其实，这种提法中，抛开修辞上的表述特征外，确实有很多值得我们参考的技术上的学问。我们把它理解成人研究人的文化，研究者是人，被研究者也是人，二者是平等的主体，处在平等的对话的状态。在这样的对话的状态中，研究者和被研究者是"我和你"的关系，而不是"我和他"的关系，不是主客体的关系，而是两个平等的主体的关系。

在这样的视角之下，中国民俗学摆脱了过去深植于我们学问中的科学主义的影响，或者说很大程度上从这样的束缚中解脱出来，从而使得前面所提到的悖论在相当大的程度上得到了解决。我们从此不再担心我们这个是不是科学，是不是会受到别人的批判。拿我自己来说，在我后来完成的以总结自己田野经验和民俗学发展史为目的的《重返故园》这本书中，我的写作状态就比较自由，可以轻松提到自己从小如何听奶奶讲故事，在家乡调查时遇到了什么样的问题，等等，这时候心态是十分放松的。我想，作为研究者，在回到自己老家之时，放下科学主义包袱之后，我们不仅可以在家乡体验家乡的生活，而且也可以进行自由的学术思考，在思考的基础上，又可以在相对自然的状态下同自己的父老乡亲进行交流。这种状态，相比之下，我们在其他地方做调查时几乎是很难获得的。

五、家乡民俗学研究中的伦理与方法问题

（一）伦理挑战和心理困境

　　家乡研究当中所蕴含的伦理和方法问题，也得到了进一步的思考和分析。田野当中的伦理问题，从20世纪80年代以来在国外一些学者的讨论中占据了越来越多的位置。像芬兰的学者，以劳里·航科为代表，他们在进行史诗研究时越来越多地注意到史诗艺人在为我们提供资料、帮助我们展开思考当中所发挥的作用。我记得2004年去芬兰做访问学者的时候，第一次很惊讶地注意到，许多民俗学著作的署名作者，往往都包括作为重要田野合作者的史诗艺人。这个小小的细节实际上反映了那些史诗传承人不仅被当成重要的资料提供者，而且被看作研究的合作人、学术成果共同的生产者。通过这样的处理，原来可能被我们视为民间普通劳动者的名不见经传的传承人，在学术殿堂中获得了某种程度的位置。在这样的实践影响下，越来越多的民俗学者开始探讨和思考我们怎样更好地处理与田野对象之间关系的问题，伦理问题也就成了学术界讨论极多的话题。

　　对家乡研究者来说，伦理问题往往又会表现为特别的心理上的困难。那些本来属于我自己的亲人的人士，那本来是和我处在比较和谐关系的生活场域，却因为我自己的学术目的，不得不同我自然的生活的状态剥离开来，变成了被我观察、被我研究的对象，变成了异质化的存在。这是需要我首先直面的心理困扰。2000年我在印第安纳大学和一位同行，当时民俗学系的系主任John McDowell闲聊的时候，听他说他父亲是伐木工人，有很多的生活经验。我当时脱口而出说，你可以对你父亲做一个口述史的调查，他是非常好的资料提供者。结果他说不愿意做这样的事情，不想把自己的工作和自己的家人、家庭关系搅在一起。当时我对他的话有些不以为然，觉得要是处理好的话，可以进一步加强父子之间的情感，而且他在学问上也会多一个助手。但是今天来想，他说的

确实有道理。在把家人当成研究对象的过程当中，研究者必然会出现身份上的焦虑、对峙，也就是"学术的我"和"作为家乡成员的我"在心理上会产生对抗。在这个时候，他不得不注意协调两者之间的对抗，生怕哪一方会占据更强烈的主导位置而影响另一方功能的发挥。这是十分困难的。许多时候，往往会是作为学术的我的身份占据主导地位，从而使"我"时时刻刻处在违背故乡传统的状态。

有不少人曾举到这样的经历。有一位女性人类学家提到，自己回家乡调查时，要参加一个宗教仪式的观察。那个仪式按照那里的生活传统来说坚决禁止女性参加，但是由于她是一个人类学家，所以她回到老家之后，当地人很欢迎她参与，她就去观察。结果，一方面她很高兴，搜集到了很多资料；另一方面又觉得非常难受，她从小就在那样的氛围中长大，她知道禁止女性参与的规则，这使她很长时间处在一种不安和焦虑当中。再举个例子，像我们师大毕业的祝秀丽博士，她的博士论文是关于自己老家民间故事讲述活动的调查研究。她在后来回顾自己家乡研究的经验时，也提到了类似的遭遇。按照她的家乡当地的传统，故事讲述人所讲故事的内容，往往会因听众年龄、性别等因素而有很大不同，某些故事，比如荤故事，是只限于成年男子之间交流的内容。按照规矩，这类故事她自己作为当地的生活者是不应该听的。但是，当她作为民俗学的博士生、作为研究者回到家乡，告诉家里人自己要进行故事研究之时，许多亲友都提供了不少故事，其中就包括不少她作为当地人不该听的内容。这让她感觉很别扭。实际上，这个时候，也是所谓"学术的我"占据了主导位置，破坏了原有的正常的生活关系、伦理关系。到底如何协调二者之间的关联，是做家乡研究的人时时刻刻要面对的问题——到现在我也想不到什么更好的办法。假如我们回到家乡之后，严格按照家乡的伦理原则来行事，那么可能许多资料根本就无法获得。比如我有一次回家调查求雨的时候，为了更好地观察，我直接参与进去，在游行的时候帮助拿一些东西，这时候我想照相，因为那是仪式非常重要的阶段，我想把它记录下来。但是我知道，在我们老家，对神灵或神圣活动照相是严重的亵渎，结果犹豫很久，没敢出手。回到家里，对母亲说，今天非常想照相，母亲赶紧问你照了没有？我说没有，她说幸亏你没照，要照了可就糟糕了，假如不灵大家会骂死你。在这样的状态下，学术的任务和作为当地人的身份怎样去协调是特别大的问题，而且这个问题始终存在，我到现在也找不到特别好的办法来解决。

还有一个，就是在家乡调查过程中会遇到新的任务。亲人们会对你寄予很大的希望，比如说，你是北京来的，你都是博士、教授了，那帮我们看看能不能解决灌溉困难的问题，能不能联系一批地膜，能不能呼吁解决乱收费问题，等等。在这样的时候，由于你是当地人、家乡人、父老乡亲的困难，他们的遭遇，给你的那种感同身受的体验，跟你在陌生的环境、在同自己没那么密切关联的环境里是很不一样的。假如我是在其他的地方调查，我也会同情调查地区的人的遭遇，但是我自己那种担当的意识、那种责任感相对来说就不像在老家那么强烈。它给我造成的心理的困扰和冲突，是格外强烈的，所以，这又是作为家乡研究者在田野当中必须面临的问题。再有，是科学研究和亲情关系的冲突。做博士论文的时候，伯父曾带我去做过一些调查。有一次，在邻近伯父所住村子的另一个村庄外，我看到许多人都在一处几乎要干涸的泉水旁排队等着打水，泉水出水量，根本赶不上一瓢的舀取。我看了以后特别震动，觉得那个村子吃水实在是太困难了。伯父却说，咱们村也一样，你不知道？这让我十分羞愧。因为我在伯父家的日子里，除了每天跑来跑去地去问你们这有什么仪式之外，并没有注意其实每天早晨四五点钟，我的堂兄堂弟就起来跑到村口的水泉去等水，花很长时间才能挑来一担的水。在密切的亲情关系里，看到大家所面对的困难，这对我造成的刺激、影响会非常深刻。

（二）在承认学术研究中各种主观因素的不可避免性并把它作为研究的必然构成因素予以接受的前提下，家乡民俗研究者要正视如何避免情感等主观因素对学术研究的过度影响问题

那么，进一步来说，既然主观因素不可避免，我们就必须承认，学术的我和作为家乡自然生活者的我之间，必然会存在要时时协调关系的问题。而家乡的我时刻会影响到学术的我,也是必然存在的现象。作为家乡民俗研究者,认识到这样的关系,我们要展开学术研究,更重要的就是怎样避免情感因素对学术研究的过度影响。就是说,我看到人们遭遇的各种困难和问题的时候,会非常痛苦非常难过,而且有时候可能跟他们一块儿嗷嗷地哭,把什么照相机、录音机都放在一边儿,跟着参与。但是,作为一个研究者,我们要尽可能地避免这样的"投入"。我想起来一个小插曲。大家可能听说过台湾的王秋桂老师,他是非常有影响的人类学者和民俗学者,在民俗学田野调查这方面组织和发起了许多著名的学术活动,也有很多的成果。有一年他在一个地方做讲座,是关于田野调查的。我当时正好在考虑互为主体或者说主体间性这个概念对田野研究的影响,就给他提了一个问题。我说您讲了这么多田野的经验、田野的方法,但您怎么理解互为主体这样一种观点在今天的田野研究当中的影响?他第一句话是这么说的,他说确实是有这些干扰,但是不管怎么样我们还是要做自己的研究的。当时我觉得非常震撼。他说我们讨论的互为主体性的观点,对正常的田野工作可能会是一种干扰。当然这种看法是有些绝对,但反过来它也可以给我们另一种启示。就是当我们讨论许多伦理问题的时候,应该把它讨论得非常充分,在这样一种基础之上,我们还应该进一步思考我们要干什么、要做什么。

那么,就是当伦理原则已经在我们的田野研究当中有了充分的体现、有了彻底的贯彻的时候,我们更多的还是要回过头来,去考虑我们在这里面,在这个原则之下要完成的学术任务。也就是说,互为主体的概念,是在我们这个领域里头具有非常伟大的、革命性的意义,它给了我们一个基本的视角,它让我们时时刻刻保持一种立场,这种立场就是要以一种平等的、尊重的态度来理解和对待我们的研究对象。同时,在我们的研究报告的呈现当中,也要时刻注意对研究对象的权利和权益的尊重。像前面提到的把一些人的材料不加任何区分地都加以公开、加以发表,这样的做法,本身就是有很多问题的。有了这样的一种视角之后,回过头来,一个不可否认的事实就是,不管我们怎样强调互为主体,只要去做民俗志的研究,就总会存在一个观察与被观察、了解与被了解、研究与被研究的关系。也就是说，即使我们在这个对话过程当中保持了"我和你"的关系，仍然会存在对话主导权的问题，存在相对主动和被动这样一种关系。借用唯物辩证法的说法，就是在任何一个矛盾当中总会存在矛盾的主要方面和次要方面。只有在保持这样的一个关系的前提之下，我们的研究才有可能得到保障，才能顺利地展开。也就是说，我们应该是为了更好地理解我们的研究、我们和研究对象之间的关系，进而更好地展开我们的工作，来倡导互为主体的观念。相反，如果不断地去纠缠什么叫互为主体，要怎么怎么样才能真正做到互为主体，这样下去，我想最后就会变成自缚手脚，一方面我们什么事情都做不了，就像王秋桂老师说的是在添乱，另外一方面，又会使新理念变成一种比较虚伪的表达。这是我自己的理解，主要说的是在新的理念影响之下，我们怎么样处理这种新的理念和我们要做的田野工作的关系。

（三）"化熟为生"：如果说在异文化中进行田野研究，首先必须采取一种可称为"家乡化"的措施，以便建立熟悉的田野关系，对家乡民俗学者来说，却始终存在着要把熟悉的人或事加以陌生化、对象化以便进行观察和探究的问题

进一步而言，在方法上，如果说在异乡的研究当中必须要进行"化生为熟"的处理的话，在熟悉的环境里，则必须要采取一种"化熟为生"的策略。这就是说，在熟悉的地方，在我们的思维模式上，在我们的心理机制上，要始终有一种距离感，一种跳出这个生活圈子的态度，以此来观察我们的研究对象、调查对象。不管是对一个地方，对这个地方的人，还是对我们曾经经历过而且非常熟悉的文化现象，我们都必须以一种观察的态度，以一种学术的视角把它加以对象化，使之成为我们的研究客体，成为技术处理层面的客体化的对象。这个客体化跟前面所说的互为主体观念并不背离，它是在保持互为主体的态度、保持对被研究者的足够尊重的前提之下，在具体操作层面，必须以客体化的态度来理解、对待和处理我们调查和研究的对象。

在家乡进行研究，肯定有很多的优势。举一个例子，就是在台湾东华大学，有一些民间文学专业的老师也会在自己熟悉的社区里做调查。前些日子我碰上一位教授，他要带着学生去台北的内湖地区做一个庙会的仪式的调查。他说先跟他们去联系，按他以往的经验，只要说我是东华大学的教授，对方都会很支持，非常欢迎，欢迎教授来关心他们这个小小社区里头的活动。但没想到，这次那个里长表现得非常冷漠，要他提供公文。他就从东华又申请了一个公文给对方传递过去，结果呢，又石沉大海，没有任何的反馈。工作很难开展。怎么办呢？最后他只好找一个学生，那个学生的爸爸在当地的警察局工作，经过那位警察联系，那边就很快非常热心地支持他们的调查了。这可以说也是一个例证，说明很多时候熟人社会、熟人关系往往会对我们研究的展开起到非常大的辅助性作用。除了这些之外，就是在熟悉的环境里，你在心情上、生活上都会比较适应，这都是大家想一想就能发现的好处。那么除了这些之外，也有很多的不利的因素，我们在做调查的时候也必须要注意的。一个是很多时候对我们觉得很熟悉的事象，由于自以为熟悉，往往会放弃进一步追问的机会，或者说根本就意识不到还有一些问题可以去进一步追问。前一阵儿在东华大学，跟一位博士生去观察她的一个调查点，那是一位老织布艺人的工作坊。到了那儿，她跟那位艺人很熟悉，聊了很多问题，都谈得不错。在这过程中，我问了一个小问题，因为发现这位老艺人有一个小本，每次在织到某个点需要停下来的时候，她都会在本上用数字把节点记下来，以便在下一次操作的时候可以顺利地衔接上。我就问她，您提到了您的母亲，但您母亲又不识字，那她当时是用什么样的方式来记录节点的呢？结果她就讲了一个非常复杂曲折的故事，说她母亲当年是把所有的图案、结构全部记在自己的脑子里。她个人后来为了开这个工坊，需要通过考试获得一个技师证书，考试时老师出了一道很难的题要她第二天回答，她绞尽脑汁也难以找到答案，结果晚上梦见了自己的母亲，一下子豁然开朗，等等。非常曲折的经历。带我去的那位同学感慨地说：这个细节我居然没有问到，幸亏你提了一下，一提居然多出这么多有价值的资料。其实，这就是由于她跟那位艺人过于熟悉了，难免会忽略有些细节。

　　还有一个，就是我们在民俗志报告书写的过程当中，可能也会不自觉地过滤掉一些内容，这些内容往往是跟我们自己对自己文化的特殊理解有关系。这里首先存在着这样一个问题：有人说，当地人研究当地文化会有充分的发言权，他可能在对文化的理解和表达方面有更强的优势。这就引起了那些异文化研究者的批判，比如说我作为甘肃人，到山东做了调查，我的研究成果难道就没有任何的价值了吗？事实上，作为当地人，我们在对当地文化的理解过程中往往会有一种自以为是，会觉得某些内容展示出来可能会给我们带来不好的影响，于是便决定，算了，这些东西我们轻描淡写一下，或者干脆就不写了。这些情况其实自觉不自觉地都会在我们的书写过程中有所体现，它也是需要我们警醒的。

另外一个问题，就是在家乡你也可能会遇到一些特殊的困难。前两年出了一部书叫《亚鲁王》，大家可能都知道，这是一部经过整理而成的苗族史诗，它的收集整理者叫杨正江，是一个年轻人。他讲到自己调查搜集的资料时说，他由于热心于民间文化事业，组织了一批年轻人到处搜集民间歌谣。因为他搜集的一些内容可能根本不适合在村子里头演唱——按照地方传统，有些民歌，可能必须到山上去唱，有些必须在特定的时间段去唱，因为他让人帮他表演和记录了这些民歌，结果引起了村子里很多人的反对。有一次他们走在路上的时候，忽然过来一帮人把他们几个抓起来，扔到了旁边的河里。这是在家乡调查的时候可能会遭遇的特殊的困难。面对这样一些问题，我们怎么办？当然杨正江的个案，又涉及学术伦理的问题，其中还有很多可以总结的经验。但是从遭遇困难的角度来说，家乡民俗的调查研究者所遇到的挑战，丝毫不亚于在陌生环境中的调查者，有时甚至有过之而无不及。前些日子，我在台湾屏东大学做讲座，交流时该校的黄文车教授说，你说的这个互为主体性，其实也应该包括对研究者的保护，因为研究者会遭遇很多很多的困难和问题。的确，既然强调互为主体，那么，确实也应该把研究者的生命安全财产安全放到理解的范围当中。另外，很多时候，在人际关系的协调方面也会遇很多的问题。比如说到一个村子里头去调查，调查自己的二大爷、三叔什么的，可能三叔和二大爷之间有很多的矛盾。那么你问了那个三叔，二大爷就会问他给你讲了什么，他讲的根本就不对，你该听我的。这些因素，也会时时刻刻让你处在纠纷和矛盾的漩涡当中。怎样协调、处理这些关系？我想最重要的，首先要对这些事情、对这些因素事先有所意识，有所警觉，然后在具体过程当中再进一步用我们的学术训练、调动用我们的智慧去进行协调和处理。当然，每个人在协调关系、规避矛盾方面的能力是有所差异的，但是不管怎么样，首先意识到这些问题的存在，应该说是解决矛盾的非常重要的基础。

今天，我主要介绍了家乡民俗学这个较新的提法及其中存在的各种各样的问题。总的来说，家乡研究这样一个取向、这样一个潮流，以我们活生生的实践证明了这样一个观念：民俗学就是关于我们自己生活的学问，而并不是追逐奇风异俗的猎奇的学问。民俗学研究完全可以在我们的周边来进行，它的对象可以是我们远在乡村的那个家乡，也可以是我们身处其中的繁华都市——所谓都市民俗学其实很大程度上也可以从家乡民俗学的视角来加以理解和认识。而家乡民俗学当中所包含的"家乡"这一关键词，在新的时代背景下也为民俗学的进一步拓展提供了更广阔的空间，特别是当它跟乡愁、跟都市化这样一些流行概念相结合的时候，"家乡"及相关的"家乡民俗"所包含的巨大张力可以为我们带来无限的探索的可能。比如，家乡只是一种客观性的自然的存在，还是说它还跟我们的想象与记忆密切关联？对家乡民俗的搜集只是为了表达我们的怀旧意识呢，还是说是为了解决我们当下的问题，为了使我们更好地朝向未来？这些问题其实恰恰表明家乡民俗学这个概念当中所包含的更多的探索潜力。

"表演研究"的思想起源

王杰文

20世纪70年代前后,在美国社会学、人类学、民俗学、语言学、戏剧研究、性别研究、文化研究等领域,有一个关键词十分流行,这个关键词就是"Performance"。它既是上述不同学科的研究对象,又是这些不同学科的研究方法。我们中国的学者习惯上把"Performance"翻译成"表演"。可以说,从一开始,"表演研究(Performance Studies)"就是指跨学科的、多元的研究方法。许多学科都在讨论"表演研究",可见"表演研究"并不仅仅局限于某一个学术领域。当然,不同学科中所谓"表演研究"又有很大的差异。下文中,我只是介绍美国民俗学领域的"表演研究"。

在美国民俗学的学术传统中,以弗朗兹·博厄斯和他的学生们为代表的人类学派民俗学家,以史蒂斯·汤普森以及他的学生们为代表的文学学派民俗学家,以及以理查德·道森和他的学生们为代表的历史学派民俗学家,尽管在研究方法上分歧很大,但在把"口头艺术(Verbal Arts)"作为研究对象这个问题上,他们是一致的。20世纪70年代,美国民俗学的"表演研究"同样是把"口头艺术"作为它基本的研究对象。所以,所谓美国民俗学的"表演研究",基本上指的是对于"口头艺术"的"表演研究"。

"口头艺术"的"表演研究"是如何从民俗学固有的学术传统中发展起来的?它继承了哪些固有的学术命题与研究方法?又在哪些方面发展出了新的研

究取向？也就是说，我们今天来理解"口头艺术"的"表演研究"，首先应该了解的是这一研究方法得以产生的学术思想史的背景。

20世纪60年代中期至70年代中期，大约10年之间，美国民俗学界思潮涌动，一种革新性的气象正在形成。几位当时年龄在30多岁到40多岁的年轻民俗学家表现得十分活跃，其中代表性的人物有我们今天十分熟悉的阿兰·邓迪斯、丹·本-阿默斯、罗格·亚伯拉罕以及理查德·鲍曼等人。在他们那个年代，美国民俗学界仍然要么普遍拒斥理论，要么走向另一个极端，就是普遍盲从理论。老一辈的民俗学家们普遍认为，所谓"理论"，往好里说是一种方法论，往坏里说就是一些情绪化的偏见而已。当一种新的理论刚刚出现的时候，民俗学家们往往会把它的倡导者视若神明，趋之若鹜；随后，一旦经验性的研究显示出这一理论不能回答所有问题的时候，他们又会马上"薄情"地抛弃它。再往后，喜新厌旧的民俗学家们又会迅速地转向去寻找"更新的"理论。这种"恶性循环"一再继续着。这让美国新一代的民俗学家们十分反感。他们竭力想摆脱这种不成熟的学术态度。

不客气地说，我们中国民俗学界当下的学术风气，似乎跟20世纪60年代中期以前美国民俗学界的风气还真有些相似。之前，我们把眼睛盯在俄国、美国、德国、日本、法国、芬兰等外国学术同行身上，希望从他们那里获得"最新的理论"。最近又升级了，似乎任何一个"民族国家"已经满足不了我们渴求"高、大、上"的要求，我们现在盯上了"联合国教科文组织（UNESCO）"了，似乎与UNESCO沾上了边，就可以成为国际民俗学界的"东方不败"。真是太可笑了。

与学术领域的这种幼稚病形成了鲜明对比，当年，美国年轻的民俗学家们努力从反思民俗学固有的理论话语着手，经过严肃的学术争论与跨学科性质的理论对话，最终更新了民俗学的学术概念、研究方法与理论范式，生产了具有国际影响力的新型话语体系，赢得了整个国际人文社会科学领域的尊重。我们今天学习口头艺术的"表演理论"，深入领会其具体的学术思想固然重要，但更重要的却是要学习他们独立思考与认真探索的学术精神。古人有言，"授人以鱼，不如授之以渔；授人以渔，不如授人以欲"。从我们作为"受授者"的角度来说，不努力去掌握捕鱼的技巧或者根本没有主动去掌握这种技巧的欲望，显然都是十分不明智的。

今天，我们来回顾口头艺术之"表演研究"的思想渊源，至少可以清晰地分辨出如下三种学术思想的影响来。它们分别是：（1）"行为科学"的思想；（2）民俗学；（3）讲述的民族志。现在分别解说如下。

一、转向"交流"的行为科学

正是出于对当时美国民俗学界研究状况的不满，具体地说，就是对当时保守的"文本中心主义"的话语体系深为不满，上述年轻的美国民俗学家们有针对性地提出了"语境"的概念。1971年，他们在《美国民俗学刊》上集中发表了《走向民俗学的新观点》专辑。现在看来，这是一项探索性的、挑战性的学术尝试。从整体上来讲，该辑专刊中所收录论文的作者们还没有形成一个学派（比如，我们现在知道，阿兰·邓迪斯与理查德·鲍曼之间的学术分歧就远远大于他们之间的共识），但是，他们（作为一个群体形象）的研究成果显示了一种全新的研究趋势，那就是主张要在一个特定的语境中来界定民俗。"语境"这一概念内含着人类学所强调的微观性的、经验性的研究理念，它要求把文本放置到其产生与传播的具体语境中来考察。显然，当时年轻的民俗学家们并不打算提出一种普遍的理论，而只是试图提出一种研究方法，一种分析性的工具，一种新的解决问题的手段。

那个时候，芬兰历史地理学派的研究方法仍然是美国民俗学界的"霸权性理论"。大家都知道，芬兰历史地理学派研究的是"散布世界各地的故事"。持这种研究方法的民俗学家们并不反思自身关于"民俗"的定义。在他们看来，直接从尽可能全面的材料中发现共同的元素，进而把这一"共同的元素"当作是"民俗"的核心就可以了。于是，他们从不计其数的故事文本中抽绎出"类型""母题""母题素"等"共同的元素",这项工作成为当时美国民俗学研究的主要任务。当然了,这些民俗学家们也意识到,不同的民俗学家先在的观念不同,因此,尽管他们可能对同样的材料感兴趣,但因为他们分析材料的角度不一样,所以最终抽象出来的所谓民俗的"核心"也可能不同。显然,如果只是开展针对具体的民俗事项的研究,这无疑也是合理的。但问题是,当时老牌儿的民俗学家们却认为,根本不需要讨论什么"民俗"的定义,只要做具体的研究就够了。用户晓辉先生常讲的话来说,他们就是主张"只需埋头拉车就可以了,根本没必要抬头看路"。可是,从一开始,当时年轻的民俗学家们对老一辈民俗学家们"各自埋头拉个人的车"所造成的学术局面深表不满,因为"只顾埋头拉车而不抬头看路"的民俗学者之间,基本上无法进行有意义的学术对话。

为了改变这一局面,丹·本-阿默斯为"民俗"这一概念下了一个著名的定义,他说,"民俗就是小群体内的艺术性交流"。在他看来,所有"民俗"都可以被当作"交流性的过程""交流性的行为"来考察。他的这一"定义",或多或少是在提倡并推进一种民俗学的"行为研究"。在某种意义上,甚至可以说,丹·本-阿默斯的这一思想开辟了美国民俗学研究的"行为科学"的道路。

民俗学研究的"行为科学"取向具体意味着什么呢?我认为,首先,它意味着美国民俗学"实证主义化"的趋势。因为它试图在民俗行为中发现"规则",并努力通过相关行为来验证这一"规则"的合法性。其次,为了达成这一目标,它强调人类学的田野观察、记录及分析工作的科学性;强调原始材料而不是第二手材料的可信性;强调个体或者小群体这样的研究范围的可控性。第三,强调研究工作的系统性。要求把理论指导与具体研究看作是一个紧密而有序的知识体,二者之间相互关联;强调所谓"不受理论约束的研究被证明是琐碎的,不为材料所支持的理论则被看作是无用的"。最后,它特别强调跨学科的交流。因为社会科学处理的是整个社会情境,因此,如果开展民俗研究(作为一种社会交流行为)而忽视人类学、社会学、心理学以及语言学的成果,将面临削弱自身研究成果之合法性与普遍性的危险。

阿默斯的这个定义还为美国民俗学划定了学科边界。所谓"小群体内的艺术性交流",至少意味着三重限定:第一,它不是指任何社会交流,而是仅指其中的"艺术性交流"。而所谓"艺术性",意味着它是一种"诗学"性质的表征,是特定群体内共享的特殊的表征传统。第二,既然这种"艺术性交流"并不是日常生活中实践性的交流行为,也就是说,它主要不是指日常生活中的一般性的交流,这就潜在地指向了非偶然性的交流语境,也就是我们今天十分熟悉的所谓"艺术事件"。这是发生在特定社会群体的文化传统中的、一种在预留出来的时空语境中发生的交流行为。第三,这种艺术性交流多指人与人之间面对面的交流,而不包括现代媒介化的交流行为。

总之,站在今天来看,20世纪70年代前后,美国年轻的民俗学者们已经厌倦了陈旧的民俗学的研究方法,他们努力要把民俗学转向社会科学,突出了"语境""交流"等"行为主义"的学术话语。尽管对于这些关键词可能蕴涵的内在意义,他们还没能来得及进行细致的剖析,但是,从阿默斯的定义中,我们毕竟已经可以看到某些"新民俗学"的萌芽了。

二、民俗交流的社会基础

"新民俗学"除了从"交流"的角度来定义"民俗"之外,还潜在地对传统民俗学的一个潜在假定给予了深刻的反思与批判。这个潜在的假定就是:民俗是一种"共享的认同",是为特定群体内部成员所集体地享有的文化传统。

过去,在我们的民俗学教材里,在界定"民俗"时,总是强调民俗的"集体性",总是把"民俗"说成是"我们"或者"他们"的集体的文化形式。在这种观念中,"民俗"理所当然地就是一种为特定群体所共有的抽象知识,这是一种抽象层面的、超有机体的、集体性的表征形式。这一"民俗"的概念总是与某一"民众"的概念相对应。既然"民俗"是集体性的,那么,传统民俗学中的"民众"就只能以一种群体性的面孔出现了。当"民俗"被构想为一种超有机的文化的连续体时,"民众"便自然地被当作是携带着"民俗"穿过时空隧道的旅行者。"人生代代无穷已,江月年年总相似",历经不同的时代,物是人非。人群生死相续,代际更迭,但是群体内部的"民俗",就像"江月"一样,会延续不断,代代相传,几乎没有任何变化。"民众"与"民俗"这两个概念都被抽象化了。个体(民)与知识(俗)在经验层面上具体结合的现象与过程,其中可能呈现的形式、意义与功能等问题都被忽略掉了。

在1971年发表的一篇论文中,理查德·鲍曼提醒民俗学家们:如果民俗学真正关注民俗的社会基础,那就需要在一个更加直接与经验的层面上关注具体的"民"与"俗"之间的关系。换言之,民俗学需要从"把民俗作为超有机体的传统"转向"把民俗作为交流",就是说要关注"民俗的存在",或者说要关注"民众的表演"。要在经验的层面上把握民众应用民俗知识开展日常生活实践的方式,要按照民俗知识在社会关系中的真实应用——在民众交流性互动中的真实使用中——来概念化民俗的社会基础。

当民俗学关注的焦点从民俗与民众之间的抽象关联,转向二者之间在表演中的经验性结合时,问题产生了。按照"共享的认同"这一假设来界定"民俗"的学术传统在经验上还有适用性吗?在概念上还有合法性吗?民俗的表演只在有"共享的认同"的个体之间发生呢?还是也在具有不同认同的个体间发生?让我们想想社会互动论者赫伯特·默顿与社会戏剧理论家欧文·戈夫曼的研究成果吧。他们告诉我们:社会互动也在表演不同的、相互补充的社会角色的个体之间进行,而不只是在表演相同角色的个体之间进行。

这里,我想试着举个例子来说明:基于"差异的认同"(而不只是"共享的认同")同样可以成为民俗表演的基础。比如,在山西省西北部的好几个县里,都流行着"伞头秧歌"的擂台赛,参赛的歌手来自这里好几个县的不同地区,他(她)们在方言、性别、年龄以及歌唱风格等方面都有不同的认同。他(她)们完全意识到了他们之间的差异性,但是,他(她)们仍然会面对面地两两组合竞赛秧歌。当然,他(她)们是在一个结构化的表演事件中展开竞赛的,是按照既定的规则来进行比赛的。可事实上,正是因为他(她)们存在着认同的差异，他们才会被作为"对立"的双方纳入到比赛当中来。比如来自不同地区、不同年龄、不同性别、不同表演内容与风格（尽管当地人把它们都称为"伞头秧歌"）等，这种"对立"建构了表演的情境，也成为表演差异性认同的具体场景。在这里，"伞头秧歌"成为跨越上述边界的交流机制。在这一民俗个案中，我们看到，并不是"共享的认同"及其民众在进行交流。尽管交流的语境是相关民众共享的交流语境，但是，这与民俗学家们传统意义上所谓群体"共享的认同"不同，在这里，群体共享的认同语境（也就是说，他们一起来参加比赛）只是基于"差异的认同"之"伞头秧歌"表演的伴随物。

显然，传统上把"民俗"理解成群体内"共享的认同"，遮蔽了群体内基于"差异的认同"而展开的交流行为。正是基于这一认识，鲍曼认为：真正理解"民俗的社会基础"，必须得建立在经验性调查的基础之上；在特定的情境与事件中，民俗总是在基于差异性认同的社会基础之上被表演的。换句话说，群体内部会交流民俗，群体之间也会交流民俗。既然"共享的认同"对于民俗的表演来说并不是必要的因素，那么，什么才是民俗表演的必要条件呢？

三、民俗表演的必要条件

"民俗"这一概念的外延实在是太宽泛了。为了论述的方便，选择最无争议的民俗类型——比如"作为口头艺术的民俗"或者说"艺术性的口头表演"——来考察"民俗表演"的社会本质当然最为稳妥了。这里所谓"民俗表演"，强调的是"民俗的做（表演）"而不是"民俗的是（事象）"。其背后的假设是：如果民俗学的任务是理解民俗的"意义"，那么，这一"意义"并不存在于"民俗事象"中，而是存在于"民俗表演"中。

具体到"艺术性的口头表演"这种民俗类型来说，如果说日常生活中人们的语言交流主要是在使用语言符号传递信息，实践其指称的、信息的功能，那么，"艺术性的口头表演"就意味着语言的使用呈现了特殊的意义，它们超出了其指称的、信息的维度。这种特定的语言交流行为要求关注其自身的屈曲变化，关注其诗性形式的功能。在某一个特定的交流语境中，这些"屈曲变化"被看作是非同寻常的、特殊的，也就是说它们是艺术的、诗性的。事实上，大部分语言交流行为都有一个艺术的、风格化的维度。只要讲述者想要获得某种艺术的效果，并且有意识地应用了相应的艺术性手段，而听众也认为这一讲述行为是特殊的，那就意味着这是一个"艺术性的"口头表演。换句话说，鲍曼试图区分口头表演的"形式"与"内容"两个层面，所谓"艺术性的口头表演"——作为一种"艺术行为"——自然是强调要特别关注其"形式"的层面。

然而，"艺术性的口头表演"一定是作为一个整体的"口头交流"活动的一部分。"表演"应该被安置在"交流"这个整体活动中来理解。这里所谓"交流"，指的是信息从一个主体向另一主体的传播。分析"口头交流"意味着要分析口头交流的信息发送者与听众之间的交流性互动，也就是说，这里有一个"交流事件"发生了，这是一个有关何时何地、由何人、出于何种目的、对谁使用（或者不使用）某种特定的语言艺术、试图获得何种效果以及实际取得何种效果的问题。这一交流活动中的所有元素构成了"艺术性的口头表演"的必要条件。在这里，交流双方需要共享关于表达体系的惯例，需要理解艺术性交流的表达方式，从而编码（或者解码）其中建构起来的艺术性的信息。然而，所有这些因素都是经验性的和特定的，是在具体情境下的特定交流活动中连续地被创造着与生成着的。

换句话说，如果仅仅针对"艺术性的口头表演"这一民俗类型来讨论"民俗表演"的必要条件，那么，"交流"及其内蕴的诸多要素便是民俗学家们需要认真考虑的理论基础。

四、"讲述的民族志"：一种描述性的理论

20世纪60年代初，作为口头艺术的"表演研究"的主要理论家，理查

德·鲍曼还深受他的老师兼朋友，著名的语言人类学家、民俗学家、社会语言学家以及民族诗学家戴尔·海姆斯的影响。不夸张地说，作为口头艺术的"表演研究"应该说主要是在戴尔·海姆斯所谓"讲述的民族志（Ethnography of Speaking）"的影响之下产生的。

1962年，戴尔·海姆斯发表了《讲述的民族志》这篇长文，这篇论文标志着"讲述的民族志"的诞生。1964年，戴尔·海姆斯与著名的社会语言学家约翰·古姆帕兹合编出版了《交流的民族志》一书。在这部论文集中，戴尔·海姆斯进一步完善了他所谓"讲述的民族志"的研究框架，并且提供了大量的实证性的研究案例。1972年，在戴尔·海姆斯"讲述的民族志"的旗帜之下已经聚集了一大批优秀的理论家，他们分别来自社会语言学、常人方法论研究、社会互动论研究、民俗学、语言人类学等等众多领域。十年之间，他们积累了大量的研究成果。就在这个时候，戴尔·海姆斯感到非常有必要把大家召集起来召开一次研讨会。于是，1972年，他们在美国德克萨斯州的奥斯汀召开了"讲述的民族志"的会议。理查德·鲍曼积极地参与了研讨会，会后还负责编辑了会议论文集《讲述的民族志探索》，并为该论文集撰写了序言、前言、再版序言以及研究性论文。鲍曼编辑的这本论文集，进一步总结、完善了"讲述的民族志"的主要理论主张，对于该理论的进一步发展与广泛传播，起到了极其重要的作用。当然，"讲述的民族志"的核心思想也直接体现在《作为表演的口头艺术》中。我们很快就会理解这一点。

作为一名语言人类学家，戴尔·海姆斯从人类学的、文学的、语言学的学术史中综合了一些观点与命题，提出了"讲述"这个核心概念，认为"讲述"是人类生活实践领域中的重要内容，当然也是理解人类生活实践的关键所在。遗憾的是，戴尔·海姆斯发现，在传统的语法研究与民族志研究中，"讲述的模式与功能"几乎没有被上述两个学科所认真考虑到。因此，他试图通过"民族志"的研究方式来描述与理解社会中"讲述的模式与功能"。这就是他所谓的"讲述的民族志"。准确地说，"讲述的民族志"并不是"语言人类学"的一门亚学科，而是一种新的研究方式。

"讲述的民族志"的基本学术追求是：澄清作为一种文化体系或者作为文化体系一部分的"讲述"的模式与功能。

"讲述的民族志"的基本理论假设是：每个"讲述的社区"都在讲述的模式与功能上存在差异，我们需要以民族志的方式描述这些模式及其内在的关联性、差异性及特殊性，而不是想当然地或先入为主地对待它们。

"讲述的民族志"着手开展研究的起点是"讲述的社区"。试图描述特定"讲述的社区"中，其成员共享的或相互补充的知识和能力，进而对该社区恰当地讲述的规则进行描述与阐释。"讲述的民族志"认为，"讲述的社区"必然是一个差异性的组织，社区成员可获得的与掌握的讲述资源与讲述能力并不均等。社区成员在口头讲述与理解能力方面应该是等级化的、相互补充的。不可能说全社区每个成员都均等地拥有这些讲述的资源与讲述的能力。在这一点上，它与鲍曼在民俗学研究中强调"差异的认同"而不是"共享的认同"的观点不谋而合。

"讲述的民族志"的核心任务是：辨认与分析构成"讲述"的众多因素之间的动态关系，以建构作为一个特定社区之文化体系的"讲述"的描述性理论。作为一种描述性的理论，"讲述的民族志"要求细致地描述社区成员"可使用的讲述的手段""讲述与阐释的规则""讲述的目的""讲述的情境"等内容。所有这些因素的关联点是"表演"。"表演"意味着社会结构的"呈现性"，社会现实不再被看作是由社会结构决定的，而是在具体的讲述活动中，为了达到特定的目的，特定个体或者群体策略性地操纵讲述资源而创造的。正是由于这个原因，"讲述的民族志"的专家们也十分强调"表演"这个关键词。

"讲述的民族志"从人类学当中汲取了"民族志"的研究方法；继承了人类学对于"语言"之重要性的一贯的重视；尤其是强调了人类学的"文化相对主义"观念。当然，强调相对性并不是要否定普遍性，而是强调要先从个别的、具体的、经验的调查研究工作着手，通过描述与比较个别性以渐近地获得一般性。

具体来说，传统的语言学（语音学、词汇学、语法学、语义学等）都是在一般意义上,在超越个体的层面上来描述语言的普遍规则,但是,它基本上不讨论"语言的社会应用"问题,也不考虑"讲述的模式与功能"问题,这恰恰是"讲述的民族志"自我设定的学术任务。举个具体的例子来说,在我们的日常生活中,总有那么一些人,被特定社区的成员公认为是"能说会道"的人。所谓"能说会道",一般是指这些人娴熟地掌握了社区中固有的"讲述的手段",并能够在具体的"讲述语境"中恰到好处地动用这些手段以服务于其"讲述的目的"。但是,"能说会道"并不总是受到鼓励的。比如,中国还有这样的古训,"可与言而不言,失人;不可与言而言,失言";"言而当,知也;默而当,亦知也";"逢人只说三分话,未可全抛一片心"等等。可见,讲与不讲,在什么情况下讲在什么情况下不讲,讲多少、怎么讲,都是因对象、因语境、因目的而有差异的。从听众方面来说,中国人向来强调要学会听"弦外之音,言外之意",这些"音""意"都是通过综合讲述者、情境、场景及信息本身被传播的方式与内容来获得的。所有这些,都是传统的语法学与人类学所未加深究的,也恰恰是"讲述的民族志"力图贡献力量的所在。此外,中国古代的谚语还说,"良言一句三冬暖,恶语伤人六月寒",可见,特定的"讲述"具有改变交流语境的"功效",会产生特定的影响与效果。

再举一个例子,比如在中国传统民间故事中,有大量有关"呆女婿学说话"的笑话,其中一个版本是这样讲的:

从前,有一个呆女婿。他的父亲向他的岳父借了一头牛,说好早借早还,但是,他的父亲还想继续借用一段时间。这一天,说好还牛的日子到了。他的父亲担心亲家公上门来牵牛,想出去躲一躲。临出门的时候,他想想应该教自己的呆儿子三句话,好用来应对亲家公。于是,他把呆儿子叫到跟前说,待会儿你岳父要来咱家,你打开门后就说:

"岳父大人,请到寒舍一叙。"

他要是问起我来,你就说:

"去后山寺跟老和尚下棋去了。"

他要是问我什么时候回来,你就说:

"天早则回来,天晚则与老和尚同榻而卧。"

他要是问起什么时候还他牛,你就说:

"这是家父的事,小婿不敢过问。"

呆儿子十分用心,把这四句话牢牢地记在心里了。

父亲刚出门,就有人来敲门了。打开门一看,不是岳父,来的人是岳母,呆女婿连忙说道:

"岳父大人,请到寒舍一叙。"

岳母大人知道自己的女婿又呆又傻,没理他这茬儿,接着问道:

"你母亲上哪儿去了?"呆女婿回答说:

"去后山寺跟老和尚下棋去了。"

岳母大人大吃一惊,连忙又问:"那她什么时候回来呀?"呆女婿连紧回答说:

"天早则回来,天晚则与老和尚同榻而卧。"

岳母大人听了呆女婿不着调的回答,十分气恼,沉着脸问道:

"我女儿过门这么久了,怀胎几个月了?"呆女婿如释重负地说道:

"这是家父的事,小婿不敢过问。"

在上面这则笑话中,呆女婿的父亲在假想的交流语境中为儿子设计了得体的"讲述";但是,一旦交流的语境变了,"僵死"的"讲述"在全新的交流语境中就变得滑稽可笑了。可见,所谓"得体的讲述"的"意义"并不固定在"讲述"自身中,而且是与"讲述的语境"密切相关的。呆女婿死板的应答之所以可笑,并不是因为他讲述的那些话本身有什么问题,而是他讲述的那些话与这些话应该遵守的文化规则与社会规则不相符合产生了问题。换句话说,"呆女婿"的笑话中所内含的问题本质上就是"讲述的民族志"所关心的问题。

此外,"呆女婿"的笑话是中国民间故事中的一个重要的"类型"。所谓"类型",意味着它已经是一种超越"句子"层面的更高级别的"叙事"。它具有相对固定的形式、内容与主题，是一种高度标志化的、艺术化的语言的集合体，具有相对固定的表演模式、情境与功能。在这个意义上，对于一贯关注"口头传统（Oral Tradition）"的民俗学家们来说，"讲述的民族志"带来的启示是要更加深入而细致地描述口头传统的"讲述"，这有助于确定"口头讲述"的本土性"类型"与场景，可以帮助民俗学家们更好地描述与理解本土口头讲述的文化特殊性、艺术性及其功能上的差异性；反过来，民俗学回馈给"讲述的民族志"的是"口头艺术"的类型化"表演"，这些"表演"并不只是一种"讲述的模式"，而且是一种"艺术化的讲述模式"，它具备区别于其他"讲述"的特质。

五、"讲述的民族志"：一种描述性的方法

戴尔·海姆斯主张，"讲述的民族志"关注的是"讲述的情境与应用"。"讲述的模式与功能"是"讲述的民族志"研究的焦点所在，经验性的田野作业是其重要的研究方法。这就意味着走向田野开展实际调查工作的研究人员需要一个可具体操作的工作模式。

戴尔·海姆斯借鉴了著名的语言学家罗曼·雅科布森在《结束语》中讨论过的交流体系的理想模型，这一交流体系的"理想模型"包含了六个基本要素。在任何一个"交流事件"中，在理想的情况下，总是有一个信息的"发送者"，他（她）在某个特定的"语境"中，借助于某种特定的"接触"方式，通过某种"信码"，向着某个"接收者"传递某种"信息"。其中，"发送/接收"（在"讲述事件"中就是指"讲述者/听众"）的行为意味着他们拥有一套可资利用的话语资源，"发送者/接收者"总是会动用不同的话语资源，情境化地从事话语的创造。

总结起来看，作为一种描述性的方法，"讲述的民族志"是从四个层面着手考察社会生活中语言应用的模式与功能的。它们分别是：（1）讲述的手段；

（2）社会角色与交流性能力；（3）讲述的事件；（4）讲述的社区。这里有必要对这四个方面做一点说明。

（一）讲述的手段

在戴尔·海姆斯的理论中，"语言资源、口头类型、语言行为以及解释性框架"是"讲述"的四种重要手段。语言学家们习惯于用抽象的术语来描述它们，而"讲述的民族志"更感兴趣于在具体的语言讲述活动中来描述它们。

1. 语言资源

前面讲过，"讲述的民族志"反对所谓"同一种文化、同一个社会、同一套语言模式"的假说，相反，它认为每个亚群体都有自己的语言文化，在更大的社会语言体系中，它们都具有各自的社会意义与功能。"讲述的民族志"专家关注的是异质的语言资源被整合的方式。具体来说，"讲述的民族志"研究假定，每个亚群体的讲述方式都是对共享的语言模式的"选择与重组"，都是在面对不同的情境中不同的对象表演不同的话语。在某些情况下，外在的社会情境的转化会促成语言讲述的转化；在另一些情况下，语言讲述方式的转化会为整个口头交流建构某种外在的语境。换句话说，"讲述的民族志"特别强调要描述每个群体对共享的语言模式的"选择与重组"的方式，当然，这一工作的前提是需要对"共享的语言模式"十分熟悉。比如，我们听郭德纲、于谦说相声，要想理解他们的相声艺术语言，首先得了解其作为共享的语言模式的日常会话模式，这样才能理解他们对日常会话中各种交流方式的"选择与重组"所产生的"引人发笑的"意义。

2. 口头类型

作为特定文化中习惯化的讲述模式，口头类型总是自觉不自觉地被应用于话语的建构。"讲述的民族志"的任务之一就是考察具有文化特殊性的口头类型的形式及体系，考察特定社区的成员是如何应用口头类型来组织讲述的。比如，谚语是日常生活中经常被用于组织"讲述"的口头类型，讲述者为了印证自己的观点或者劝服他人，总是会在交流性会话的开头或者结尾处讲述某句谚语。在一次田野调查过程中，我的一位访谈对象慨叹着说，"人常说，一牛生九子，并摆十张犁，老牛回头看，谁也替不了谁"，说完这句谚语后，她就开始讲述她的兄弟姐妹们各自努力谋生的生活故事了。显然，这句谚语是她后面所讲的生活故事的总纲。

3. 语言行为

在特定的讲述社区中，其成员可能是按照语言行为而不是语言类型来指称讲述活动的。事实上，"行为"与"类型"只是一种分析性的区分，即"讲述行为"以及"讲述行为的产物"之间的区分。从功能的角度来看，一个语言行为即是一个言说，一种用语言做事情的方式。在这个意义上，一个语言社区的讲述行为构成了讲述活动的手段，它们表征了用语言做事的习惯性方式，人们在用业已组织好的建构性材料建构话语。比如，在山西省柳林县，风水先生在某些重要的仪式性场合要"念经"。"念经"就是一种语言行为，"经文"则是他"念经"的文本化记录。但是，在当地，人们一般都是按照"念经"这种行为来命名这种神秘的交流活动的，可是，人们从来都不会把风水先生所念诵的"经文"本身作为一个讲述的"类型"。风水先生所念诵的经文是献给神秘的"他者"（可以是死者、地方俗信中的神灵等）的一种话语，这种话语是高度程式化的。参与活动的听众正是因为在特殊的仪式语境下，由风水先生这一特定的仪式性人物来念诵这些高度程式化的话语，才理所当然地相信，这些"语言行为"能够产生神秘化的精神效果，能够获得想望的社会效果。

4. 解释的框架

"框架（Frame）"的概念来自社会学家乔治·贝特森。乔治·贝特森所谓"框架"，是指特定文化中习惯化的"元交流（Meta-communication）"。作为讲述的手段，这种"元交流"内在于语言行为中，是讲述的建构性材料之一。戴尔·海姆斯称之为"Keys",我个人把它翻译成"关键"。这是指一种交流性的策略,意味着一种阐释性的语境,在这个意义上,它是解析其中话语之意义的"关键"所在。正是在某一种语境中,一个特定的信息得以被理解,换言之,这里所谓"关键"就是一套分辨信息之间秩序关系的阐释性框架。举个例子来说,中国的曲艺理论家们把相声的艺术手段总结为"说、学、逗、唱",狭义地说,"逗"是相声艺术的具体讲述手法之一;广义地说,"逗"又是相声艺术的最高级别的"元语言",是理解其中任何一种"说、学、逗、唱"的"框架",因为相声本身就是"逗乐的艺术"。此外,"说、学、逗、唱"这四个字本身即内含着"框架"的意味,因为,"说、学、逗、唱"的那些具体内容都是在作为"表演"的"说、学、逗、唱"的技艺中被理解的。

(二)社会角色与交流性能力

"讲述的民族志"并不是以抽象的形式描述的方式来考察上面说到的"讲述的手段"的,相反,如前所述,"讲述的民族志"关注的是具体语境中的讲述的实践,也就是说,关注的是讲述者本人及其与讲述相关的社会角色。具体来说,"讲述的民族志"关注的是多种多样的讲述能力是如何与特定社会中不同的社会角色地位的获得相关联的。这里考察的不只是讲述行为、讲述类型与社会角色的界定问题,而且包括社会角色地位的动态性关系。"讲述的民族志"关键在于揭示"讲述"在社会与文化生活中分布与交流的多种方式。

举个例子来说,比如,在山西省的某些地方,讲述历史故事与讲述幻想故事、神秘故事的主体并不相同,前一种口头类型的讲述者一般是粗通文字的男性村民,后一种口头类型的讲述者大多是女性村民,或者是习惯于从口头传统而不是通过文字阅读获得讲述内容的男性村民。在当地人的话语体系中,前者被称为"讲古",意味着它具有历史的真实性,是高级的讲述,是"有文化"的象征;后者则被称为"胡诌",说明它只是异想天开的虚构,是低级的讲述,是"没文化"的胡思乱想。相应地,不同的口头类型的讲述者对应着不同等级的社会角色,尽管他们可能表现出同等优秀的讲述能力。当然,在具体的讲述语境中，试图争取或者改变自身角度地位的讲述者，有可能通过表演、引述、嘲讽等多种讲述手段来应用"讲述的类型"。比如，同样在山西省的某些地方，在丧事活动中，妇女们的"挽歌"表演与男人们的"祭文"表演，虽然完全属于两种不同的表演类型，但是，在"挽歌"的表演中，妇女们经常会引述甚至嘲弄"祭文"中的"空洞而单一"的话语模式，从而突出了妇女自身的价值与地位。

（三）讲述事件

发生在社会日常生活中的讲述行为是社会生活得以展开的媒介。在一个又一个具体的"讲述事件"中，作为某个社会角色的"讲述者"与"讲述的手段"结合在了一起。从一开始，对于"讲述事件"的分析就是"讲述的民族志"的核心任务，正是在具体的讲述语境中，讲述活动得以发生并获得了意义。

上文提到的"交流活动"的理想模型自然也是"讲述事件"的理想模式。作为一个特定的"讲述事件"，其"讲述者、听众、语境、信息、接触、信码"同样是其基本的构成要素，这些要素之间的相互关系自然也是"讲述的民族志"重点考察的对象。雅科布森认为，从其中任何一个构成要素出发都可以进入"讲述事件"本身。需要强调的是，"讲述的民族志"关注"讲述事件"，最重要的是要从本土立场出发来分辨与理解"讲述事件"，充分地描述其区别性的特征；其次，需要注意的是，尽管在特定的讲述事件中，一般而言，总是某一种构成要素可能更加重要一些，但"讲述事件"中不同的要素是作为一个整体存在的，需要从整体上来考察"讲述事件"本身；第三，在"讲述事件"中，讲述者会应用社会策略，操纵可获得的讲述资源以开展日常生活的交往，换句话说，"讲述事件"是一个生成中的过程。考察"讲述事件"就是要从讲述的形式手段入手，分析讲述事件中的结构性系统，要按照一系列相关的讲述行为来系统地澄清讲述事件的结构。讲述行为的序列——作为一个严密的框架——为话语中的个性、形式与策略分析提供了整体性的解释。在这里，形式的描述本身并不是目的，但是形式描述有助于系统化的描述，有助于把与讲述相关的社会生活的方方面面弄清楚。正是通过形式与结构的描述，我们才能看清楚一个社会成员是如何参与到一个讲述的行为与事件中来的。

举个例子来说，比如明末清初的评书艺术家柳敬亭，在其晚年的说书生涯中，基本上是以讲述历史传奇与英雄故事类的评书内容为主。有关其后期说书生涯的研究资料表明，由于当时的社会动荡、政权交替与人事变动，尤其是由于对柳敬亭有知遇之恩的左良玉在政治上的失利，以及由此而导致的他个人逃避灾祸的生活窘况，使得这位把生命托付于"说书"的艺术家，主要地借用"历史英雄"的传奇故事（而非儿女情长的脂粉类故事）来表达亡国之恨，黍离之悲，伤逝之痛。"历史英雄"类评书的相关内容、讲述风格更易于与他个人在左良玉幕下的军旅生涯合拍，更适合于他"借古人之酒杯，浇自家之块垒"的讲述目的。站在今天来怀想柳敬亭当时的"讲述事件"，可以更好地理解其说书的"艺术行为"如何与他个人的时代际遇结合在了一起，又如何作为一个个特定的"艺术事件"的具体内容，构成了他与他的听众（尤其是与他的那些作为明代遗老的朋友们）之间社会交往的细节与过程。

（四）讲述的社区

前面提到，"讲述的手段"是后天习得的，这就要求我们关注特定个体的讲述手段是向谁习得的，这些"讲述的手段"应该由谁讲述，向谁讲述，怎么讲述以及在什么样的语境下讲述，应该一字不差地讲述还是可以甚至应该随机应变地讲述。诸如此类的问题都是在关注所谓"讲述的社区"，也就是考察"讲述行为的社会单元"。

无论这些社会单元是什么，"讲述的民族志"都倾向于把它们构想成"差异化的"组织，都假定讲述的资源与能力是有差别地分布于社会成员中间的。即使"讲述的模式"是为特定社区成员所共享的，但在实际的讲述行为中，讲述的模式与结构是差异化地呈现的。因此，按照约翰·古姆帕兹的界定，所谓"讲述的社区"，意味着在一个群体内部，或者在群体之间社会互动的经常性以及对讲述模式的共享；然而，按照讲述的资源与规则在讲述成员之间相互交叉、相互补充的规律,社会地恰当的讲述总是在不断协商中生产与阐释着的。换句话说,"讲述的社区"的边界是模糊的、抽象的、多层次的、处于生成中的。特定个体可能会介入到几个相互交叉的"讲述的社区"中,这需要细致的经验性研究来考究。

六、结语

在理查德·鲍曼发表《作为表演的口头艺术》这篇论文之前,美国民俗学界的年轻学者们已经在整体上积累了上述思想储备,具体来说,这些理论准备可以概括为如下三点:

第一,美国民俗学已经转向了行为科学,"交流""语境"等关键词及其所内含的思想已经为美国民俗学的范式转型做好了准备。

第二,美国民俗学已经严肃地反思了民俗学历久以来的学术假设,即所谓"共享的认同",提出了"差异的认同"这一观念,并为"小群体内的艺术性交流"这一定义奠定了理论基础。

第三,美国民俗学者深入参与了"讲述的民族志"的学术探索,并通过"讲述的民族志"推进了其本有的理论思考,最终提出了"表演"这个关键词,并把民俗学重新界定为考察有关"诗学在社会生活中的作用(The role of poetics in social life)"的学科。

理解"表演研究"的三篇经典论文

王杰文

1975年,理查德·鲍曼在《美国人类学家》杂志上发表了论文《作为表演的口头艺术》。我个人认为,这篇论文可以被看作是美国民俗学界"表演研究"正式诞生的标志。在这个意义上可以说,到今年为止,美国民俗学的"表演研究"已经走过了40多个年头。在这40多年间,口头艺术的"表演研究"已经积累了相当丰富的研究个案,形成了十分完整的理论体系,产生了公认的经典文献,涌现了其代表性的理论家,理查德·鲍曼与查尔斯·布瑞格斯是其中最杰出的两位。

理解理查德·鲍曼与查尔斯·布瑞格斯的"表演研究",应该持一种发展的眼光,也就是说,应该详细了解他们的研究视角之发生、发展与演变的轨迹,应该考察他们积极投身于人文与社会科学的整体语境中不断进行自我调适的努力。一句话,任何试图把"表演研究"固定化的行为都是不切实际的,都可能对"表演研究"产生误解。

依据目力所及的相关研究文献,我个人认为:在理查德·鲍曼与查尔斯·布瑞格斯已经公开出版与发表的全部研究成果中,《作为表演的口头艺术》(1975)、《诗学与表演:关于语言与社会生活的批判性观点》(1990)、《类型、互文性与社会权力》(1992)这三篇论文是他们在口头艺术的"表演研究"领域所创作的最具有原创性的经典文献。理解这"老三篇"是把握口头艺术的"表演研究"之理论要旨的关键。下面，我来谈谈个人对这三篇文献的理解。

一、表演：作为一种讲述模式

鲍曼所提倡的"表演研究"是立足于民俗学的，但是，他的"表演"的概念却直接与"讲述的民族志"相关。在《作为表演的口头艺术》一文中，"表演"是"作为一种讲述的模式"被介绍的。鲍曼试图通过"表演"这个概念来推动"口头艺术"这个研究领域中一个长期以来的学术任务——研究人类社区中，通过语言的使用而呈现出来的社会与文化生活的审美维度——获得更加圆满的完成。

如前所述，早在1972年，鲍曼曾经编辑了《走向民俗学的新观点》一书，其中已经强调了"表演"这个概念，而且把这一概念作为当时"新民俗学"的组织原则。当时，鲍曼与阿莫里克·帕里戴斯已经意识到了（但也仅仅只是意识到）这个概念的两层含义："艺术行为"与"艺术事件"。正是"讲述的民族志"进一步拓展了"表演"这个关键词的核心内涵。准确地说，在发表《作为表演的口头艺术》的时候，鲍曼所谓"表演"，只是在考察"一种讲述的模式"以及这种讲述方式所附带的现象。这一点必需铭记在心。

在《作为表演的口头艺术》中，鲍曼从五个方面来介绍"表演"这个概念，这一研究成果切实地推进了民俗学在"口头艺术"研究方面的思考。这五个方面是：表演的本质；表演的标定；表演的模式；表演的创造性；表演的概念对民俗学学科的意义。在某种意义上，我们可以把鲍曼的"表演研究"说成是有关口头艺术的"表演的民族志（Ethnography of Performance）"。

（一）表演的本质

众所周知，在"交流""讲述""表演"这些概念被提出之前，有关"口头艺术之本质"的研究是以一个不证自明的假设为前提的，这个假设就是以"文本"为中心的理念。它的思想基础是结构语言学。从索绪尔到雅科布森的众多语言学家都认为,"文本"自身构成了一个完整的意义的总体。这种以"文本"为中心的结构语言学的思想一直占据着语言学与人类学话语的主流位置,强调在由文本构成的"信息"中、在语言的形式特征中寻找其艺术的(审美的)特质。

"表演"的框架本质上不同于"文本"的框架。作为一种"框架(Frame)","表演"让我们不要按照字面的意思去理解信息。"框架"这个概念非常重要,其思想来自于乔治·贝特森与欧文·戈夫曼。早在1955年左右,贝特森就提出过"元交流(Meta-communication)"这一概念。所谓"元交流",就是"关于交流的交流"。通俗地说,"元交流"是任何交流性互动的一个重要特征。就是说,在任何交流行为中,总是包含着一些或隐或显的信息,这些"信息"提示人们如何去阐释交流行为中的其他信息。"表演"正是这些所谓"元交流"的一种类型。戈夫曼还专门写过一部专著,书名就是《框架分析》。不过,戈夫曼还把"框架"这个概念称为"关键(Keys)",海姆斯沿用了这一术语。

除了"表演"这一理解信息的"框架"而外,鲍曼还为我们枚举了其他的"框架",比如,"暗示、开玩笑、模拟、翻译、引用"等等。此外,较早一点,欧文·戈夫曼还特别强调过"戏剧"的框架。换句话说,所有这些学者都在强调:在社会交往过程中,任何话语都是在某种内含的"框架"中被理解的。在这个意义上,我们甚至有理由怀疑:是否真有所谓"字面意义"上的交流行为?因为,这样的"交流行为"被假定为不存在(也不需要)任何阐释的"框架"。

让我们回到鲍曼所说的"表演"作为一种"框架"的定义上来,在他的界定中,所谓"表演"——作为一种讲述的模式——意味着如下三层含义:

第一,向观众展演交流的能力,即以一种在社会看来恰当的方式讲述的知识与能力,换句话说,抛开讲述的内容不谈,这里强调的是讲述者讲述的方式本身;第二,从观众的角度来看,表演者的讲述行为要接受评估,即要从他能力展示的相对技巧与有效性两个方面接受评价;第三,听众可以通过对讲述行为本身的内在品质的欣赏来提高自身的经验。

在这个意义上，我们需要再次强调，鲍曼所谓"表演"是指语言讲述的一种模式，是一种讲述的方式，是口头艺术的一个内在的构成要素。需要特别说明的是：正是在这一点上，"表演研究"区别于"文本研究"，也区别于某些语境主义者的研究。比如，阿兰·邓迪斯曾经写过一篇非常著名的论文，题目是《组织结构、文本与语境》(*Texture, Text and Context*)。邓迪斯是把"组织结构、文本与语境"三个概念相对地区分开来加以处理的。在他的思想中，仍然是先有一个具有艺术性组织结构的"文本"存在着。他仍然试图先从这个"文本"本身着手，然后分析、确定该文本的独特的形式特征，然后再把形式特征抛回其被表演的语境当中，最后用交流性的术语来描述这一作为"文本"的口头艺术。邓迪斯仍然把"语境"（包括"表演"）视为"文本"外在的构成要素。在这一点上，他与鲍曼有着根本性的分歧。

比如说，中国的评书（或者评话）表演，观众观看与聆听表演者的表演，不仅仅是听他们讲了什么内容，更重要的是听他们如何讲述这些内容。所谓"十书九不同"（相声界有所谓"一遍拆洗一遍新"的说法），并不是表演内容绝不相同，更多地是指讲述的方式不同。换句话说，评书讲述的方式直接影响了这些内容被接受的程度。因此，在登台献艺之前，表演者们需要经过多年的锻炼来学习这些讲述的方式，比如贯口、赞、书段等。观众评价一名表演者优秀与否，很大程度上就是看他讲述方式的高低。换句话说，评书表演涉及到了讲述方式方面之能力的问题。观众要对他（她）们表演的方式做出评价，因为他们正是从评书讲述者的表演艺术中获得审美愉悦的。

（二）表演的标定

在继续深入探讨"表演的本质"之前，鲍曼介绍了（从局外人的立场上）人们标定"表演"这一框架的某些形式性的方式。所谓"标定"，通俗地说，就是"表演"——作为一种框架——是如何被讲述者与听众通过某些或隐或显的形式性特征标志出来的。当然，鲍曼十分清楚，"表演"作为一种"框架"是因文化而不同的，他在论文中所介绍的"标定"手段是从多种文化当中总结出来的，是基于局外人的立场进行的枚举，比如具体的手段有：特殊的符码、特殊的程式、传统化的开头与结尾、公开表演的表示、比喻性的语言、形式性的风格化技巧、特殊的散文性模式、求助于传统、放弃表演等等。后来，《作为表演的口头艺术》作为专著出版的时候，鲍曼进一步提炼了这些"标定"手段的内容。

一旦听众了解了这些标定"表演"的框架化的形式，这些"形式"所暗示的"表演"的框架就会邀请他们参与其中，促使他们去关注表演者的表演能力。在这个意义上，上述这些"标定"表演的模式，就具有临时性地转变社会结构的功效，即把听众的注意力从他处吸引到表演者的身上来。

此外，借助于标定性的"表演"，听众以及作为局外人的研究者可以因此区分"表演与非表演""强化的表演与弱化的表演"。在某些情况下，本土人在评价表演的优劣时会借助于表演的"元语言"，可能会因此而区分出一个艺术性强弱的等级序列来。

中国的评书艺术是一种十分成熟的口头表演艺术，其"表演"的标定性方式早已经成为评书表演者的口头禅，比如，评书表演一开始，都会有一段所谓"定场诗"，它的作用可能是多方面的，但是，其中最重要的一种就是把观众的注意力吸引到表演者的讲述行为上来，比如如下一首：

> 道德三皇五帝，功名夏后商周，七雄五霸闹春秋，顷刻兴亡过手。
> 青史几行名姓，北邙无数荒丘，前人播种后人收，说甚龙争虎斗。
> 话说……

在表演过程中，表演者还会使用诸如"花开两朵，各表一枝""这里且按下不表，单说……"；表演结束时表演者会说，"欲知后事如何，且听下回分解"等。所有这些外在的"表演"的框架，都是阐释评书内容的"元语言"。

(三) 表演的模式

上面说到的这些标定"表演"的方式，经常集中地体现在某些"类型"中。我们所谓"表演的民族志"，在描述特定社区中"表演的模式"时，往往是把"表演"与"类型"结合在一起来谈的。社区中的听众在说到某某"类型"时，他们直观地会认为它只能是以某种特定的方式被表演的，而不会想到其他的呈现方式。与此相反，另有一些讲述，它们可以被"表演"，也可以不那么明显地被"表演"而只是被讲述。比方说，对于特定个体的个人经历而言，如果某个讲述者在讲述的时候，极具"表演"的色彩，听众也不会觉得有什么不妥；相反，如果他只是一般化地平静地讲述，那也是十分常见的事。此外，还有一些传统的"表演"类型，可能已经无人能表演了，或者也可能已经没有恰当的表演语境与听众了，那么，在特定的表演场合，硕果仅存的表演者可能只能是敷衍塞责地走走过场，算作"表演"一番。换句话说，在任何讲述社区之讲述行为的总体当中，总是可以区分出"艺术类型"与"非艺术类型"，"敷衍性的表演"与"充分的表演"。大多数的讲述行为是分布在由这些端点构成的两极之间的。

联系到前一讲中所谓"艺术行为"与"艺术类型"的区分，不难发现，这样一种区分只是一种分析性的区分方式。对于本土讲述社区的听众而言，这种区分可能并没有那么重要。在许多情况下，他们是依据讲述的行为（而不是讲述的类型）来辨识"表演"的。也就是说，人们辨识某种讲述行为是不是"表演"，要依据讲述的情境来判断，比如说，这种情境或者背景是不是"表演"的恰当场合，特定的社会文化背景、制度背景、事件的场景等等是否为"表演"提供了恰当的语境。在这个意义上，"表演"就是特定文化事件的一个组成部分了。比如说，河南的马街书会就是一个说书艺术集体献艺的恰当的场合，众多说书人集体献艺构成了马街书会这个"文化表演"的必要内容，如果走出这个场合，众多艺人集体献艺的表演就可能是一个令人震惊的"社会事件"了。又比如，在中国北方有许多地方性集市，其间往往可以看到各种江湖艺人前来赶场献艺。在这种语境中，说书艺人的出现不会令人觉得奇怪，但是他们也不是必须出现的。再比如，一个单口相声演员讲述笑话是他登台"表演"的必然要求；但是，任何一个偶然的聚会场合，有特定个体讲述笑话也是常有的事。

联系到戴尔·海姆斯在"讲述的民族志"中所谓"讲述事件"所涉及的八个基本要素，即背景（Setting）、参与者（Participants）、结果（Ends）、行为序列（Act-sequences）、键入（Keys）、工具（Instrumentalisties）、规则（Norms）、类型（Genres），可以明白，所谓"表演事件"的结构，其实是上述多种因素相互作用的结果。当然，"表演者"与"听众"是任何表演事件中最基本的两个要素。

"表演者"角色的获得，有的需要经过严格的训练，有的却未必需要，这要依讲述的社区而定。相反，特定讲述社区的听众也总是倾向于认为某种社会职业的人可能是某种口头艺术的表演者，也就是说，正是由于他们擅长表演某种口头艺术，所以才把他们归为某种社会角色，比如，人们总是习惯性地认为出租车师傅都是擅长讲述鬼故事的人。事实上，并非人人如此。

"表演者"角色的分析，还需要考虑由同一个体扮演不同角色的问题。任何个体都会同时是多种角色的承担者，比如，任何一名评书艺人，他同时是故事中的人物、表演者、评论者、艺术明星、特定社会群体中的成员、肉体存在、有知觉的主体，这些身体维度经常是重叠的、交替呈现着的。一个非常有趣的问题是：他作为表演者如何与他不得不扮演的其他角色相协调？比如，作为一名相声演员，郭德纲是如何在电视真人秀节目中，竭力要表现为一个"非相声表演者"的"主持人"的角色，可事实上，他总是无法摆脱他作为一名相声演员的"角色"的痕迹。

总之，为了叙述的方便，鲍曼把表演的模式性元素简要地划分为表演的类型、行为、事件与角色。"表演的民族志"要求从整体上描写一个讲述的社区当中全部讲述的事件、行为、角色与类型及其相互之间的关系。在那些社会结构与文化传统相对比较稳定的讲述社区中，表演与特定的事件、行为、角色以及类型可能具有相对严格而紧密的关联，但是，需要注意的是，某一表演在一个特定的语境当中具有其基本的含义，在那里，它们是必需的要素，但是，它却可能被表演者从它原始的语境中挪出来，成为另一个事件当中的选择性的表演内容，人们可能选择了其中的娱乐性的特性。表演者与类型之间的关联仍然保持着，但是，情境与功能却不同了。一个十分明显的例子，就是东北二人转中的《神曲》，它原本是在仪式性的场合表演的内容，但是现在它已经成为舞台化表演的节目之一了。2006年，我在长春市和平大戏院做调查的时候，一名女演员给我表演了《神曲》的部分内容。她的"表演"既不是仪式场合的《神曲》，也不是舞台上表演的《神曲》，而是对这些表演的一次"模仿性"的表演，但是，按照鲍曼的意见，甚至这种"模仿"的表演也是一种表演。而且，这样的模仿还附带了游戏性的因素，准确地说是"戏仿"，但是我的女性访谈对象也假定要展示她作为一名表演者的"表演的能力"，也让我认为她具备合格表演者的能力，因此，她的"戏仿式表演"非常值得关注。

显然，这种"戏仿"是把传统上的一种表演类型重新植入另一种模式的交流当中了，在许多情况下，这种表演的类型并不是被"表演"，而是在另一种"框架"中呈现它。换句话说，人们把传统上的"表演"给"去（再）语境化"了。他们可能会使用另一种结构化的、惯例化的"框架"体系，创造性地操纵传统的"表演"。这个时候，人与人之间的交流行为因为"框架"的转变而转变了。

（四）表演的生成性

"生成性（Emergent）"这个概念对于"表演研究"十分重要。如上所述，在谈到表演的模式时，表演与类型、行为、事件以及角色要结合在一起。从整体上来看，其中既有创造性的一面，也有结构性的一面。但是，按照鲍曼的本意，他并不是要强调"创造性与结构性"之间的二元对立，相反，他想表达的是创造性内在于表演的框架当中这层意思。这就是他所谓表演的"生成性"。

表演的"生成性"的本质在于交流性的资源、个人的能力、参与的目标在特定的情境当中的相互作用。（1）所谓交流性的资源，就是表演者可以用于表演的所有方面，比如，表演的标定、类型、行为、事件、表演的基本规则等等，都可以被看作是社区成员着手进行惯常性表演的基本资源。(2)所谓表演者的目标，既可以是内在于表演本身的，即展示能力，吸引注意力，提升经验等内在意图；也可以是希望因表演而获得的其他外在的收获，这些"收获"却是因文化与情境而异的。(3)所谓个人的能力，就是指特定个体对表演行为的熟悉程度。

根据特定情境中观众的反应，表演者会灵活地把不同的表演模式加以调适以应对新的环境。在这个意义上，任何两次表演都不会是相同的，任何口头文本的表演都是"生成性的"。准确地说，在真实的表演事件当中，没有完全意义上的"创造"，也没有完全意义上的"记忆"，"创造"与"记忆"是表演艺术的两种极端，大部分的表演处于两极之间。表演研究特别关注影响口头艺术"生成性"的因素，并试图借此来重新认识口头艺术的本质。过去，人们习惯于把表演"文本化"，然后把这一文字文本还原到一个分析性的语境中，来考察艺术与社会之间的经验性关系。"表演研究"是对这样一种固化性质的研究的反弹。

换句话说，所谓表演的"生成性"，意味着"文本"本身是基于表演事件中所涉及的多种元素之间的消长关系而变化的；"文本"的"生成性"意味着"事件"本身也是在生成中的，并不是既定不变的。在文本的与事件的"生成性"之外，表演还意味着第三种"生成性"，即社会结构自身的"生成性"，它也是在具体的社会互动的基础上生成的。在社会互动过程中，人们正是通过语言的讲述，在主体之间建构起某种社会现实。正如上一讲中所提到的那样：既然表演是一种交流性的互动，那么，与互动相关的方方面面正是在互动过程中不断地生成的。

具体来说，在口头艺术的表演中，既然"表演"的本质在于，表演者意识到了他要向观众展示某种能力，而且要面对观众的评价，那就意味着他要有能力吸引观众的注意力，有能力引导他们的能量。如果他的目标达到了，那就意味着他从他的听众那里获得了某种荣誉，或者可以说，他有能力控制他与他的听众之间的互动格局，也就是说，他有能力转变他们之间的社会结构。

内在于"表演"的权力关系及其转变社会的潜力，可以使我们更好地理解表演者在社会中的"角色"问题。长久以来，对于口头艺术的表演者，人们总是怀有一种矛盾的态度：一方面，因为他们拥有特殊的艺术手段，潜在地具有某种神秘的力量，可以使听众获得审美的享受，提高审美经验，他们因此而受到人们的尊敬；另一方面，他们的艺术手段又内在地具有某种颠覆性的力量，潜在地可能会转变现有的社会地位，这不能不引起人们的恐惧。因此，艺术的表演者经常处于社会的边缘地带，这是由表演的"生成性"本质所决定的。如果说"变化"被认为是"传统"的对立面，那么这些引发"变化"的行动者被移出"传统"的核心地带，并被置于社会的边缘地带也就不难理解了。

（五）结论：表演的概念对民俗学的学科意义

在20世纪70年代，即使在欧美民俗学与人类学界，把"民俗"看作是"文化遗留物"的观点仍然很有市场。比如，著名的"文化研究"大师雷蒙德·威廉斯就认为，民俗是"遗留下来的文化"。与他的这一论断相反，鲍曼的"表演研究"更强调雷蒙德·威廉斯的另一个概念，即"呈现中的文化"。在这里，"遗留下来的文化"被看作是一个连续的社会进程的一部分，新的意义、新的价值、新的经验被认为是连续地被创造着的。

"生成性"的思想一旦被安置在"民俗学"的理论中，民俗学家们就可以利用"表演"的概念来综合思考"遗留下来的文化（形式与事象）、当代的实践、生成中的结构"了。口头艺术的"表演研究"就是着力去研究口头艺术的"传统、实践与生成性"的。

正是在这个意义上，我们可以说，"表演"是欧美新民俗学范式得以建立的概念基石，它把民俗学关注的焦点从面向过去的事象转向面向当下的实践与未来的可能，也因此能够为理解更多人类实践的总体性行为贡献学科的力量。

换句话说，"表演研究"引发了国际民俗学的范式革命。不能理解"表演"这一关键词所内蕴的革命性意义，民俗学就将仍旧停滞在陈旧的话语世界中。

这一貌似"霸权性"的断言也许并不像它的反对者们想象的那么夸张。

二、"文本化"与"去（再）语境化"："表演研究"的理论突破

1990 年，理查德·鲍曼与查尔斯·布瑞格斯合作撰写并发表了《诗学与表演：关于语言与社会生活的批判性观点》一文。我认为，这篇论文是口头艺术的"表演研究"取得突破性发展的最重要的成果。当时，《作为表演的口头艺术》已经发表 15 年了。15 年之间，民俗学与语言人类学领域内外的部分学者针对"表演研究"提出了许多质疑，归纳起来说，是如下三个问题：第一，如何进一步澄清口头讲述中"表演"与"非表演"之间的关系？第二，如何把当下的"表演"与该"表演"缺席的历史关联起来？第三，如何把当下的"表演"与更大的社会背景联系起来？上述三个方面的质疑仍然是围绕着"诗学在社会生活中的作用"这个问题发展出来的，但是，非常明显，这些问题已经超出了作为一种描述性方法的"讲述的民族志"所限定的任务了。

如前所述，"诗学在社会生活中的作用"这个问题是"表演研究"一直关注的核心问题。在我们介绍"表演研究"所取得的新的理论成果之前，我们先来提一个问题：在 20 世纪 90 年代前后，鲍曼与布瑞格斯的理论突破是在怎样的学术背景下获得的？

让我们再一次简单地回顾一下"表演研究"的学术谱系。"表演研究"直接的学术源头之一是"讲述的民族志"，而"讲述的民族志"是"语言人类学"这一人类学的分支学科中的一种新的研究方法。之所以说它"新"，是因为它强调要用民族志的研究方法来描述讲述的动态过程、结构与模式，尤其是诗性语言在社会生活中的作用的问题。这是一个被语言学与人类学同时忽略掉的学术任务。

然而，如果仔细地梳理一下学术传统，就可以发现，自维柯、赫尔德、洪堡、萨皮尔直至俄国形式主义与布拉格学派的语言学家们，都认为"语言的诗

性应用"乃是形成语言结构与语言学研究的核心的力量。在某种意义上,"表演研究"算是接续了这一学术传统,并继续对"诗学在社会生活中的作用"进行追问的一个学术流派。15年之间,"表演研究"批判性地回顾了与之相关的、既有的学术传统,坚定不移地把学术关注的焦点从"文本的形式模式与象征性内容"转向了"语言艺术在社会互动中呈现的过程"。联系到前面提及的由罗曼·雅科布森提出、经由戴尔·海姆斯发展的"讲述的理想模型",我们可以说,当"表演研究"转向关注自然发生的话语交流时,它所关注的焦点已经不再局限于"信息"本身,而是关注"语境""表演者""听众""信息""符码""渠道"之间的动态关系。换句话说,它关注的是"索引的""意动的""指导的""元交流的"意义而非仅仅是"指涉的"意义,它已经意识到了讲述行为之"功能"的异质性、多功能性与生成性。

在"表演研究"独立获得上述洞见的同一时期,在社会(文化)人类学与民俗学界,"实践""社会建构""反思性"等关键词开始被广泛应用。来自皮埃尔·布迪厄、安东尼奥·吉登斯、马歇尔·萨林斯等人的"实践论"开始赢得了更多的支持者,民俗学家与人类学家们特别强调"异质性的、风格化的资源、情境地敏感的意义、冲突的意识形态"在实践性互动中的具体呈现方式,并试图在"实践"中描述与分析"文化、权力与历史"相互作用的真实过程。口头艺术的"表演研究"对于"表演"之"呈现性"特质的强调与"实践论"研究范式的理论主张遥相呼应。

特别需要强调的是,正是从《诗学与表演:关于语言与社会生活的批判性观点》这篇论文开始,鲍曼与布瑞格斯——作为口头艺术之"表演研究"的主要理论家——明确声明,"表演研究"具有多元化的理论背景。的确,在70年代初,当时"表演研究"开始形成的那个时代,它的理论来源是多样的;到90年代前后,当"表演研究"被进一步丰富与发展的时候,它仍然接受了多种理论思想的影响。正如上面所说的那样,口头艺术的"表演研究"汇入了整个人文社会科学界的"实践论"转向。因此,我们不能把口头艺术的"表演研究"封闭起来简单化地、僵化地予以理解。相反,我们必须清楚地知道,"表演研究"对于"文本""语境""表演性""类型"等关键词的反思与批判，是在借助了多维的理论资源的前提下获得推进的。总之，把"表演研究"静态化地、狭隘化地视为一种分析口头艺术交流的描述性程式，或者说仅仅把它看作是一种研究口头艺术的"方法（approach）"是不恰当的。

下面就来具体地介绍一下理查德·鲍曼与查尔斯·布瑞格斯在《诗学与表演：关于语言与社会生活的批判性观点》中，到底在哪三个方面取得了重要的理论性成果。

（一）"表演性"："表演研究"如何突破"讲述行为理论"的本质主义

一谈到"表演"这个术语，无论在西方还是中国，人们往往会把它想当然地与"艺术"联系在一起，然后在康德的意义上，进一步把它与"日常生活"对立与区别开来。这样一来，"艺术"便与"日常生活"了无关系了。但是，"表演研究"恰恰与这种"理所当然"的看法不同。联系到"口头语言艺术"这个具体的研究领域来说，"表演研究"充分地假定了语言的异质性，认识到了各种历史与文化的特殊性，认识到了西方中心主义的文化与艺术观念的局限性。换句话说，它认识到并不是所有文化群体都把"口头语言艺术"与"日常生活"对立起来加以思考的。在这个前提之下，"表演研究"不只是研究口头语言的艺术性使用，而且强调要把"表演"作为一个"框架"。借助于这一"框架"来批判性地反思特定文化群体"交流"的过程，考察口头艺术之"表演"与"表演"之前、之后的相互关联。比如，当下的表演与过去的表演之间存在着什么样的关联？与相关文本的阅读之间的关系是什么？正式表演与表演的排练之间的关系是什么？与之后对它的报道、批评之间的关系是什么？等等。"表演研究"要求关注表演的形式与意义如何与其他话语类型（这些话语类型并不都是被框架为"表演"的）发生着关联。换句话说，"表演研究"的最终目的是试图通过表演的"框架"透视使用语言的不同的模式及其相互关系，探索语言被建构的方式，以及这种"建构的方式"在社会生活当中所起的作用。在这个意义上，"表演"——作为一种讲述的模式——只是理解"诗学在社会生活中的作用"的一个"方便法门"。

对于讲述行为中"表演"与"非表演"之间关系的思考需要从 J. L. 奥斯汀在《如何以言行事》中提供的思想出发。奥斯汀区分了"描述性"的语言与"表演性（performative）"的语言，并且把关注的焦点转向了后者，特别关注"作为社会行为的语言使用"的现象。奥斯汀著作的译者把"performative"翻译为"施行式"，但是，我个人仍然把它翻译成"表演性"。所谓"表演性"，简单来说，就是认为某些语言具有行动的功能，因此，奥斯汀研究"表演性"的语言，就是考察"'说'如何就是'做'"的问题。

单就关注"语言的社会功能"这一问题而言，鲍曼与奥斯汀是同路人，但是，奥斯汀又认为，"艺术性的语言讲述"或者"诗学"只是"表演性"的语言的附带现象，对于考察"表演性"的问题而言，"口头语言艺术"并非恰当的材料，因此这种语言现象基本上被他排除在考察的范围之外。因为这一观点，他又与鲍曼成为陌路人。

让我们还是先从"表演性"这个关键词说起。沿着奥斯汀提出的"表演性"问题形成了现在被大家称为"讲述行为理论（speech act theory）"的学术传统。这一学术传统有一个学术假设，那就是相信"字面力量"，即在"表演性"的讲述与"施效力量"之间具有对应关系。比如，中国上古时代有一句巫术性的咒语，"土返其宅，水归其壑，昆虫勿作，草木归其泽"，在古人的心中，这句咒语一定是"表演性"的语言，因为巫师在特定的语境下讲述，就一定会产生切实的效果。正是在这一点上，"讲述行为理论"与"讲述的民族志"两种学术传统产生了交集，因为它们都在关注"讲述"的社会效果。但是问题在于，这种社会效果到底源自何处？是来自话语自身的"形式特征"？还是来自"形式特征"及"语境""讲述者""听众""符码""渠道"之间的相互关联？

如果说口头讲述的"表演性"效果与其"形式性的特征与模式"相关，那么，要考察这些口头讲述之所以会产生特定的社会效果，就应该仔细地探索其形式特征。比如，某些学者认为政治性的与仪式性的话语就属于这种类型。其中，大量形式特征标志着其话语性的力量，而这些形式特征与模式又超出了其

"指涉的内容"的范畴。比如，它可能涉及语境、符码的转换；或者涉及讲述框架的转换；甚至可能涉及讲述类型的变化等。奥斯汀曾举过一个例子：

"我把这艘船命名为'伊丽莎白号'——在轮船的命名仪式中如是说。"

显然，在这个仪式中，恰当的人于恰当的场合说出某句话，就意味着他在做某件事。换句话说，这个表演性讲述之所以会产生效果，不仅仅与语句的内容及形式有关，也与讲述者及讲述的语境有关。

总之，有关"表演性（讲述及其社会效果）"的讨论达成了一项共识：讲述的社会效果并不仅仅源自指涉性的内容与特定句子的语法结构，而且可能是源自表演性言说的"恰当情境"或者"外围性情境"，这包括了话语的形式特征以及讲述事件的更大的单元，比如框架、关键、参与结构等。也就是说，"表演性"可能是从微观到宏观的一系列元素中被传达出来的，尤其可能是通过这些元素之间的互动传达出来的。基于这一认识，交流的民族志、话语分析、表演研究都不再把研究的焦点聚集在独立的语句及其特征上，而是转向了分析奥斯汀所谓"整体的讲述行为"。

20世纪六七十年代，奥斯汀的概念被广泛地应用于分析特定的讲述社区与讲述行为的类型，但是问题在于，奥斯汀及其学生们所界定的"表演性"与这一概念在讲述社区的具体理解与应用多有龃龉。比如，站在局外人的立场，"讲述行为理论"的研究者们可能仅仅主张一种观点，可是，在真实的讲述社区中，不同的讲述群体并不共同地、普遍地认同这一僵化的结论。"讲述的民族志"发现了其中的民族中心主义与简约主义，开始努力摆脱"讲述行为理论"的粗枝大叶与自以为是。基于民族志的研究理念，以"表演"为指向的学者们通过实用性的方法来考察"言说的功能"问题，他们改变了"表演性"这个关键词的奥斯汀式的含义，即在一套固定的惯例及一个给定的社会语境中来标志特定言语效果的言说特征。相反，他们试图把"表演性"看作是现实的社会性建构中复杂的、异质性的形式模式的互动。虽然奥斯汀认为"表演"削弱了言说的"表演性"的力量，但是恰好相反，"表演研究"并不赞同康德，而是赞同伽达默尔、伯克、朗格以及威廉斯，认为诗性的模式、框架、类型、参与结构以及表演的其他维度能够把关注的焦点引向"作为社会行为的讲述"的问题。这样一种理解方式，彻底地摆脱了"讲述行为理论"的本质主义观念，重新定义了"表演性"这一概念。鲍曼与布瑞格斯认为，以"表演"为基础的研究似乎可以促使我们进一步思考"表演性"的本质及其在社会生活当中的作用。他们认为，如下三个问题似乎尤其需要引起注意：

首先，语言的"形式特征"向来被予以轻视，尤其是在索绪尔的普通语言学理论中，"形式特征"只是随机性的、偶然性的规定。"形式特征"只有在与"交流功能"相关联时才具有意义，它们普遍地被理解成达到目的的手段。然而显然，从"讲述的民族志"所获得的材料来看，至少在某些讲述的社区，形式本身具有意义，甚至具有首要的、基础性的意义，那种把"形式特征"仅仅理解为"内容的容器"的看法，显然贫乏化了人们对于"表演与交流"的理解。在这个意义上，"表演研究"试图敦促人们去注意交流行为中的"形式"本身；正好像麦克卢汉敦促人们去注意交流行为中的"渠道"与"符码"本身一样。比如，中国相声中有一种表演形式称为"贯口"，它可以说没有任何"内容"可言，恰恰是形式特征本身具有意义。

其次，奥斯汀认为"表演"使言说的"表演性"力量变得"空洞而苍白"，鲍曼批判了这一观点。可问题仍然存在，如果说"表演"仍然具有某种"表演性"的力量，那它到底是如何产生这样的力量的呢？的确，"表演"，作为一种语言框架，可能会质疑讲述形式的"表演性"的效力，从而导致"言说及其施行"之间关系的重新协调。在这种情况下，不同的讲述形式（表演是其中最重要的一种）之间的转化本身就与意义、功能的问题不可分割地联系在了一起。从奥斯汀的本质主义的立场来看，"我愿意（娶这个女人做我的合法妻子）——在婚礼过程中如是说。"

但是，如果这句话被"表演"进一步框架化之后，其"表演性"的效果丧失了，但是，基于不同的表演的语境，这个被"表演化"的言说可能具有了新的、多样化的"表演性"效果。然而，这是奥斯汀以及他的学生们不愿意讨论的。

最后,"表演研究"清楚地意识到了自身的学术追求与当时整个人文社会科学背后的哲学话语密切相关,比如,鲍曼说:"表演性"的理论预设了"语言与社会行为的本质的概念",也就是说,这是一种本质主义的学术理念。可是,正如海德格尔所说的,语言与诗学的西方理论反过来预设了西方的形而上学。而德里达正是试图通过揭示这些关联来解构西方的话语。与上述现象学及解构主义的哲学思潮同步,对于非西方社会、西方社会的边缘群体的"表演研究"有助于推进上述哲学思潮,它不仅仅揭示了对比性的语言形式与功能,而且提出了与西方的传统观念不同的语言与社会生活的基本概念。还有,在亚文化群体中,他们的语言"表演"也经常地与解构主流意识形态及其表达形式的斗争有关系。比如,在英文词语中,"negro"这个词指的是"黑人",曾有一段时间,黑人们争取民族平等而抗议并反对使用这一词语,但是,在后来某些黑人群体中,恰恰又主动地要求恢复使用这一词语来自我指称,以表达一种积极、自信的抗争的态度。再比如,"同志"这个汉语词语也已经超出了原有的含义,在某些亚文化群体中,这一词语经历了从被污名化到主动自称的过程。这两个例子恰好说明,在实际的社会行为中,特定社会群体如何通过语言的使用来解构本质主义的暴力的。

正是借助于"表演性"这一概念,"表演研究"与"讲述行为理论"产生了理论对话的交集;也正是通过围绕这一概念的理论对话,"表演研究"反思性地认识到了自身学术的追求如何与整个时代的思潮密切相关。借助于这一学术自觉与学术反思,我们可以说,在20世纪90年代,"表演研究"已经不再只是一种描述性的研究方法,而且也是一种具有哲学意味的研究范式。

(二)"语境化":共同表演的全息模式

对于"表演研究"而言,"语境"这个概念至关重要。如前所言,"表演研究"的一个重要意义,就是从"以文本为中心"的研究转向了以"以语境为中心"的研究。

然而,"语境"到底指的是什么?在"表演研究"的早期,研究者们主要是从马林诺夫斯基的观念出发来理解这一概念，马氏曾经强调"语言使用中文化的与互动的语境"。他特别关注过诸如巫术性的咒语等语言艺术形式的使用语境。在马氏的界定中，"语境"指的是一种正式的、传统的、机制性的外在环境，它被大体上划分为社会的、文化的与历史的语境。

然而，布瑞格斯率先提出两点质疑：一是所谓"包容性"的问题。比如，马林诺夫斯基区分了"文化现实的语境"（包括物理环境、活动、兴趣、道德与审美的价值等）与"场景的语境"或者"社会语境"（包括目标、意图、伴随性活动的导向）；后来，阿兰·邓迪斯把"语境"界定为"任何一个民俗事象在其真实应用中的特定社会情境"；而鲍曼则在一本教材性质的书本中罗列了"意义的语境、机制性的情境、交流体系的语境、社会基础、个人的语境、场景的语境"六种类型。再后来，他好像还曾补充说过"历史的语境"这样的概念。但问题是，如此条分缕析就可以穷尽一切"语境"的因素了吗？二是所谓"客观性"的问题。当"表演研究"的学者们把描述"语境"当成是穷尽一切语境性因素的"客观的"描述时，他（她）们便成为判断者。潜在地，他（她）们会把语境性的因素视为一套先在于、独立于表演的因素。可是，他（她）们是如何判断表演者心中的"语境"的呢？他（她）们怎么知道在表演者那里，哪些方面的因素会与表演相关呢？他（她）们又如何判断表演本身是否会反过来"建构"语境并进而会改变社会关系的图景呢？一句话，把"语境"的概念固定化，意味着研究者仍然认为"意义"来自于与语境无关的"文本"。

为了解决这一理论难题，"表演研究"的学者们开始努力从"语境"转向"语境化"。他们认为，交流性的语境并不是由社会的和物质的先在环境决定的，而是由参与者在社会互动的过程中协商性地呈现的。我们可以通过观察哪一种语境性的特征被互动者应用于生产阐释性的框架，通过分辨"语境化的线索"而具体地了解"语境化"的过程。在"语境化"的表演中，"诗性模式"的探索又具有某种核心性。这正是"表演研究"关注的焦点所在。

"语境化"概念的提出使得"表演研究"更加关注"文本与语境"的分析：一方面，为了避免把"语境"的概念固定化而需要研究文本的细节，因为正是这些文本的细节说明了参与者集体地建构周遭世界的方式；另一方面，为了辨析文本、表演与整个类型的意义，按照纯粹象征的、与语境无关的内容考察，而不考虑索引性关联的多维度性，即那些使语言艺术转变（而不只是反映）社会生活的多维度性。研究者必须在分析诗性模式、社会互动或者更大的社会与文化情境三者之间做出选择是不恰当的。

"语境化"意味着"以行为者为中心"的表演观。这里涉及到一个积极协商的过程：所有听众都会反思性地思考呈现中的话语，对于其结构与意义的评估会呈现于讲述过程中。而讲述者会预测并延伸这些评估，并把这些相关判断结合进他的表演中。"表演研究"十分关注这种"元层面的过程（meta-level process）"，关注它是如何被纳入到表演中文本的形成机制中的。在叙事的层面来说，它体现为"元叙事（meta-narration）"，即对于叙述者、叙事过程以及作为信息与符码的叙述的评价性机制。这些"元–叙事"的因素在许多情况之下被忽视了，因为它们被认为是与被叙述的事件无关的冗余信息。事实上，它们不仅仅暗示了正在进行的社会互动的特征，而且暗示着叙事的结构与意义，以及关联于其他事件的方式。

举个例子来说，"报告"就是一种"元叙事"，它把"被讲述的事件"与"讲述事件自身"联系在一起。"报告"的"元叙事"框架使得表演者可以提高风格化的与意识形态的异质性，比如，他可以通过利用多种讲述事件、声音、观点来综述。这样一来，"讲述事件"与"讲述者的声音"都被"去中心化"，这就打开了多种可能性，听众因此可以有机会重新协商超越于表演本身之外的意义与社会关系。

上述分析性的观点的转向使我们注意到，听众在表演中发挥着积极的作用，这促使"表演研究"的学者们认识到了叙事之"共同表演（co-performance）"的模式——当讲述者评估了观众的参与性与理解力时，观众参与建构了表演的结构与功能。从"语境"到"语境化"的转换以及相关的关注，使我们意识到表演者与观众使用诗学模式阐释他们自己的话语结构与意义的复杂方式。研究者相应地要把他们的分析建立在参与者的阐释性的努力当中，这对于田野作业有深刻的含义，让我们更加深入地意识到民族志的遭遇中表演的动态性。听过郭德纲相声的朋友们都知道，他的相声表演中与观众的互动十分频繁，在某种意义上，我们可以说，正是观众与相声表演者共同建构了其相声表演具体地展开的过程，他们共同创造了"相声的表演"，"生成了"某个特定的相声表演。

"表演研究"对于"语境化"的深入理解，促使人类学与民俗学去解构所谓"自然语境"的概念。一切人类学的田野调查——从民族志计划的设计到田野工作的展开——无不影响到它们可能获得的信息的内容。通过强调民族志发现的对话性基础，"表演研究"带着高度的自我反思性，已经转向一种更具"对话性的人类学"。这使我们更加清楚地意识到了"民族志的诗学与政治学"的本质——这是一项我们的民族志对话者投入其中的交流性作品；由此，民族志的书写者开始意识到民族志的诗学与政治学本质，开始对田野中对话关系的"自然性"提出质疑，开始对"文本化"与"去（再）语境化"的问题展开全面的讨论。

事实上，鲍曼的朋友，著名的民俗学家阿莫里科·帕里戴斯很早就借着"语境化"与表演的动态性理论，质疑过民族志学者们在方法论方面的幼稚病。因为他们没有考察过民族志调查实践中的交流性表演、权力关系的不平等问题。总之，对于"表演"的敏感已经成为批评性与反思性的民族志调查的一部分，对于借助语言从事材料搜集工作的民俗学者与人类学者而言，这一点尤其重要。

总之，"语境化"这个概念的引进从根本上改变了"表演研究"的格局，首先，它彻底地改变了固化、简单化、独立化"表演"诸要素的企图；其次，它建构了一个从文本转向过程、从惯例化的结构转向能动性的个体的动态交流的全息图；第三，这一"动态交流的全息图"被反思性地应用于反思民族志研究本身，彻底地改变了人类学与民俗学的方法论范式，直接导致了"共同表演的民族志"以及"对话人类学"的诞生；第四，有关"语境化线索"的分析技巧可以被自我反思性地用于批评学科自身的表征方式。

（三）"文本化"：表演、权力与自反性

"表演研究"要在一个更大的范围中研究"表演"，强调要关注"表演与

(非)表演之间""当下的表演与过去的表演之间""表演与更大范围之社会文化的、政治经济的语境之间"的辩证关系;此外,"表演研究"还要退后一步,强调要关注人们(尤其是民俗学家与人类学家)如何从特定的交流事件中抽取话语的诗性模式以形成"文本",并探索这种行为与不同的社会背景之间的关系。这就是所谓"去(再)语境化"与"文化本"的问题。鲍曼与布瑞格斯试图提供一套新的理论框架,以取代"表演性,文本与情境"等被固定化地理解的概念。

"去(再)语境化"对于社会生活的正常运行意义十分重要。考察这一过程如何发生,以及个体如何能够转化"讲述的特殊模式"是"表演研究"的核心关注点。

语言艺术形式易于被视为自足的、固定的客体,从而和生产与接受它们的社会与文化语境分离开来。"去语境化"关注的是什么原因使得"文本"被独立出来成为可能?这在形式与功能上是如何做到的?为了什么目的、由谁、在何种情境之下完成的?等等。

之前,我们介绍"表演研究"的主要观点,主要是讨论口头艺术是如何无法"去语境化"的。我们分别介绍了表演与表演者的能力、肚子里的存货、修辞策略、功能性目标等要素之间的关联;介绍了表演者与观众之间的纽带;介绍了被表演的话语与其周围的场景、参与者、表演事件的其他维度之间的关联;介绍了被表演文本的结构是在表演的过程中呈现的等等。"表演研究"试图说明"口头艺术"如何以及为什么抵制"去语境化",说明它如何不可以从语境中分离与抽取出来。然而下面,我们将努力从相反的方面说明:尽管有这些锚定性的力量,仍然有一些因素会使得它们易于"去语境化"。

那么,到底是什么因素使得被表演的"口头艺术"与其表演的语境之间的纽带变得松弛了?

鲍曼与布瑞格斯首先需要区分了"话语(discourse)"与"文本(text)"两个术语。"话语"被转变成为"文本"的过程,被称为"文本化(entextualization)"。即"话语"可被抽取出来,作为一个孤立的语言产品的"单元",脱离于其互动化的背景之外。相应地，所谓"文本"就是一个"去语境化"后的"话语"。"文本化"的过程可能会结合了"语境"的某些层面，携带了曾在其中被使用的历史的元素。

在"文本化"的过程当中，核心性的机制存在于"话语的自反能力"。所谓"话语的自反能力"就是指"意指体系指向自身"。在语言层面上，这种自反能力主要体现于"元语言和诗性的功能"当中。它们使"话语"本身成为关注的对象，从而关注话语的形式特征本身。

表演——作为诗性功能的展演——是一种高度自反性的交流模式。它是一种被明确标志出来的、艺术性的讲述方式。作为一种特定的阐释性框架，它为其中的讲述行为提供了理解的方式。表演把听众的注意力引向了讲述行为本身，引导听众对这种行为的技巧与效果做出评论。因此，从本质上讲，"表演"意味着"去语境化"。

那么，在"表演"的过程中，从形式与功能的意义上讲，"文本化"的过程是如何发生的？讲述者如何在表演的语境中使得话语与周围不连续，从而构造出一个紧密的、有效的、可记忆的文本？什么样的资源可供达到这一目的？民俗学家们经验性地研究在一个特定的社会当中，何种手段是可获得的，对谁是可获得的，在何种情境当中可以使一个话语转化为一个文本。事实上，"表演"可能并不是唯一的"文本化"的机制，它只是强化了"文本化"。前面讲过所谓"充分的表演"与"低度的表演"的区分，前者就意味着高度的"文本化"。但是，在"报告、翻译"等其他框架中，也可能会有完美的"文本化"出现。

"去语境化"也就意味着"再语境化"，这是同一过程的两个方面。虽然在这个过程之间可能会有时间或者其他因素进入其中，但是，作为一个转化的过程，特别需要考察的问题是："再语境化"的文本从之前的"语境"中带来了什么？而在"再语境化"的过程中其"形式、意义与功能"又有什么全新的呈现？鲍曼与布瑞格斯建议我们去考察下列六个方面的变化，特别还要注意考察它们之间的相互关系：

（1）框架：即对于"再语境化"文本的元交流性的考察。在"再语境化"文本的过程中，采用的"框架"是什么？（2）形式：即考察"再语境化"文本在形式手段与结构方面的变化。（3）功能：即考察"再语境化"文本在显在的、潜在的功能方面的变化。（4）标识性的基础：即考察"再语境化"文本在人、时间、空间的标志方面的变化。（5）翻译：即考察"再语境化"文本在语言及符号间翻译的问题。（6）新语境的呈现性结构：在"再语境化"的过程中，文本为场景化的语境所形构，同时形构着场景性的语境。

上述六个方面大致勾勒了一个"去（再）中心化"的形式性分析框架，正如对"语境化"的实践与过程的形式分析是对更广阔的社会文化问题进行分析的手段一样，"去（再）语境化"这样的分析性术语同样也是为了更大的学术目标而被提出来的。

这个更大的学术问题就是"文本的政治经济"问题，即涉及到"文本与权力"的关系。"表演"是一种社会生产模式，其特定的产品包括了"文本"和"去中心化的话语"。"去（再）语境化"一个文本，就是一种控制行为。这种控制的不同操演便产生了社会权力关系的问题。不同的接近文本的方式，声称在使用文本方面的不同的合法性，使用文本的不同的能力，赋予不同类型文本以不同价值的方式等，所有这些都是文化地建构的、社会地形成的、意识形态化地维护的、因文化而会有差异的。一句话，它们并不是社会或者文化地给定的，而是在"文本化"与"去（再）语境化"的过程中协商式地展开的。

在不同的讲述社区，特定个体对于"口头艺术"类型在可获得性、合法性、表演能力、价值赋值等方面是有差异的。如前所述，"表演研究"假定，所谓"表演"，就是对交流性能力的权威性的展示。因此，"权威性"一直是"表演分析"的核心。那么，表演者是如何确保其作为"权威者"的位置的呢？那就是通过他对于表演的可获得性、合法性、能力以及价值赋予来实现的。具体来说，就是通过对有价值的文本的"再中心化"的控制权力来保障的。换句话说，正是通过对特定口头艺术类型的"去（再）语境化"的控制，表演者获得了权威性，其表演的"文本"也被赋予了权威性。反过来，借助于作为权威的社会地位，他又把形式的与功能的限制加诸该文本如何可能被进一步"再中心化"的方式之上，最大限度地避免了它被妥协性地转变的机会。

作为一种参考性的分析框架，"去（再）语境化"极大地推进了"讲述的民族志"的学术追求。作为一个概念性的框架，"去（再）语境化"关注的是话语性实践本身，它把不同语境依据文本的实践而关联起来了。而关联的链条可以无限制地扩展，因为文本可以连续地"去（再）语境化"。在某种层面上，它描绘了"传统化（traditionalization）"的过程，一个故事的讲述与再讲述，一则谚语的引述与再引述，就是与一个有意义的过去建立了某种象征性的关联。关注这一过程就是把表演、文本、语境置于历史性关联的体系当中。在另一种层面上，"去（再）语境化"还提供了一个统一的参考框架，可以用来分析话语在从地方到全国乃至全球范围的扩展过程中的控制机制。此外，"去（再）语境化"也有助于理解巴赫金的"对话主义"，他说，我们嘴里充满他人的话语。"去（再）语境化"就是要澄清这种对话的关系是如何获得的，它既充分考虑到了其间的"形式—功能"的相互关系；又考虑到了巴赫金所谓"对话"的社会学与政治经济学。最后，"去（再）语境化"这一概念也提供了一个批评性的、自反性的观点来考察民俗学与人类学的学术实践。我们自己总是在"去（再）语境化"他人的话语，我们也在沿着上述路径实践权力，这种实践不一定是单方面的，我们的对话者可能会试图控制他们的话语如何被"文本化"与"去（再）语境化"的方式。这些过程对于我们的研究方法、目标、伦理以及职业本身都有着重要的意义。

总之，自20世纪70年代以来，"表演"在语言人类学与民俗学领域成为关键词。关于这一学术思想的缘起，"表演研究"的学者们公开承认它来自三个学术领域的影响，它们是社会语言学、民俗学与语言人类学。当社会语言学从强调"能力"转向强调"表演"；当民俗学从关注"民俗事项"转向关注"艺术性交流"；当语言人类学不再把"诗学"看作是"无功利、无目的、自为的"，而是去考察"诗学在社会中的作用"时，"表演研究"综合了上述学科的学术取向，借助于民族志的研究手段，分析性地考察社会生活中口头艺术的形式、功能与意义之间的相互关系。

在"表演研究"不断深入发展的过程中，研究者们发现，把讲述及口头表演事件作为基本的参考框架及分析单元，具有三种局限：一是有关"历史性"的问题，就是如何把当下的讲述事件与历史性的讲述事件关联起来；二是有关"微观与宏观"的问题，就是如何把语言的情境化使用关联于更大的社会结构，尤其是权力结构与价值体系；三是有关"表演与非表演"的问题，这涉及到表演的艺术性讲述与语言使用的其他模式之间的关系。"文本化"和"去（再）语境化"这两个关键词很好地解决了上述问题。不仅如此，它们还有助于我们去反思"民族志的诗学与政治学"。

三、"类型的文本间性"：表演与权力

"类型"这个术语是民俗学、语言人类学、文学批评等领域的关键词，一般意义上而言，它主要是作为一个分类性的术语被使用的，很少有人会深入地分析或者界定"类型"的定义。正是因为该术语被上述学科的学者们不加分辨地使用过，甚至是滥用过，所以，布瑞格斯与鲍曼力图提供全新的理解方式，从"类型的文本间性"这一新的角度来理解"类型"背后复杂的文本间关系，并由此洞察社会的、文化的、意识形态的、政治经济的关系。

（一）"类型（genre）"研究的三种传统

（1）在博厄斯的人类学传统中，"类型"的概念具有十分重要的作用。众所周知，博厄斯的人类学研究具有深厚的语文学传统，"类型"的概念被他用来作为分类的工具，来为搜集而来的文本进行分类，比如他分析出"神话、传说、故事与历史性叙述"等类型来。但是，博厄斯在处理"类型"的问题上，态度并不一贯。在某些时候，他十分重视"类型"之间的差异性，因此，他会提倡他的信众与学生们去仔细地记录不同类型、风格的文本，并且认为这些差异化

的特征与文化特性密切相关。而且，他甚至注意到了"民族志文本"这个类型，发现了人类学家与当地讲述者之间的合作生产文本的事实；但是，在另外一些时候，他对"类型"的处理又十分草率，他经常把民间故事与神话的边界搞得很模糊。他甚至认为，在神话与故事之间进行区分十分困难，因为有许多材料恰好介于两种类型之间。此外，由于博厄斯的人类学家身份，他的丰富的田野经验使他更加坚信，截然地区分不同"类型"，本质上是不可行的。因为对于 A 部落人而言属于"神话"的讲述，对于 B 部落人却可能属于"传说"。总之，对于博厄斯来说，从分析性的角度来界定"类型"是不太能令人接受的。相反，如果是当地人自己做出类型的区分，他认为那却可能是合法的、有效的区分了。换句话说，尽管博厄斯抽象地应用了"神话"与"故事"等分类性的概念，但他更感兴趣于对作为一个整体的神话或者故事进行历史的与比较的调查与研究。值得注意的是，在博厄斯的观念中，"分析性类型"与"本土性类型"之间的问题已经出现了。

在博厄斯的学生中，保罗·拉丁发展了老师的观点，他发现，在许多情况下，一个特定的讲述到底属于哪个类型，可能要依据语境性的因素来决定；而在另一些情况下，一个特定的讲述属于哪个类型，除了要依语境而定，还受其内在构成要素之间比重关系的影响。

（2）受弗拉基米尔·普罗普的故事形态学的影响，托马斯·西贝克从符号学的角度提出了类型分类的原则，即基于"二元对立"的原则细分到最小的单元，从段落、句子、词组、行动元等逐层递减，最终可以获得定义类型的结构。西贝克认为，"类型的结构"是普遍性的，但是，具体到个别的文本，它们又会体现出个别性的"组织结构（肌理）"。也就是说，他用"形态结构（morphological structure）"定义总体的类型，用"组织结构（textual structures）"来指涉个别文本的肌理。

同样，受普罗普的影响，阿兰·邓迪斯强调"形态结构"的不变性，相反，风格与肌理是变化的。他的名言是"内容可以变，但是形式是相对稳定的"。但是，邓迪斯是一个矛盾的人物，一方面，他强调通过形态结构来界定"类型";但另一方面,他又在经验性的研究中发现,仅仅依赖形态结构来界定"类型"并不充分。总之,邓迪斯的研究中隐藏着一个永恒的问题:界定"类型"的必要条件到底包括哪些?是形态结构、内容、信仰、功能还是别的什么?

(3)在"讲述的民族志"传统中,戴尔·海姆斯很早就注意到了"类型"在讲述中的重要性,他认为,首先,"类型"是讲述行为与讲述事件的分类概念;其次,"类型"是讲述事件中各元素的关节点;第三,"类型"是着手考察讲述实践的有利的切入点。从民族志的研究方式入手来考察本土的讲述事件,而不是从现在的、普遍化的、西方中心的分析性类型概念出发,原子化地界定、局外化地应用这些概念。事实上,海姆斯强调,尽管本土人可能有他们自身共享的"类型"的概念,但是,在更多的时候,他们在有关"类型"边界的问题上同样存在分歧。

如果把"类型"看作是正式的交流手段或者结构,而且,这些手段与结构既是高度惯例化的,又是高度易变的,那么,它们就可能构成交流性实践的复杂的参照性框架。特定的"类型"可能会在不同的讲述行为、讲述风格、讲述事件中涉透。这样一来,仅仅考察特定"文本"本身并不能获得其所属"类型"的全部信息,必须同时考察话语被组织的方式与讲述事件被组织的方式之间的关系,由此方可获知"类型"与"讲述事件"相互关联的方式与相互影响的深度。在这里,"类型"便与它被呈现的方式(表演、排练、报告、讲授等)相关了。

威廉姆·汉克斯借用巴赫金的"社会诗学"以及布迪厄的"实践理论",认为"类型"是话语之生产与接受的指导性框架。具体来说,在他看来,"类型"是一种历史性的特定惯例与理想。依据"类型",讲述者建构话语,而听众接受它。在这个意义上,"类型"是由指导性框架、阐释性程序以及成套的预期构成的。它们并不是话语结构的一部分,而是讲述者应用语言的方式。谈到"类型"的历史特殊性,也就意味着"变迁与生成",而不是永恒的、固定的与单一的结构。在这个意义上,"类型"既是特定历史性行为的产物,也是特定历史实践得以展开的参考性框架。

综上所述可以看出:"分析性的类型"试图从局外的视角,依据科学的划分体系来分析,它强调类型之间的排他性与普遍性;而"本土性的类型"往往是相互重叠的、相互渗透的,因此也是抵制分类的。在划分"类型"的过程中,学者们充分地注意到了一系列分析性的标准,比如形式、功能或者效果、内容、指涉性、真理价值、基调、社会分布、使用的方式与语境等。基于这一认识,"讲述的民族志"及"表演研究"强调"形式性的类型",不过,这两种研究范式所强调的"形式",并不是一成不变的、固定的形式结构,而是一种既是惯例化的又是易变的、开放的、生成性的形式手段。在这个意义上,"类型"并不是一个固化的概念,而是与讲述行为、讲述事件以及讲述风格相互依存的概念,这个概念的边界是十分模糊与不确定的;也正是因为这种不确定性、依存性的关系,"类型"的概念与社会结构、伦理以及文化观念联系在了一起。

(二)"类型的文本间性(generic intertextuality)"

一直以来,民俗学家与人类学家们都在从分析性的角度或者描述性的角度来应用"类型"这个概念,却几乎没有批判性地考察"类型"的本质,也没有注意到这个作为"分类性话语"的概念的局限性。巴赫金关于"类型"的相关著作促使语言人类学家们重新强调了"类型"的概念。他的重要发现在于:"类型"的语言学维度与社会群体之间具有意识形态性的关联。具体来说,他关注到了"复杂类型(complex genres)"的问题,因为它"消化并吸收"了其他类型。这意味着巴赫金挑战了静态的类型观,在他的观念中,"类型"并不是一个风格上同质的、相互独立的单元。

那么,"类型"到底是稳定的还是变异的?是一个包含着结构、形式、功能以及意义的诗学的总体,还是一个在具体的讲述行为中的多变的挪用对象?这里,我们很容易想到雅科布森在《结束语》中提出的有关"语言学与诗学"的任务的著名言论。其中,他谈到了诗学模式中"变与不变"的严格区分;谈到了任何一个诗学作品在"复述"中变异的问题。同一个口头艺术作品多次表演,各各不同。但表演是事件,而诗本身——如果它被称作是诗——必然是某种

"持久的事物（enduring object）"。在雅各布森看来，"表演研究"无助于理解这种"持久的事物"，因此无益于诗的共时性与历时性分析。

但是，正是从对雅各布森的上述观点的批判性角度出发，"表演研究"恰好关注"诗的表演"而不只是关注"诗"；不只是关注"持久的事物"，而且也关注"诗"的生产与接受。在某种意义上可以说，"表演研究"——如果从"类型"的角度出发来说的话——是一种诗学与社会学的研究。

在"类型"研究上真正获得突破性进展的原始动力，恰好是来自巴赫金的一个概念"文本间性（intertextuality）"。这个术语是由法国哲学家克里斯蒂娃从巴赫金的著作中发掘出来的，它至少有两个方面的含义：（1）结构、形式、功能与意义，并非话语的内在特征，而是生产与接受的连续过程的结果；（2）这一过程并不集中于讲述事件或者书面文本的创作过程中，而是处于它与其他言说的交界处。说得具体一点，一个特定的讲述或者文本，总是与它之前的话语（无论是真实的还是想象的）具有文本间的关系，这种关系决定了这一特定讲述与文本的形式、功能、意义与话语结构；并容许讲述者或者作者以多种模式介入话语当中，生成自身的观点与主张。

从这个角度来说，"类型"就不能被简单地当作是文本或者表演的内在的特征，而是文本间的关系的特征。当把"话语"与"类型"联系起来时，对于该"话语"的生产与接受必然得与先在的"话语"相关联。如果从文本间性的角度来看"类型"，它与"话语"之间复杂而矛盾的关系就变得更明显了。反过来，通过"类型"这个中介而建立起来的文本间关系，一方面使得众多文本变得有序、统一而固定；另一方面则变得碎片化、异质化与开放了。无论从共时的还是历时的角度来看，这两个方面都是存在着的。

从共时的角度来说，"类型"的挪用意味着程式化的话语的展开，这种先在的程式化的模式为讲述者与听众了提供了一种"模型"，它意味着某种普遍性的结构效果；此外，类型还意味着某种程式化的"文本化""过程"。从历时的角度来说，"类型"的挪用意味着历史的与社会的等级化话语的传播，也就是说，这里涉及到了一个"去（再）语境化"的问题，也就是一个"认同"与

"权力关系"的协商与建构的问题。

既然谈到"去（再）语境化""认同"与"权力关系"的协商与建构的问题，这就意味着"类型"——从历时的角度来看——具有动态与变异的特点。固然，"类型"的结构性惯性会把某些规则与惯例强加于人们的话语生产与接受过程，但是，不得不强调的是，在互文性关系中，永远存在一个文本间关系的重构的问题，也就是说，存在一个"去（再）语境化"的问题。"类型"本身内在地包括了语音的、形态的、词汇的、语法的、语境的、互动的等方方面面的特征，每一个"去（再）语境化"的过程都是以不同的程度强调、重组上述多种特征的"文本化"的实践过程。正是在这样一个挑选、重组的过程中，人们创造了文本的等级。但是，"类型"及其历时性的动态并不是当下"讲述"获得合法性的全部因素，任何当下的"讲述"都是发生在当下"语境"中的，它与正在进行中的话语、社会互动、更广泛的社会关系以及特定的历史相关联，这个当下的"讲述"是在这个"语境"下被生产与接受的。

总之，借助于"类型"来生产"话语"，必然会产生"文本间的差距（intertextual gap）"。当一个特定的"文本"本身涉及到多种"类型"，或者当一个"类型"本身是"复杂类型"的时候，更是如此。在某些情况下，人们努力要夸大这一"差距"；在另一些情况下，人们又努力要缩小这种"差距"。前者强调革新与创新；后者强调传统与传承。无论哪一种情况，都必然地与社会身份与权力话语的建构有关。

（三）意识形态、政治经济与权力

如上所述，仅仅依据形式的与功能的模式是无法理解"类型的文本间性"的，还必须考察"意识形态、政治经济以及权力"的问题。这一点是语言人类学与话语研究领域的共识。

但是，对于什么是"话语（discourse）"，应该如何研究"语话"，至少存在两种态度。"语言人类学"传统上强调详细地分析"应用中的语言"的真实状态，详细记录形式的、功能的模式与社会互动、社会结构以及文化过程的维度之间的相互关系；而"话语研究"，尤其是受布迪厄、福柯以及其他后现代主义者影响的学者，把"话语"界定为一个总体的过程，在这一过程中，社会群体与机构创造、维持与质疑社会权力。前者关注的是特定的"讲述事件"，后者关注的是学术书写、媒介化的交流以及机制化的话语之修辞的、政治的因素。

即使在人类学界，语言人类学家与文化人类学家之间仇隙颇深，前者被认为只是在方法与分析方面精确，而后者则对理论与政治问题敏感。这样，学科之间的边界似乎僵化了。但事实上，"文本间性"的实践在语言领域与在社会生活领域同样普遍：意识形态赋予"文本间性的策略"以权力；同时，"文本间性的意识形态"及其相应的实践也形成了社会及历史。

"类型"与"秩序"之间关系的具体体现是多样的。比如，芬兰史诗《卡勒瓦拉》创作的过程，就是与芬兰作为一个"民族—国家"的创立相互支持的过程。通过建立芬兰语的语言规则，并确立芬兰文学类型的经典，从而为芬兰人民建构想它的民族认同奠定了基础。再比如，对抗社会及其文学的固有秩序，可以通过反对其相应的"类型"得以完成，比如，浪漫主义者通过推崇自然的秩序而反对矫饰的类型；女性主义者通过改编男性的"类型"而对抗男性主导的话语；民俗学家们通过生产"民间文学类型"来推动民族主义，达到文化自主的目标。再比如，"类型"本身又是有等差地安排着的，"类型"的等级与社会的等级相关，这样一来，"类型"就成为有等差的文化资本而为不同等级的群体所接触到，从而也因此成为划分社会等级的标准。

传统上，文化人类学家们特别关心的是"民族志的书写"，而语言人类学家们认为，过度地关注民族志的书写，偏离了去发现"人们在说与做的方式中的同与异"这一主要的学术任务。"文本间性"这一概念可以化解这一学术僵局。因为，无论是民族志专家还是他者，都要依赖于"文本间性的策略"。专就民族志专家而言，他的民族志文本不仅仅是由他者的话语构成的，而且是由游记、自传以及殖民地记录等其他文学类型构成的。正是通过探索以各种方式建构起来的文本间的关系，民族志书写者试图创造民族志文本的本真性、科学性与权威性。他们试图把自身控制文本间链接的过程自然化，抹除他者的话语与自身文本表征之间的缝隙。因此，重要之处在于不仅仅是去发现应用了何种类型的文本间性，还要弄清楚谁控制了这一过程。比如众所周知，后殖民的社会结构普遍地会影响田野中文本间关系的生产与接受。说得极端一些，即使某些民族志表现得对于这种"文本间性"视而不见，那也是一种试图缩小文本间缝隙的策略，它们也必然地涉及到权力关系与意识形态的问题。

总结一下上面的观点：（1）布瑞格斯与鲍曼批评了"分析性类型"的观点，否认所谓相互排斥的类型之内在一致性的看法。（2）类型的差异并不存在于文本中，而是存在于文本间关系的实践中。（3）一个文本与类型之间的关系，就是对类型内在元素之间进行选择并对其比重关系进行调整的问题。（4）这样一来，文本与类型之间必然会存在差距，建构文本间关系的策略就是加大与缩小这个"差距"的问题。（5）这种"策略"便与意识形态的、社会的、文化的、政治经济的以及历史的因素相关。（6）"文本间性的策略"同样存在于人类学家与民俗学家的民族志书写中。

借用"类型的文本间性"这个概念来分析话语或者文本的"去（再）语境化"与"文本化"过程，其突破点在于强调了行动者所引发的主动性"策略"，正是通过这些策略性的选择与重组的互动过程，反映并生产了特定的社会权力。"类型的文本间性"这个概念，把语言人类学的形式与功能分析，与文化人类学对于意识形态、权力以及学术实践的关注成功地结合起来了。

后　记

　　这本书是北京师范大学中国社会管理研究院/社会学院人类学民俗学系民俗学专业研究生2016年上半年前沿课程讲义的汇编。本次课程我们有幸邀请到国内外著名民俗学教授给我们讲授、与我们研讨民俗学前沿话题，这对于我们民俗学专业师生来说，可谓是一次学术盛宴。特别是日本著名民俗学家、原日本民俗学会会长福田亚细男教授，他的四次讲座人气超高，我们在周六周日借用的大教室都座无虚席。听众除北师大社会学院、文学院民俗学民间文学专业及相关专业师生外，还有来自中国社会科学院、北京大学、中央民族大学、华中师范大学、辽宁大学、华东师范大学、山西师范大学等学术单位与高校的师生。同时由于我们"北师大民俗学"公众号的即刻发布，也让不能亲自前来听课的同仁，能够及时分享我们的前沿讲座内容，围绕这一前沿课程，我们在中国民俗学界掀起了小小的学术热潮，现在回想起来，还是令人欣慰。接下来的国内外重量级学者如刘魁立先生、周星教授、吕微研究员、高丙中教授、安德明研究员、户晓辉研究员、王杰文教授的精彩讲演讨论，都让我们师生受益匪浅。

　　我们北师大民俗学学科是国家重点学科，在2015年学校一级学科调整中，由原来的文学院调整到新成立的社会学院，我们的研究生培养方案也随之调整。这是首次开设的民俗学前沿课程。课程具体的负责人与组织者是朱霞教授，她为此付出了较大的心力。鞠熙讲师带领研究生协助课程讲义的记录与整理工作，同样辛苦，这些研究生是：贺少雅、孙英芳、林加、贾琛、廖珮帆、黄阿鸽、彭晓宁等，特别是孙英芳同学最后负责文稿通读与校对。另外还有中央民族大学的霍志刚等校外同学，也对文稿的最后定稿有所贡献。以上师生都值得感谢！

在本书出版之际，首先感谢北师大主管部门的经费支持，感谢中国社会管理研究院/社会学院魏礼群院长批准将本书纳入中国社会治理智库丛书，感谢赵秋雁书记、朱红文常务副院长、赵炜院长助理的直接支持与指导，感谢北京大学王京博士的翻译支持，感谢日本东京都立大学何彬教授在邀请福田先生来华讲学过程中的协助。

值此仲春花朝时节，我想起了我们的老师钟敬文先生在20世纪30年代写作的《中国民俗学运动歌》，他在歌中已经预言，有一天民俗学的花园会惊人地热闹。目前借助中国优秀传统文化复兴的热潮，中国民俗学学科获得前所未有的新局面。中国民俗学学科是基层社会治理研究的关键学科，它的研究成果直接助力于中国社会治理智库建设，我们走在希望的田野上。

萧放

写于 2017 年 3 月 13 日